HISTORIA
MYSTICA

Lars A. Fischinger

HISTORIA MYSTICA

Rätselhafte Phänomene,
dunkle Geheimnisse und das
unterdrückte Wissen der Menschheit

Mit einem Vorwort
von Erich von Däniken

Ansata

Verlagsgruppe Random House FSC-DEU-0100
Das für dieses Buch verwendete FSC®-zertifizierte Papier
Schleipen Werkdruck liefert Cordier, Deutschland.

Ansata Verlag
Ansata ist ein Verlag der Verlagsgruppe Random House GmbH

ISBN 978-3-7787-7364-2

Zweite Auflage 2013
Copyright © 2009 by Ansata Verlag, München,
in der Verlagsgruppe Random House GmbH
Alle Rechte sind vorbehalten. Printed in Germany.
Redaktion: Karin Weingart
Herstellung: Helga Schörnig
Einbandgestaltung: HildenDesign, München,
unter Verwendung eines Motivs von © shutterstock
Gesetzt aus der Minion bei Leingärtner, Nabburg
Druck und Bindung: CPI – Clausen & Bosse, Leck

*»Die Wissenschaft fängt eigentlich
erst da an, interessant zu werden, wo sie aufhört.«*

Justus von Liebig
(1803 bis 1873, deutscher Chemiker)

*»Die Grenzen des Möglichen lassen sich nur
dadurch bestimmen, dass man sich ein wenig
darüber hinaus ins Unmögliche wagt.«*

Sir Arthur C. Clarke
(1917 bis 2008, britischer Science-Fiction-Autor
und Schöpfer von »2001 – Odyssee im Weltraum«)

*»Der Fortgang der wissenschaftlichen Entwicklung
ist im Endeffekt eine ständige Flucht
vor dem Staunen.«*

Albert Einstein
(1879 bis 1955, deutscher Physiker und Nobelpreisträger)

INHALT

VORWORT
VON ERICH VON DÄNIKEN

Ich gehöre zu denen, die seit Jahrzehnten über Rätsel berichten. Über Ungereimtheiten in unserer Vergangenheit,
die nicht ins seligmachende, evolutionäre Weltbild passen.
Selbstverständlich gibt es Evolution. Darwin und seine
Nachfolger haben es recht eindrücklich bewiesen. Aber es
gab nicht *nur* Evolution. Irgendetwas ist unseren blitzge-
scheiten Wissenschaftlern entgangen, etwas, das der Evolution nicht widersprechen muss und dennoch nicht ins
Weltbild passen will. Die uralten Menschheitsüberlieferun-
gen berichten von Eingriffen der »Götter«. Welcher Götter?
Es gibt doch gar keine. Im Alten Testament erschaffen diese
»Götter« den Menschen. Evolution oder Schöpfung?

In den USA tobt ein Streit zwischen den Evolutionisten
und den Creationisten. Die Anhänger der Evolution, eindeutig in der Mehrzahl und vorwiegend im Wissen-
schaftsbetrieb zu finden, belegen die Abstammung mit jedem Knochenfund und neuerdings auch auf genetischem
Weg. Die Creationisten, der Bibel zugeneigt, berufen sich
auf die Heilige Schrift und »das Wort Gottes«, was immer
man darunter verstehen will. Wie wär's, wenn beide recht
haben?

Unmöglich? Der Mensch entstand nach den evolutionären Vorstellungen in einem Jahrmillionenprozess von der Zelle zum Homo sapiens. Wobei bereits bei der Entstehung der Zelle, von der DNS über die Proteine bis zum Zellhaufen, Fragen berechtigt sind. Wuchs diese Entwicklung bei uns, oder wurden die Lebensbausteine aus dem Universum eingeschleust? Absichtlich? Zufällig? Vom schwedischen Nobelpreisträger für Chemie, Savante Arrhenius (1859–1927) stammt die Panspermia-Theorie. Irgendeine intelligente Lebensform dort draußen – nennen wir sie Numero eins – begann vor Jahrmilliarden, ihre eigenen Lebensbausteine im Universum auszubreiten. Wohl wissend, dass der größte Teil dieser Lebenskeime in Sonnen verglüht oder auf ungeeigneten Planeten anlandet. Ein Bruchteil der Bausteine erreichte Planeten mit ähnlichen präbiotischen Voraussetzungen wie Numero eins. Und prompt begann eine Evolution, und die wiederum kennt ganze Ketten von zwingenden Formen.

Später – viel, viel später! – landete mal eine außerirdische Gruppe bei uns. Nicht einfach so! Die Fremden entdeckten uns nicht zufälligerweise unter Milliarden von Sonnensystemen. Ihre cleveren Astronomen hatten längst herausgefunden, welche Planeten für die Entwicklung der Lebensbausteine nach »Numero eins« überhaupt infrage kamen. Wie erwartet fanden sie hier eine fortgeschrittene Lebensform, entstanden nach dem evolutionären Prinzip. Durch eine gezielte genetische Mutation wurden ein paar DNS-Ketten im Genom verändert. Heraus kam der Homo sapiens. Um eine neue Population aus dem Stamm der Hominiden entstehen zu lassen, brauchte man mindestens ein Männchen und ein Weibchen. Und schon landet man

in der Mythe des Paradieses mit Adam und Eva. »Die Götter schufen die Menschen nach ihrem Ebenbilde.«

Dieses Denkmodell widerspricht der Evolution nicht. Es
geht einen Schritt darüber hinaus. War es so oder anders?
Wir wissen es nicht, und wir werden es so lange nicht wissen, bis in unserem Sonnensystem ein handfester, objekti-
ver Beweis für die Außerirdischen auftaucht, oder bis wir
mit denen dort draußen erneut in Kontakt kommen. Wie
auch immer.

In jahrelangen Recherchen hat Lars A. Fischinger Fälle
zusammengetragen, die berechtigte Fragen aufwerfen. Da
und dort kann es um außerirdische Einflüsse gehen – muss
es aber nicht. Dies ist das Sympathische an *Historia Mystica*:
Es wird nichts behauptet, die Quellen sind nachprüfbar,
der Rhythmus stimmt. Ich wünsche allen Lesern, sie mögen das Staunen wieder lernen.

Erich von Däniken

15

EINFÜHRUNG

Haben Sie die Zitate gelesen, die der Historia Mystica vorausgeschickt sind?

Wenn nicht, mögen Sie es jetzt vielleicht nachholen. Denn sie geben die Richtung der Reise an, zu der wir gleich aufbrechen. Vor uns liegt eine Reise an die Grenzen – an die Grenzen des vermeintlich gesicherten Wissens, das alles andere ist als ein abgeschlossenes Sammelgebiet.

Ein Blick auf die letzten 100 Jahre des wissenschaftlichen Fortschritts dürfte genügen, um uns davon zu überzeugen, wie veränderlich unser Weltbild ist. Und alles, was veränderlich ist, lässt Raum – Raum für Experimente, Gedankenspiele und vor allem für Fragen. Und für das große Staunen, das am Anfang jeder Erkenntnis steht. Wir müssen es nur zulassen.

Auf der Reise in die Historia Mystica begegnen wir einigen der spannendsten ungelösten Rätsel unserer Welt. Die meisten davon werden von der etablierten Forschung vernachlässigt, und es sind häufig die Suchenden, sich Wundernden an den Rändern der sogenannten wissenschaftlichen Community, denen wir es verdanken, dass sie unser Augenmerk darauf richten.

Denken wir an die Medizin. Ich bin kein Arzt, aber ich erinnere mich, dass vor wenigen Jahren noch äußerst streng zwischen der sogenannten Schulmedizin und Heilmethoden wie Akupunktur oder Homöopathie unterschieden wurde. Inzwischen werden diese Barrieren immer durchlässiger, und Methoden, die bisher als »alternativ« ausgegrenzt, mitunter sogar diffamiert wurden, gelten heute selbst unter Hardcore-Medizinern der alten Schule als gangbarer Weg zur Heilung, obwohl – und das ist das Entscheidende – ihre Wirkung mit rein naturwissenschaftlichen Methoden nicht nachzuweisen ist. Zunehmend setzt sich die Erkenntnis durch: Wer heilt, hat recht.

Dieselbe Unvoreingenommenheit des Denkens wünsche ich mir auch auf dem Gebiet der Historia Mystica. Hier könnte das Motto lauten: Recht hat, wer die Wahrheit herausfindet.

Und so soll dieses Buch vor allem zum Dialog einladen – zum Dialog zwischen der kühlen Faktenwelt der (Natur-)Wissenschaften und dem Forschen an den Grenzen des vermeintlich gesicherten Wissens.

Lars A. Fischinger,
Jerusalem, Februar 2009

TEIL I

SAGEN, MYTHEN UND RÄTSELHAFTE ÜBERLIEFERUNGEN

1

DIE SINTFLUT –
»DAS ENDE ALLEN FLEISCHES«

Seit Jahr und Tag fürchtet der Mensch den Zorn Gottes. Und nicht zu Unrecht, will man der Bibel glauben.

Im ersten Buch Mose wird berichtet, der Herr der Schöpfung sei über die Verderbtheit der Menschen so verärgert gewesen, dass er eine große Flut über sie kommen ließ, in der »alles Fleisch, darin Odem des Lebens« war, bis hin zum Kriechtier, jämmerlich ertrinken sollte.

Ein einziger frommer, gerechter Mann mit seiner Familie durfte diese Katastrophe überleben: Noah. Er baute im Auftrag Gottes ein Schiff, die berühmte »Arche«, nahm weisungsgemäß Vertreter der Tierwelt mit an Bord und fuhr, während die Sintflut wütete, übers Wasser, bis er eines Tages in der Region Ararat landete.

Nun, ganz so wird es sich nicht abgespielt haben. Doch was hat es wirklich mit der Sintflut auf sich?

In ihrem viel beachteten Buch *Sintflut – ein Rätsel wird entschlüsselt* stellen die Meeresgeologen Walter Pitman und William Ryan die These auf, dass sich in diesem biblischen

Mythos die Erinnerung an die Entstehung des heutigen Schwarzen Meeres vor 7600 Jahren niederschlage. Nach der letzten Eiszeit, als der Meeresspiegel unaufhaltsam anstieg, sei das Mittelmeer in das Gebiet eingebrochen, auf dem sich seinerzeit ein Süßwasserbecken befunden hatte. Der natürliche Damm des Bosporus brach aufgrund der auf ihn drückenden Wassermassen. Es ergossen sich unglaubliche Mengen Salzwasser in die dahinter liegende Ebene und aus dem dort liegenden Süßwassersee bildete sich das heutige Schwarze Meer.

Tatsächlich haben meeresbiologische Untersuchungen im Schwarzen Meer ergeben, dass einst an dieser Stelle wirklich ein Süßwassersee existiert haben könnte, der von großen Salzwassermengen überflutet wurde. Ob dieser Vorgang allerdings den wahren Kern des Sintflut-Mythos bildet, können weder Pitman und Ryan noch die an den Untersuchungen beteiligten Meeresbiologen schlüssig belegen. Auch bleiben sie eine Antwort auf die Frage schuldig, warum denn das Schwarze Meer noch immer existiert, wiewohl es doch im biblischen Mythos heißt, die Sintflut sei wieder zurückgegangen.

Eine ähnliche Geschichte wie in der Bibel wird übrigens bereits im babylonischen Gilgamesch-Epos erzählt. Ja, mehr noch: Wie heute bekannt ist, wissen Menschen fast auf der ganzen Welt – sei es in Australien, Nord- oder Südamerika oder auch im Pazifik – von einer verheerenden, alles vernichtenden Flut, als deren Auslöser der Zorn der Götter galt. Der Flut-Mythos scheint also ein global verbreitetes Phänomen zu sein, dem kaum bloß regionale Ereignisse zugrunde liegen werden.

Andererseits: Wie könnte man sich eine Sintflut erklären, die den gesamten Globus umfasst? So, wie in der Bibel beschrieben, sicher nicht. Denn selbst wenn die Pole vollkommen abschmelzen würden, könnte das so freigesetzte Wasser niemals alle Berge und alles Land überfluten.

Bibelexperten weisen jedoch darauf hin, dass das hebräische Wort *erez*, das in unserem Zusammenhang immer mit »Erde« übersetzt wird, auch »Land« oder »Gebiet« bedeuten kann. War also die biblische Flut eine Überschwemmung, die zwar ein ganzes »Gebiet« umfasste, nicht aber die ganze »Erde«?

In den Zwanzigerjahren des letzten Jahrhunderts belegten Ausgrabungen des Archäologen Sir Charles Leonard Woolley (1880–1960), dass es in Mesopotamien (dem Schauplatz der biblischen Sintflut-Geschichte) tatsächlich eine große Flut gab. Nach der Entdeckung von Schwemmablagerungen in der südmesopotamischen Stadt Ur jubelte Woolley: »Wir haben die Sintflut gefunden.« Ob es sich dabei allerdings tatsächlich um *die* Flut handelte, ist auch heute noch umstritten.

Theresa Howard, die die geologischen Forschungsergebnisse in Mesopotamien und der gesamten Golfregion in einem Aufsatz zusammenfasste, kam zu dem Schluss, dort sei die »Mutter aller Fluten« am Werk gewesen.

»Zuvor war über die Flut immer nur in Begriffen des Gebietes, das den Ausfluss des Golfes, das Delta und das untere Mesopotamien umfasst, gesprochen worden. Die neuen Beweise zwingen uns, die ganze Golfregion, buchstäblich in ihrem Gesamtausmaß, in Betracht zu ziehen. (...) Diese Mutter aller Fluten ereignete sich genau zur Mitte des vierten Jahrtausend zu einem Zeitpunkt, der archäologisch bereits als Beginn der Uruk-Periode gekennzeichnet wurde. Dies lässt sich strategisch in Eridu, Ur und Warak zeigen.«

Doch wenn man all die verschiedenen Flutgeschichten, von denen auf der ganzen Welt berichtet wird, auf eine einzige Katastrophe zurückführen will, muss es sich dabei schon um etwas wirklich Einschneidendes gehandelt haben.

Letztlich bliebe dafür nur eine mögliche Erklärung: der Einschlag eines Asteroiden oder Kometen – ein Ereignis, von dem die Erde nachweislich unzählige Male heimgesucht wurde. Eine dieser Gelegenheiten soll zum Aussterben der Saurier geführt haben – vor etwa 65 Millionen Jahren.

Der Einschlag einer solchen »kosmischen Bombe« könnte übrigens, wie einige Autoren mutmaßen, nicht nur die Sintflut erklären, sondern auch den Untergang des sagenumwobenen Inselreiches Atlantis – ein Gedanke, auf den ich gleich noch zurückkomme.

Wann genau sich die Sintflut ereignet haben soll, weiß niemand. Am höchsten gehandelt wird jedoch die Epoche zwischen 10 000 bis 5000 vor Christus – was auch der Zeitraum ist, in dem viele den angeblichen Untergang von Atlantis ansiedeln.

Datieren aber kann man die realen Ursprünge der Flutmythen, wenn es sie denn gab, beim besten Willen nicht, weder die der Indianer Nordamerikas noch den biblischen, um nur diese beiden Beispiele zu nennen. Wann die jeweiligen Dokumente entstanden sind (sofern überhaupt etwas Schriftliches vorliegt), lässt sich ungefähr bestimmen, doch das Ereignis »Große Flut« selbst? Keine Chance.

Angenommen, 10 000 vor Christus wäre tatsächlich ein Asteroid auf die Erde geprallt, wäre er wahrscheinlich in mehrere Teile zerborsten. Und die Folgen für die damalige frühe Menschheit wären verheerend gewesen, wie man aus wissenschaftlichen Modellrechnungen und Computersimulationen weiß. Hätte der Einschlag das Meer getroffen, würde tatsächlich eine Sintflut vom Festland Besitz ergriffen haben. Gigantische Flutwellen hätten alles überrollt, was ihnen im Weg stand, und jegliches Leben vernichtet. Milliarden Tonnen Gestein, Staub, Asche und giftige Gase wären in die Erdatmosphäre eingedrungen und hätten die Sonne verdunkelt. Ein solcher »nuklearer Winter« hätte einige Monate dauern können, vielleicht sogar jahrhundertelang.

Wäre ein solches Szenario allerdings erst vor relativ kurzer Zeit, wie eben vor den angenommenen 12 000 Jahren, Wirklichkeit geworden, müssten Spuren dieses Ereignisses auch heute noch nachweisbar sein. Die gibt es aber nicht – höchstens Spekulationen darüber. So wollte etwa Professor Alexander Tollmann (1928 – 2007) in Australien Hinweise auf einen solchen Asteroiden entdeckt haben, wie er in seinem Buch *Und die Sintflut gab es doch* schrieb. Seiner Auffassung nach war dieser in sieben Teile zerplatzte Asteroid vor rund 9500 Jahren mit der Erde kollidiert und hatte die Flut ausgelöst.

Bei den Spuren, die er im Gebiet des Tasman-Sees im südöstlichen Australien gefunden hatte, handelte es sich um

Tektiten, glasartig geschmolzenes Gestein, wie es bei derartigen Katastrophen entsteht.

Untersuchungen, bei denen die Tektiten verdampft wurden, um ihr Alter auf der Grundlage des Zerfalls bestimmter radioaktiver Isotope zu bestimmen, ergaben jedoch ein Alter von 760 000 Jahren. Damals aber gab es noch gar keine Menschen, was auch die Sintflut-These obsolet macht. Professor Tollmann jedoch berief sich auf eine Reihe anderer (älterer) Untersuchungen. Darüber hinaus gab er an, in dieser Region Australiens kämen sowohl Tektiten der Sintflut vor als auch welche, die über 700 000 Jahre alt seien.

Eine weitere Schwäche dieser These besteht darin, dass es keinen Krater gibt, der seiner Datierung entspricht. Tollmann konterte, das liege daran, dass alle sieben Teile des Asteroiden ins Meer gestürzt seien.

Auch der Autor Heinrich P. Koch nimmt an, dass es ein Komet war, der vor 10 000 Jahren die Sintflut verursachte. Um seine Auffassung zu untermauern, beruft er sich auf gewisse Bibelstellen. So ist für Koch etwa die Schöpfung der Welt im ersten Buch Moses eine Schilderung der »Regenerierung der Erde (…) nach der gigantischen Katastrophe«. Was jedoch den Einschlag des Asteroiden selbst angeht, so beruft sich Koch auf die Arbeit Alexander Tollmanns.

Einer der ersten und bis heute am meisten zitierten Autoren zum Thema Sintflut und Atlantis ist Otto H. Muck. In seinem Buch *Atlantis – die Welt vor der Sintflut* entwirft er ein fraglos beeindruckendes Szenario vom Untergang der Insel Atlantis und in diesem Zusammenhang auch der Sintflut. Muck geht ebenfalls vom Einschlag eines Asteroiden aus, und die Flut sei eine Folge von Tsunamis (Seebeben) gewesen. In zwei Hauptteile zerbrochen habe der Asteroid die Erde vor der Küste Puerto Ricos getroffen.

Otto Muck datierte »seine« Sintflut auf einen Zeitpunkt vor etwa 10 500 Jahren. Mit Akribie zeichnete er den angeblichen Untergang des von ihm vermuteten Atlantis nach und befasste sich auch mit den globalen Folgen des Sintflut-Impakts. Das Verblüffende: Die Thesen, die Muck vor nun schon mehr als 50 Jahren in seinem Buch aufstellte – sie reichen vom Ende der Eiszeit, dem Aussterben der Mammuts über den Untergang von Atlantis, die Polverschiebungen bis hin zur Sintflut –, werden auch heute noch diskutiert.

Doch ob es jemals eine weltweite Sintflut gegeben hat, wissen wir heute immer noch nicht. Wenn ja, so ist die wahrscheinlichste Erklärung der Einschlag eines gewaltigen Meteoriten. Im Juli 2008 scheint man zumindest einem kleinen Asteroiden auf die Spur gekommen zu sein. Damaligen Medienberichten zufolge ist der amerikanische Geophysiker Allen West seither der Auffassung, vor 12 900 Jahren, also am Ende der letzten Eiszeit, könne über Kanada ein 1,5 Kilometer großer Asteroid explodiert sein, womit sich möglicherweise das Aussterben der Mammuts erklären ließe. Ob Wests Erkenntnisse allerdings auch Auswirkungen auf die Sintflut-Diskussion haben werden, ist im Moment noch fraglich. Der von ihm angenommene Asteroid kommt nicht als Ursache für eine globale Flut infrage, da er zu klein war und über dem Festland detonierte.

Bis also nicht eindeutige Beweise für einen solchen Meteoriteneinschlag gefunden werden, bleibt das Thema Sintflut ein Mythos, der möglicherweise jedoch einen historischen Kern hat.

2

DAS FLIEGENDE VOLK
DER EINARMIGEN

Die Weite des Himmels scheint die Menschheit schon immer fasziniert zu haben. Verschiedene Mythen sprechen von feurigen Fluggeräten im Besitz der Götter, von fremden Wesen, die aus den Wolken kamen, gar Erdenbewohner entführten und in »andere Welten« mitnahmen. Doch existieren auch Berichte über irdische Völker, die des Fliegens mächtig gewesen sein sollten. Alles nur Fantasie? Dem Wunsch des Menschen geschuldet, es den Vögeln gleichzutun?

Eines dieser fliegenden Völker soll vor 3700 Jahren im Reich der Mitte gelebt haben: die Tschi-kung. Und sie sollen nicht nur Fluggerät besessen haben, sondern zeichneten sich angeblich auch durch eine weitere Absonderlichkeit aus: Sie waren einarmig.

Erste Informationen über diese rätselhaften Menschenwesen verdanken wir dem deutschen Arzt Professor Dr. Fuchs, der sich während des Zweiten Weltkrieges in China aufhielt. Der Autor Felix R. Paturi zitiert Fuchs mit den Worten:

»Aus altchinesischen Werken erfährt man, dass vor etwa 3700 Jahren in China Windwagen fuhren. Vom Tschi-kung-Volk, dem Volk der Einarmigen, scheint diese Erfindung zu kommen. Wie diese Wagen aussehen, hört man allerdings nicht. Ein Schriftsteller aus dem ersten Jahrhundert nach der Zeitwende erwähnt in einer Bemerkung über den ersten Kaiser der Schang-Dynastie: ›Unter den Beherrschern der achtzehnhundert Völker, die sich mit ihren Dolmetschern versammelten, um die Thronfolge der T'angs des Vervollständigers zu ehren, kam das Tschi-kung-Volk in fliegenden Wagen‹.«

Wohlgemerkt: Die Quelle spricht vom Jahr 1766 vor Christus. Eine politische Versammlung war anberaumt, und die Vertreter der Tschi-kung kamen mit dem Luftfahrzeug angereist. Fuchs schreibt weiter:

»Ein chinesisches Werk aus dem 3. Jahrhundert nach Christus bestätigt auch, dass das Tschi-kung-Volk fliegende Wagen herstellen konnte, die bei gutem Winde große Entfernungen zurücklegten: ›Zur Zeit T'angs brachte Westwind einen solchen Wagen bis Jütschau, worauf ihn T'ang zerbrach, weil er nicht wünschte, dass sein Volk ihn sähe. Zehn Jahre später war Ostwind, dann ließ T'ang einen anderen Wagen anfertigen und sandte seine Besucher in ihr eigenes Land zurück, das 40 000 Li (das sind 20921 Kilometer) vom Jü-men-Pass entfernt war.‹
In verschiedenen anderen altchinesischen Werken finden sich auch Stellen über ›fliegende Wagen‹ oder ›Wagen aus Federn‹, die vom Winde getrieben werden‹.«

Mit anderen Worten: Das Volk der fliegenden Wagen soll aus dem Westen stammen und unglaubliche 21 000 Kilometer von China entfernt beheimatet sein. Dies entspricht mehr als dem halben Erdumfang. Sollte dieses Volk etwa aus Amerika stammen? Wir wissen es nicht.

Auch die technischen Einzelheiten des benutzten Fluggeräts liegen im Dunkeln. Da in den Quellen jedoch von Winden und Federn die Rede ist, könnte man unter Umständen vermuten, dass es sich um eine Art Ballon gehandelt haben könnte.

Doch das, was Dr. Fuchs über das Volk der Tschi-kung aufzeichnete, ist nicht die einzige Quelle. Margarete Schneider, die für Peter Krassa Texte über das Tschi-kung-Volk aus dem Chinesischen übersetzte, bestätigte diese Überlieferungen. Auch die altchinesische Schrift *Po-wü-tschi* (aus dem dritten Jahrhundert nach Christus) erwähnt das fliegende Volk. Dort heißt es, vor 2000 Jahren (also etwa um 1700 vor unserer Zeitrechnung) sei es im Besitz von »Segelwagen« gewesen, die bei günstigen Windverhältnissen unglaublich weite Strecken am Himmel zurücklegen konnten.

Auch das *Ku yü t'u*, eine Schrift aus dem Jahre 1341, kennt dieses Volk mit den Wolkenwagen. Darin ist zu lesen:

»Vor alter Zeit unter Kaiser Tscheng (von der Tschou-Dynastie, 1077 bis 115 vor Christus) schickte das Land der Einarmigen Gesandte mit Tributgeschenken. Sie saßen auf einem Wagen aus Federn, der vom Winde getrieben wurde. So kamen sie zum Hofe der Tschou herangeflogen. Der Herzog von Tschou fürchtete, dass das seltsame Kunstwerk seine Bevölkerung aufregen könne und ließ daher die Wagen zerstören.«

Einarmige Gesandte am Hof des chinesischen Herrschers! Sie und ihre wahrscheinlich recht simpel konstruierten fliegenden Fortbewegungsmittel müssen den Herzog und sein Gefolge in Angst und Schrecken versetzt haben. Warum sonst hätten sie die Wagen zerstören sollen?

Uneingeschränkten Respekt zollte der chinesische Dichter Kuo-P'o (270 bis 324) der technologischen Kreativität des fliegenden Volkes:

»Bewundernswert sind die geschickten Arbeiten des Tschikung-Volkes. In Verbindung mit dem Winde strengten sie ihr Hirn an und erfanden einen fliegenden Wagen, der steigend und sinkend, je nach dem Wege, sie als Gäste zum Kaiser T'ang brachte.«

Dürfen wir daraus schließen, dass bereits vor 4000 Jahren eine Art Flugzeug erfunden wurde? Wenn kein fliegender Ballon, dann vielleicht sogar so etwas wie ein Zeppelin? Außerirdischen Ursprungs, wie vielfach vermutet, war dieses Gerät jedoch wahrscheinlich nicht, sonst wäre es nicht so primitiv gewesen.

Was aber wissen wir anhand der Quellen sonst noch über die Tschi-kung? Dass sie oft die »Einarmigen« genannt wurden, also allem Anschein nach nur einen Arm hatten – sofern es sich nicht um einen Übersetzungsfehler handelt oder ein Irrtum irgendeiner anderen Art vorliegt.

Und dass sie – von China aus betrachtet – aus dem Westen gekommen sein sollen.

Sei dem, wie es mag: Auch im südlichen Europa weiß man von einem Volk, das sich durch zwei besondere Eigenschaften auszeichnete: Seine Angehörigen sollen nur einen Arm besessen haben und mit Fluggeräten ausgerüstet gewesen sein.

Uralte Legenden aus dem Gebiet der Dolomiten berichten von einem Gebirgsvolk mit Namen Fànis, dessen Herrscher zahlreiche Kriege gegen benachbarte Stämme führten.

Dem Archäologen Dr. Georg Innerebner aus Bozen (1893–1974) gelang es 1953 tatsächlich, Spuren einer uralten Kultur in dieser Region – wir kennen sie heute unter dem Namen Fànis-Alpen – nachzuweisen. Und auch die Stämme, gegen die die Fànis in den Krieg zogen, gab es einst dort vermutlich wirklich.

Aber sie hatten wohl auch Verbündete. Diese besaßen angeblich nur einen Arm und lebten »auf einer fernen Insel«. Wo, ist leider nicht überliefert. Allerdings ist immer wieder davon die Rede, dass diese Einarmigen fliegen konnten und dem Volk der Fànis aus der Luft zur Hilfe kamen.

Schriftlich niedergelegt sind diese Überlieferungen in den *Dolomitensagen* des Heimatforschers Karl Felix Wolff (1879–1966). Darin heißt es unter anderem:

»Bei Sonnenuntergang erschienen dann plötzlich die Einarmigen; in Adlerkleidern kamen sie aus den Lüften herab – jeder ein Schwert in der Hand – und stürzten sich auf die Feinde der Fànis.«

In der Region Valcamonica, 150 Kilometer südwestlich des einstigen Reiches der Fànis am Fluss Oglio gelegen, entdeckte man im vergangenen Jahrhundert Erstaunliches. Hunderttausende von Felszeichnungen zieren das Tal: Symbole, Tiere, Menschen, Schriftzeichen und Schlachtszenen. Ein wahres Eldorado für Altertumswissenschaftler und seit 1979 Weltkulturerbe der UNESCO.

Vor allem Professor Emmanuel Anati, der diese Gegend seit etwa 1960 erforschte, ist es zu verdanken, dass diese Petroglyphen heute systematisch erfasst sind. Ein Umstand ist in unserem Zusammenhang besonders interessant: dass die Männer, die aus den dargestellten kriegerischen Auseinandersetzungen siegreich hervorgingen, nur einen Arm hatten. Sollte es sich bei ihnen um Angehörige des sagenumwobenen fliegenden Volkes handeln?

Die Ähnlichkeiten mit den Berichten aus dem alten China sind verblüffend. Doch letztlich wird es weiteren Forschungen vorbehalten bleiben, zu verifizieren, ob es je ein Volk einarmiger Männer gab, die mit selbst gebauten Flugwagen unterwegs waren, sei es in Asien oder auf unserem Kontinent.

3

DER FLUCH DES PHARAO?

Tal der Könige, November 1922. Unter der Leitung Howard Carters (1874–1939) und finanziell unterstützt von dessen Partner Lord Carnavon findet ein Team von Archäologen nach langjähriger Suche den oberirdischen Zugang zum Grab des jungen Herrschers Tutanchamun. Es enthält unsagbare Goldschätze (unter anderem die güldene Totenmaske des Königs), edelste Schmuckstücke, Kunstobjekte und vielerlei andere Kostbarkeiten.

Eine Sensation ohnegleichen, nicht zuletzt, da man seinerzeit davon ausging, dass die Herrschergräber im Tal der Könige längst geplündert seien. Dieser aufsehenerregende Fund zog nicht nur die Welt der Archäologie in seinen Bann, sondern löste allenthalben ein wahres Ägyptenfieber aus.

Die Presse berichtete überschwänglich, rund um den Globus waren die Menschen fasziniert vom strahlenden Glanz der Fundstücke. Da gab es Vieles, was die Fantasie anregte. Carter und seine Männer katalogisierten jedes Fundstück mit großer Akribie, notierten den gesamten Inhalt der Grabstätte mit äußerster Sorgfalt.

Am 6. April 1923, knapp ein halbes Jahr nach dem aufsehenerregenden Fund, schlug das Interesse an der Mumie des Tutanchamun urplötzlich um. In den Zeitungen wurde nicht länger vom blendenden Glanz des Goldes und dem unermesslichen Reichtum des jung Verstorbenen berichtet. Jetzt lauteten die Schlagzeilen: »Die Rache der Mumie« und »Ist das Grab verflucht?« Der bis heute legendäre »Fluch des Pharao« war geboren.

Was war geschehen?

In Kairo verstarb Lord Carnarvon, der Finanzier der Ausgrabungen, an einer Blutvergiftung infolge eines scheinbar harmlosen Moskitostichs. Der Lord hatte sowohl der Öffnung des Grabes im November des Vorjahres beigewohnt als auch der Öffnung der Grabkammer am 16. Februar. Hatte das Unheil bringende Insekt dort zugeschlagen?

Die Gerüchte, die sich um den Tod Carnarvons rankten, bekamen kräftig Nahrung, als Berichte über ein Tontäfelchen erschienen, das angeblich auch in der Grabkammer des Tutanchamun gefunden wurde. Der Inhalt: eine Warnung vor der Störung der Totenruhe. In der Übersetzung Sir Alan Gardiners lautete der Wortlaut in etwa:

»Der Tod wird auf schnellen Schwingen zu demjenigen kommen, der die Ruhe des Pharaos stört!«

Ein Fluch des Königs aus dem Jenseits?

Das Todesurteil für Menschen, die direkt oder indirekt mit der Öffnung des Grabes befasst waren?

Zweifel sind erlaubt. Nicht zuletzt, weil die Tontafel wie

vom Erdboden verschluckt ist, obwohl doch sämtliche Fundobjekte nicht nur penibel katalogisiert, sondern auch fotografiert wurden.

Der Fluch des Pharao – also doch nur ein unbestätigtes Gerücht? Ein Hirngespinst?

In seinem Weltbestseller *Der Fluch der Pharaonen* bestätigt Philipp Vandenberg, dass Carter die Tontafel mit dem Fluch in der Vorkammer des Grabes gefunden und diese dann wie alle anderen Funde bei den Grabungen auch katalogisierte. Nachdem jedoch Alan Gardiner den Text der Aufschrift übersetzt hatte, fürchteten die Archäologen nicht den Fluch als solchen, sondern den religiösen Glauben der ägyptischen Arbeiter, auf deren Engagement für die Grabungen nicht verzichtet werden konnte. Deshalb wurde Vandenberg zufolge die Tafel aus dem Katalog der Fundstücke gestrichen – und gilt seither als verschollen.

Wir können also nicht mit Sicherheit sagen, ob es diesen angeblichen Fluch tatsächlich gab. Doch seine vermeintlichen Folgen trafen nicht nur Lord Carnarvon.

Ihn ereilte der Tod an jenem Apriltag 1923 um kurz vor zwei im Hotel Continental von Kairo. Und genau zu diesem Zeitpunkt fiel überall in der Millionenstadt der Strom aus. Der Sohn des Verstorbenen sagte damals:

»Für den Stromausfall in ganz Kairo gab es keine Erklärung. Eine Nachfrage beim Elektrizitätswerk erbrachte, dass es sowohl für das plötzliche Ausbleiben des Stroms als auch für das plötzlichen Wiederaufflammen des Lichts keine natürliche Erklärung gab.«

Doch der vermeintliche Fluch des Pharaos beschränkte sich nicht auf Ägypten. Auch im fernen England trug sich Sonderbares zu, wie Carnarvons Sohn zu berichten weiß:

»Vater starb kurz vor zwei Uhr Kairoer Zeit. Wie ich später hörte, passierte in Highclere kurz vor vier Uhr morgens Londoner Zeit, also effektiv zur selben Stunde, etwas Merkwürdiges. Unsere Foxterrierhündin, ein Tier, das 1919 bei einem Unfall das linke Vorderbein verloren hatte und von Vater sehr geliebt wurde, begann plötzlich zu jaulen, setzte sich auf die Hinterbeine und fiel tot um.«

Die *London Times*, die sich die Exklusivrechte an der Berichterstattung über die Ausgrabungen gesichert hatte, schürte den Mythos der Rache des Königs aus dem Jenseits nach Kräften weiter.

Reines Profitinteresse? Gezielte Legendenbildung?

Nun, in der Folge der Graböffnung kam es zweifellos zu einer ganzen Reihe sonderbarer Ereignisse, die allerlei Fragen aufwerfen.

Glaubt man den Verfechtern der These vom Fluch des Pharao, fanden mehr als 20 Personen, die direkt oder indirekt an der Graböffnung oder den nachfolgenden Untersuchungen der Funde beteiligt waren, unter teilweise mysteriösen Umständen den Tod. Hier einige Beispiele:

Lord Westbury beging Selbstmord. Sein Sohn, angeblich einst Sekretär von Carter, wurde eines Morgens tot in seinem Bett gefunden. Als Archibald Douglas Reid die Mumie des Tutanchamun durchleuchten wollte, starb auch er.

Arthur Weigall wurde von einem geheimnisvollen »Fieber« dahingerafft. Lord Carnarvons Halbbruder Aubrey Hebert nahm sich das Leben – laut Presseberichten im Zustand geistiger Verwirrtheit. Bald starb auch A. C. Mae. Mae war direkt mit Carter an der Öffnung der Grabkammer beteiligt. (Was die Zeitungen allerdings verschwiegen, war, dass er bereits seit Längerem an einer schweren Krankheit litt.)

Rund zwei Dutzend Menschen kamen zu Tode. Sollten sie wirklich alle der Rache des Königs zum Opfer gefallen sein?

Wie zur Bestätigung starb irgendwo in den USA ein Mann an den Folgen eines Unfalls. Nun, so etwas kommt vor. Alarmierend war nur der Name des Verstorbenen. Er hieß Howard Carter. Hatte sich der Pharao jetzt auch den eigentlichen Urheber der Schändung seines Grabes geholt?

Erst 1993 stellte sich heraus, dass es sich bei dem verunfallten Howard Carter keinesfalls um den berühmten Archäologen handelte. Es bestanden nicht einmal verwandtschaftliche Beziehungen.

Und die Westburys hatte mit der Entdeckung des Grabes des Tutanchamun nicht das Geringste zu tun. Auch sie waren letztlich Enten – Zeitungsenten.

Und die anderen »Opfer« des tödlichen Fluchs aus dem alten Ägypten? Die meisten von ihnen waren älter als siebzig. Und da soll es schon hin und wieder einmal zu einem »plötzlichen und unerklärlichen Tod« gekommen sein, der durchaus natürliche Ursachen hat.

Viele Fragen bleiben dennoch offen.

Gab es die Tontafel wirklich? Wenn ja, was ist aus ihr geworden? Hat der Pharao sein Grab mit radioaktiven Substanzen sichern lassen, was zweifellos tödliche Folgen haben kann? Oder wurden einige der ungebetenen Besucher der Grabstelle Opfer einer Sporenvergiftung, die sie sich zuzogen, als ein bislang fest verschlossener Raum nach Jahrhunderten plötzlich geöffnet wurde?

Nichts Genaues weiß man also nicht, wie man so schön sagt.

Ich vermute: Womöglich ist der mutmaßliche Fluch des Königs Tutanchamun nichts anderes als der erste Mythos, der seine Entstehung den modernen Massenmedien verdankt.

4

SCHUFEN UNS AUSSERIRDISCHE?

Für »aufgeklärte« Zeitgenossen besteht seit Charles Darwin (1809–1882) kaum ein Zweifel mehr: Der Mensch hat sich im Laufe vieler Jahrtausende über viele Entwicklungsstufen ganz allmählich zum *homo sapiens* entwickelt – genau so, wie es die Evolutionstheorie des britischen Naturwissenschaftlers besagt.

Die Schöpfungsmythen der Welt sprechen eine andere Sprache. Wissen sie mehr als die Rationalisten unserer Tage?

Die Bibel berichtet über den Ursprung des Menschen:

»Gott sprach: Lasset uns den Menschen machen nach unserem Abbild, uns ähnlich (…). So schuf Gott den Menschen nach seinem Abbild, nach Gottes Bild schuf er ihn, als Mann und Frau schuf er sie.«

Erstes Buch Mose, 1, 26–27

Einige Verse später heißt es weiter:

»Da bildete Gott, der Herr, den Menschen aus dem Staub der Ackerscholle und blies in seine Nase den Odem des Lebens; so ward der Mensch zu einem lebendigen Wesen.«

Erstes Buch Mose, 2, 7

Später kam die »Männin« hinzu – geschaffen aus einer »Rippe« des ersten Mannes – Eva, seine Gefährtin, »damit sie ihm diene«.

Dem alttestamentarischen Schöpfungsmythos zufolge – und keiner ist auf der Welt weiter verbreitet als er – besteht kein Zweifel daran, dass Gott den Menschen erschaffen hat.

War er es aber allein? Oder warum heißt es: »Gott sprach: Lasset *uns* den Menschen machen *nach unserem* Abbild, *uns* ähnlich«? Was verbirgt sich hinter diesem Plural des »uns«?

An der Stelle des Wortes »Gott« findet man im hebräischen Originaltext den Begriff »ELOHIM« ('älohîm), und der bedeutet nichts anderes als »Götter«, »göttliche Wesen« oder »Gottheiten«. Keine Einzahl, sprachlich gesehen, sondern Mehrzahl. Die Vertreter der Deutschen Bibelgesellschaft in Stuttgart interpretieren sie als bloßen »Abstrakt-, Intensitäts-, Hoheits- oder Herrschaftsplural« – vom Standpunkt einer monotheistischen Religion aus betrachtet, die per se nur einen einzigen Gott kennt, ist das verständlich. Ist es aber auch korrekt? Das Wort »ELOHIM« taucht im Alten Testament ganze 2602-mal auf. Die Bibel spricht also zweifellos oft von mehreren göttlichen Wesen. Zufall oder sprachliche Schlamperei kann das kaum sein.

Die Tatsache, dass dem Wortlaut der Schöpfungsgeschichte zufolge der Mensch von mehr als einem Gott erschaffen wurde, erregt das Interesse der Grenzwissenschaften schon seit Jahrzehnten. Wer waren diese Gottheiten? Und wo kamen sie her? Formten etwa Außerirdische den Menschen – womöglich durch Genmanipulation? Verdanken die ersten Erdenbürger ihre Existenz also im Grunde den Aliens? Mit dieser These habe ich mich bereits 1998 ausführlich in meinem Buch *Götter der Sterne* auseinandergesetzt. Und kam zu dem Schluss: Vielleicht sind wir alle »Züchtungen«.

Interessant ist auch, dass die Bibel an vielen Stellen über einen »Rat des Herrn« (Jer. 23,18), eine »Gottesversammlung« (Ps. 82,1), über »Gottessöhne« (Ps. 89,7 und Ps. 82,6), das »Heer des Himmels« (Neh. 9,6) oder eine »Versammlung der Heiligen« (Ps. 89,6) zu berichten weiß. Wer waren diese Wesen? Und wieso muss Gott eigens einen »Rat« einberufen, um die Erschaffung des Menschen zu beschließen?

Große Teile des Alten Testamentes wurden während des Exils der Israeliten unter König Nebukadnezar II. (640 bis 562 vor Christus) in den Jahren von 598 bis 539 vor Christus in Babylon zusammengestellt. Selbst Bibelforscher müssen deshalb einräumen, dass »mythische Reste« älterer Überlieferungen anderer Völker in die Bibel eingeflossen sein könnten, beispielsweise die Geschichte von der Sintflut oder auch die äußerst seltsame Story im Ersten Buch Mose (ab 6,1), der zufolge Wesen des Himmels mit irdischen Frauen Sex hatten und Kinder zeugten. Eine Geschichte, die vor allem in den apokryphen Büchern des mythischen Propheten Henoch zu finden sind.

Auch den Völkern des Zweistromlandes (heute Iran und Irak) waren Schöpfungsmythen bekannt, denen zufolge der Mensch von himmlischen Göttern erschaffen wurde.

So zum Beispiel das »Enûma elîsch«, eine babylonische Schöpfungsgeschichte aus dem achten Jahrhundert vor Christus, in der geschildert wird, dass »Götter« vom Himmel kamen, aus Lehm und dem Blut eines Gottes den Menschen schufen und die Zivilisation begründeten. Auf der VI. Tafel dieses Textes heißt es:

»Blut will ich binden an Blut, Blut an Gebein, Aufstellen will ich Lullu, Mensch sei sein Name, Erschaffen will ich Lullu, den Menschen! Es sollen ihm auferlegt werden die Götterdienste, sie sollen ausgeführt sein!«

»Lullu«, der Mensch, »soll den Göttern auf der Erde dienen, bedingungslos«. »Erschaffe den Lullu und lass ihn das Joch tragen.«

(Nebenbei bemerkt: Was Lehm als den Rohstoff betrifft, aus dem der Mensch geschaffen wurde: Daran glaubten auch die alten Ägypter schon. In einem ihrer Mythen ist jedenfalls die Rede davon, Gott Chum habe den Menschen auf einer Töpferscheibe geformt.)

Ähnliche Vorstellungen gab es auch in anderen Teilen der Welt. Das »Popol Vuh« der mittelamerikanischen Maya oder die Swahili Ostafrikas sowie viele andere Völker gingen davon aus, dass der Mensch infolge eines göttlichen Ratschlusses erschaffen wurde, damit er den himmlischen Kräften dienstbar sei. Auch die Schöpfungsgeschichte der Assyrer aus Mesopotamien (etwa 800 vor Christus) berichtet von den »großen Göttern« des Himmels – den Anunnaki –, die auf einer Versammlung beschlossen, aus dem

Blut eines auserwählten Gottes den Arbeiter Mensch nach ihrem Bilde zu kreieren. War es ein genetischer Eingriff fremder Wesen aus dem All? Schöpfungsmythen weltweit sprechen dafür.

Auch der Koran liefert an verschiedenen Stellen Hinweise auf eine künstliche Schöpfung des Menschen. So heißt es etwa in der 40. Sure, Vers 68, Gott habe die Menschheit aus »Staub«, »Samentropfen« und »geronnenem Blut« geformt. Und in der 76. Sure, Vers 3, steht zu lesen: »Wir schufen den Menschen aus dem im Samentropfen der in Paarung vermischten Geschlechter.« Auch in der monotheistischen Religion des Islam ist also von »wir« die Rede; auch hier war, jedenfalls dieser Schrift zufolge, eine Mehrzahl göttlicher Wesen an der Schöpfung beteiligt.

Interessant ist ferner der Schauplatz, an dem sich dieses Ereignis abgespielt haben soll. Denn nicht etwa auf der Erde schufen die Götter den Menschen nach ihrem Bilde, sondern im Himmel. Auch in dieser Hinsicht sind sich übrigens die verschiedenen Schöpfungsmythen, die auf der Welt verbreitet sind, bemerkenswert einig. So wissen etwa die Ngombe aus Zaire zu berichten, dass die ersten Menschen zusammen mit ihren Schöpfern im Himmel lebten.

Solche Hinweise finden sich auch in anderen Überlieferungen; etwa bei mesopotamischen Völkern oder in jüdischen Mythen. Und sogar im Neuen Testament heißt es:

»Der erste Mensch ist aus Erde, ist Staub; der zweite Mensch stammt aus dem Himmel.«

1. Kor. 15,47

Noch ein weiteres Motiv taucht in den Mythen der Welt immer wieder auf: dass es mehrerer Versuche bedurfte, den Menschen perfekt zu gestalten. Berühmt ist in diesem Zusammenhang Lilith, Adams erste Frau. Sie fand zwar nicht Eingang in die biblische Schöpfungsgeschichte, uralte Legenden besagen jedoch, sie sei zur gleichen Zeit wie Adam von den Göttern erschaffen worden. Dann allerdings lehnte sie sich gegen Adam auf und musste durch eine zweite Frau ersetzt werden. Und so schuf Gott Eva – er versetzte Adam in eine Art Tiefschlaf und formte sie aus einer seiner Rippen.

Das hebräische Wort, das immer mit »Rippe« übersetzt wird, heißt im Originaltext der Bibel »szelá«, und dessen genaue Bedeutung ist erstaunlicherweise bis heute ein Rätsel. Der sumerische Begriff für »Rippe« wiederum lautet »ti« – »Lebenskraft«, »Pfeil« und »Leben«. Wurde Eva also in Wahrheit aus der »Lebenskraft« des Menschen geformt? Da ins Alte Testament viele mythische Einflüsse aus Mesopotamien eingeflossen sind, schließen Bibelforscher es nicht aus.

Auf der fernen Osterinsel im Pazifik wird von Gott Make Make erzählt, der den ersten Menschen in runder Form erschuf und hineinblies (ähnlich wie auch in der Bibel die Götter Adam den »Odem des Lebens« einhauchten). Sodann versetzte Make Make diesen Mann, er trug den Namen He repa, in einen tiefen Schlaf, öffnete seinen Brustkorb auf der linken Seite, entnahm etwas Blut und erschuf daraus Uka, die erste Frau.

Sprechen wir nun von der Geburt Seths, des dritten Sohnes von Adam und Eva, über die im vierten Kapitel des ersten Buches Mose berichtet wird. Vielfach wird vermutet, dass es sich bei diesem Schöpfungsakt der himmlischen Götter womöglich um eine künstliche Befruchtung handeln könnte. Wie sieht es damit aus?

Nachdem Kain seinen Bruder Abel ermordet hatte, wurde Eva erneut schwanger:

»Adam erkannte abermals sein Weib, sie gebar einen Sohn und rief ihn mit Namen Seth; denn, sagte sie, Gott hat mir einen anderen Spross gesetzt anstatt Abels, weil ihn Kain erschlug.«

1. Buch Mose, 4, 25

Dieser Seth ist der »Setzling« oder »Eingesetzte« (so die Übersetzung seines Namens) – und ein direkter Vorfahre Noahs, des Mannes mit der Arche.

Der Urtext zeigt, dass es ELOHIM, »Götterwesen« waren, die Eva diese Leibesfrucht einsetzten. In wörtlicher Übersetzung lautet der 25. Vers: »Denn gesetzt haben mir die Götter fremden Samen.« Hört sich das nicht tatsächlich nach der künstlichen Befruchtung einer Erdenfrau durch die Himmelswesen an? Die Schöpfungsmythen der Welt kennen zahllose weitere Beispiele.

Da wäre etwa Noah, der Held der biblischen Sintflut-Geschichte: Dem Propheten Henoch und der Lamech-Rolle von Qumran zufolge wurde der Sohn des Lamech von den Himmlischen künstlich erschaffen. Lamech kam, so diese

Überlieferung, nach einer viele Monate andauernden Reise wieder zu seiner Frau Bat-Enoch zurück. Dort fand er den kleinen Noah vor, der nicht wie ein Mensch aussah, sondern wie die »Wächter des Himmels«. Dem berühmten Methusalem gegenüber klagt Lamech in der Lamech-Rolle:

»Ich habe einen merkwürdigen Sohn; er gleicht nicht einem Menschen, sondern den Gottessöhnen des Himmels und seine Natur ist verschieden; er ist nicht wie wir; seine Augen gleichen Sonnenstrahlen und sein Antlitz ist majestätisch.«

Im äthiopischen Buch Henoch (106,5) heißt es, Noah sei »ein Abbild der Engel des Himmels«, und Lamech zögert nicht, seine Frau des Ehebruchs mit himmlischen Wesen zu bezichtigen.

Von »künstlichen Befruchtungen« durch Götter aus dem All weiß auch die Religion der Jaina in Indien. Ihren Überlieferungen zufolge beschlossen die Himmelsgötter, eine neue Glaubensgemeinschaft auf Erden zu begründen, und betrauten Gott Mahavira mit dieser Aufgabe. So kam es, dass eine schwangere Erdenfrau gesucht wurde, der ein göttlicher Embryo eingepflanzt wurde. Die Wahl fiel auf eine gewisse Devanada. Und das Kind, das 599 vor Christus geboren wurde, war Mahavira, der Gründer der Jaina-Religion.

Die Mutter war jedoch nicht Devanada. Denn als die Götter bemerkten, dass sie der Geburt des göttlichen Babys nicht würdig sei, wurde es ihr wieder entnommen und stattdessen der schwangeren Königin Trisala eingepflanzt, die Mahavira schließlich das Leben schenken durfte.

Spiegelt sich in dieser Geschichte möglicherweise die Erinnerung an einen Eingriff von Außerirdischen wider?

Auch heute noch gibt es immer wieder Frauen, die behaupten, von Außerirdischen entführt und quasi als Leihmutter missbraucht worden zu sein. Man habe ihnen Eizellen entnommen oder sogar einen Embryo. Die Anhänger solcher Entführungstheorien sprechen gern davon, dass Außerirdische Mischwesen aus Aliens und Menschen erschaffen wollten. Ist dies bloß die technologisch höher entwickelte Variante des alten Menschheitsglauben an die Paarung der Götter mit Erdenwesen?

Auch Gilgamesch, der legendäre König aus dem Zweistromland 2600 Jahre vor unserer Zeitrechnung, soll nicht ganz irdischer Natur gewesen sein, wie die erste Tafel des Gilgamesch-Epos enthüllt: »Zu zwei Dritteln ist er Gott, Mensch zu einem Drittel nur. Die erhabene Göttin hat sein Lebensbild entworfen.«

Gilgamesch, so heißt es weiter, sei ein Riese gewesen. Und Riesen kennen die Mythen überall auf der Welt. Stammen auch sie von Wesen der Sterne ab? Laut Bibel ja – und die Texte sind noch heute in (fast!) jeder Bibel zu finden. Im 6. Kapitel des ersten Buches Mose wird erzählt, dass die »Söhne Gottes« die schönen Frauen der Menschen gesehen und Kinder mit ihnen gezeugt hätten. Aus diesen Paarungen entstanden die Riesen, berichtet die Bibel. Und auch der Prophet Henoch berichtet in seinen Texten darüber.

Alle Schöpfungsmythen der Welt sind sich darin einig, dass die Götter vom Himmel auf die Erde kamen, um den Menschen zu erschaffen. Sie führten Sitten und Gesetze ein und lehrten die junge Menschheit alle Dinge, die sie wissen musste.

In zahlreichen Büchern und Artikeln wird behauptet, dass es sich bei diesen Göttern des Himmels in Wahrheit eben um Außerirdische von den Sternen handelte.

Die Autoren der Prä-Astronautik, allen voran Erich von Däniken, plädieren dafür, die Mythen der Welt beim Wort zu nehmen. Das heißt aber auch, dass man sich ernsthaft mit der These auseinandersetzen muss, die Menschheit sei stellaren Ursprungs, von Aliens künstlich erzeugt.

Der Beweis dafür könnte in unseren Genen liegen.

5

DIE CHRONIK VON AKAKOR

Wissen wir wirklich schon alles über unsere Vorfahren? Oder gibt es immer noch Neues zu entdecken? Hat die Altertumsforschung jedes Rätsel der Vergangenheit lösen können? Auf den ersten Blick sieht es so aus. Doch jeder Archäologe, der auf sich hält, würde einräumen, dass bis zum heutigen Tag viele Fragen unbeantwortet bleiben.

Und tatsächlich wird immer wieder über verblüffende Funde berichtet. Denken wir nur an die angeblichen Pyramiden in Bosnien, an denen derzeit gegraben wird. Oder an die versunkenen Städte vor der Küste Indiens, die angeblich 9000 Jahre sein sollen und erst vor wenigen Jahren gefunden wurden.

Zu großen Teilen ist auch Südamerika noch *terra incognita*. Peru, um ein Beispiel zu nennen, birgt nach wie vor viele kulturelle und geschichtliche Fragen. Denn vor den Inkas sollen dort bereits andere Zivilisationen bestanden haben. Was hat es etwa mit den Pyramiden dort auf sich, die älter sind als die ägyptischen in Giseh?

Kein Wunder also, dass jede Entdeckung, die Hinweise auf eine versunkene Kultur verspricht, nicht nur in Fachkreisen interessiert aufgenommen wird, sondern auch die Fantasie des allgemeinen Publikums anregt.

So auch im Jahre 1976, als ein Buch des Journalisten Karl Brugger erschien. Es trug den Titel *Die Chronik von Akakor*. Und obwohl es keine wissenschaftlich überprüfbaren Fakten oder Beweise enthielt, erfreut es sich in gewissen Kreisen auch heute noch – mehr als dreißig Jahre nach der Erstveröffentlichung – großer Beliebtheit.

Karl Brugger, 1942 in der Nähe von München geboren, studierte Zeitgeschichte und Soziologie. Bis 1974 arbeitete er als Rundfunk- und Fernsehjournalist, unter anderem als Brasilien-Korrespondent der ARD, und galt als ausgewiesener Experte für »Indianerfragen«.

Sein Buch war eine echte Sensation. Doch worum ging es eigentlich?

Anhand von Informationen aus erster Hand zeichnet *Die Chronik von Akakor* die Geschichte eines bis dato unbekannten Indianervolkes nach, die der Ugha Mongulala. Da er die Existenz seines Stammes durch die immer weiter vorrückende westliche Zivilisation bedroht sah, hatte sich Häuptling Tatunca Nara veranlasst gesehen, sich mit dem deutschen Journalisten zu treffen, damit er der Welt von der geheimen Geschichte der Ugha Mongulala berichte. Dieses Treffen fand am 3. März 1972 statt.

Tatunca Nara, aufgrund seiner Hautfarbe »weißer Häuptling« genannt, erzählte Brugger, sein Volk sei bereits 13 000 Jahre alt. Demnach reichten seine Ursprünge in eine Zeit zurück, in der es der herrschenden Geschichtsschreibung zufolge nirgendwo auf der Erde eine Zivilisation gab. Damals, so Tatunca weiter, kamen die Götter leibhaftig aus dem Himmel zur Erde hinab, mit glänzenden Raumschiffen von einem Planeten namens Schwerta. »In der Stunde Null, 10481 vor Christus in der Zeitrechnung der Weißen Barbaren, verließen die Götter die Erde« dann wieder, berichtete Tatunca Nara. Zurück blieb das Reich Akakor.

Im Jahre 3166 vor Christus statteten die Außerirdischen unserem Planeten einen weiteren Besuch ab. Es war die Zeit nach einer verheerenden Naturkatastrophe und eines Krieges der Aliens, und das Volk wurde immer kleiner. Die Außerirdischen verschwanden nach diesem Krieg der Sterne wieder, und zurück blieb das Reich der Ugha Mongulala. Es bestehe bis heute, habe einige Tausend Bewohner und liege teilweise über der Erde Südamerikas und teilweise darunter. Unterirdisch gebe es dreizehn Städte, von »künstlichem Licht« erhellt. Der Name der Hauptstadt im Zentrum des Reiches sei Akakor. Von hier aus hätten die Götter über 362 Millionen Menschen und die ganze Erde geherrscht, erzählte Tatunca Nara.

Im Zweiten Weltkrieg seien mindestens 2000 deutsche Soldaten bis nach Akakor vorgedrungen, um die Akakor-Indianer zu unterstützen und den Kampf gegen Brasilien aufzunehmen. Der Hohe Rat habe mit dem Nazi-Regime einen Vertrag abgeschlossen, dem zufolge Deutschland nach dem »Endsieg« die Küstengebiete Brasiliens zugesprochen werden sollten, während das Volk von Akakor die Region für sich beanspruchte, die ihm Jahrtausende zuvor von den Göttern zugewiesen wurde.

Die Nachfahren der deutschen Soldaten lebten auch heute noch, wie der Häuptling berichtete, in Brasilien, versteckt vor der Zivilisation des Westens. Seine eigene Mutter sei eine deutsche Ordensfrau gewesen – was wohl auch seine Hautfarbe erklären sollte.

Da die Nazis im Dritten Reich tatsächlich zahlreiche Expeditionen veranstalteten, um Nachfahren der sogenannten Arier aufzuspüren, wurde diese Behauptung bei Erscheinen der *Chronik von Akakor* mit großem Interesse aufgenommen.

Sogar Erich von Däniken, immer bemüht, Beweise für seine Thesen über Astronautengötter auf der Erde zu finden, zeigte sich zunächst fasziniert von der Geschichte. 1977 räumte er ihr in seinem Buch *Beweise* einigen Raum ein. Mittlerweile sieht er das allerdings etwas anders.

Trotzdem: Die Legende von Akakor und den außerirdischen Göttern, die dort vor 13 000 Jahren landeten, hat auch heute noch ihre Anhänger.

Karl Bruggers Buch wurde 2002 neu aufgelegt und mit Verschwörungsthesen beworben. Der Hintergrund: 1985 wurde der Autor der *Chronik* in Brasilien erschossen. Man sprach von einem Überfall auf offener Straße, bei dem der Zeuge Ulrich Encke, Bruggers Nachfolger, unversehrt blieb.

In der Folge äußerte sich Ulrich Encke in verschiedenen Radiosendungen über Bruggers Tod. In diesem Zusammenhang berichtete er auch, sein Kollege habe an einem zweiten Buch gearbeitet. Zu Recherchezwecken habe Brugger geplant, sich in nicht allzu ferner Zukunft auf die Suche nach einer verborgenen südamerikanischen Stadt zu begeben. Hatte er vor, sich nach Akakor durchzuschlagen? Wusste er zu viel über das geheime Reich der Ugha Mongulala? War sein Tod doch mehr als ein ordinärer Raubüberfall? Für die Anhänger der Akakor-Legende taten sich viele Fragen auf.

Da den Erzählungen des weißen Häuptlings zufolge auch einige Tausend deutsche Soldaten nach Akakor geschickt wurden, nahmen auch politisch weit rechts stehende Autoren und rechte Verschwörungstheoretiker die Story auf. Sogenannte Flugscheiben wie HANEBU oder VRIL, die angeblichen UFOs der Nazis, seien nach Akakor verbracht worden. In den Wirren der letzten Kriegstage hätten deutsche Topwissenschaftler in den Dschungeln Brasiliens Zuflucht gesucht und die von ihnen entwickelte UFO-Technologie gleich mitgebracht.

Die Wahrheit ist, wie so oft, eine andere.

Erich von Däniken, der sich bemühte, Akakor selbst zu besuchen, bekam ernste Zweifel an der Geschichte. Trotz umfassender Vorbereitungen, guter Kontakte nach Südamerika und großer Geldsummen, die er bereit war, für eine Helikopter-Expedition auszugeben, scheiterte seine Recherche.

Im Sheraton-Hotel in Rio de Janeiro traf sich von Däniken am 15. Juli 1977 mit Tatunca Nara. Gern zeigte sich der Häuptling bereit, von Däniken zu unterstützen und ihm und seiner Expedition Zugang zu seinem geheimen Reich zu verschaffen. Dort würde er auch Relikte der Besuche der Außerirdischen zu sehen bekommen. Von Däniken war begeistert. Er hoffte, endlich die Beweise für seine These zu finden, nach denen er schon so lange suchte.

Nun, Akakor gibt es ebenso wenig wie das unbekannte Indianervolk, über das der weiße Häuptling Brugger berichtet hatte. Tatunca Nara heißt in Wirklichkeit Günther

Hauck, wurde am 5. Oktober 1941 in Grub am Forst bei Coburg geboren und wanderte Mitte der Sechzigerjahre nach Südamerika aus. Deutscher Herkunft ist er also tatsächlich – das ist aber auch alles.

Rüdiger Nehberg, Survival-Experte und Abenteurer aus Hamburg, nahm bei mehreren Vor-Ort-Recherchen in Brasilien Kontakt mit dem »Häuptling« auf. Seine exzellenten Recherchen, die er in seinem Buch *Der selbstgemachte Häuptling* (Neuauflage unter dem Titel *Abenteuer Urwald*) veröffentlichte, belegen zweifelsfrei, dass Tatunca Nara ein Märchenerzähler ist. Mehr noch: Nachdem es etliche Spekulationen gegeben hatte, dass Tatunca Nara schon bei Karl Bruggers Tod seine Finger mit im Spiel gehabt hätte, wurde bekannt, dass eine Reihe von Personen, die mit Tatunca angeblich auf Expedition nach Akakor waren, nicht mehr zurückkehrten. Wurden sie im Urwald ermordet? Und war ihr Mörder vielleicht sogar Tatunca Nara, der Führer der Expeditionen? Tatsächlich gibt es für diesen schrecklichen Verdacht zahlreiche Indizien, die darauf hindeuten, dass der angebliche Häuptling tatsächlich etwas mit dem Verschwinden seiner Begleiter zu tun habe. Und so fragte sich nicht nur die BILD-Zeitung am 27. April 1989: »3 Morde im Regenwald: War's der Indianer aus Nürnberg?«.

Tatunca wehrte sich gegen Nehbergs Vorwürfe und bezichtigte ihn der Hetze gegen einen armen Indianerhäuptling. Dass Nehberg für seinen Einsatz in Sachen Menschenrechte und Schutz der Indianer weltweit bekannt ist, schien ihm völlig entgangen zu sein.

Das ist der wahre Kern der Akakor-Geschichte. Und wir können heute nur raten, was Günther Hauck damals bewegte, einem angesehenen deutschen Journalisten einen solchen Bären aufzubinden.

Übrigens: 2003 hat sich Tatunca Nara offiziell von einem angesehenen Arzt für verrückt erklären lassen. Möglicherweise um einer Strafverfolgung zu entgehen? Auf jeden Fall musste er sich bis heute trotz schwerwiegender Indizien nicht vor einem Gericht verantworten.

Und so lebt Tatunca Nara alias Günther Hauck vermutlich heute noch in Barcelos am Rio Negro und wartet auf gutgläubige Hobbyabenteurer ...

6

BERMUDA-DREIECK — TOR ZU DEN STERNEN?

Unaufgeräumte Kinderzimmer, in denen man partout nichts wiederfindet, nennt man häufig so oder auch den Schreibtisch des einzigen Kollegen, bei dem auf rätselhafte Weise immer wieder wichtige Unterlagen ein für alle Mal verschwinden. Und wenn ein Phänomen dermaßen tief in den Volksmund vordringen kann, muss doch wohl etwas dran sein, oder?

Die Rede ist von einem Meeresgebiet zwischen den Bermudainseln, der Südspitze Floridas und Puerto Rico. Dort, im westlichen Atlantik, sollen seit langer, langer Zeit immer wieder Menschen, Schiffe und Flugzeuge spurlos verschwinden.

Geografisch streng einzugrenzen ist dieses »Dreieck« zwar nicht, doch soll es in diesem Gebiet mehr Verluste an Menschen und Material gegeben haben als irgendwo anders auf den Weltmeeren.

Der Erste, der diese Behauptung aufstellte, war Vincent Hayes Gaddis (1913–1997). Zunächst veröffentlichte er in *Argosy,* einem von Frank Munsey herausgegebenen Magazin, einen Artikel über das »Teufelsdreieck«. Ausführlicher erläuterte er seine These in einem Buch, das er ein Jahr später herausbrachte – *Invisible Horizons*. Es trug den Untertitel »Die Mysterien der Meere«.

Weltweit bekannt – und berüchtigt – wurden die vermeintlichen Geheimnisse, die das Bermudadreieck birgt, jedoch erst durch die Werke Charles Frambach Berlitz' (1914–2003). In seinen Büchern *Das Bermuda Dreieck* (1974) und *Spurlos* (1977) berichtet er von allerlei denkwürdigen Ereignissen, die sich dort abgespielt haben sollen, bis hin zu Begegnungen mit Geisterschiffen.

Berlitz' Arbeiten lösten auf dem Buchmarkt einen richtiggehenden Bermudadreieck-Boom aus.

Im Mittelpunkt der Beweisführung steht der Übungsflug einer Staffel US-amerikanischer Militärmaschinen: der berühmte Flug 19.

Mit insgesamt 14 Mann Besatzung starteten die Torpedobomber vom Typ TBM Avenger am 5. Dezember 1945 um 14.10 Uhr in Fort Lauderdale. Angeblich herrschte vor der Küste Floridas herrlichstes Wetter. Der Flug schien reine Routine zu werden. Doch plötzlich waren alle Maschinen spurlos vom Radar verschwunden. Kurz zuvor hatten sonderbare Funksprüche die Bodenstation erreicht. Die Kompasse seien ausgefallen und der Staffelführer habe die Orientierung verloren.

Die US-Air Force schickte Suchflugzeuge aus. Doch auch diese kamen nie zurück. Sie gelten bis heute als verschollen – ebenso wie die Maschinen von Flug 19.

Soweit die Version der Autoren, die sich mit den vermeintlichen Geheimnissen des Bermudadreiecks befassen.

Genauere Nachforschungen, wie sie zum Beispiel von der BBC London durchgeführt wurden, ergaben jedoch, dass das Wetter am 5. Dezember 1945 alles andere als »sonnig und ruhig« war. Im Gegenteil.

Hinzu kam: Wie aus der Untersuchung des Funkverkehrs zwischen Flug 19 und der Basis in Fort Lauderdale sowie aus den Aussagen des Funkers hervorgeht, hatte der Kommandant der Staffel tatsächlich die Orientierung verloren und mehrfach den Kurs geändert. Schließlich ging den Maschinen auch der Treibstoff aus.

Ebenso wenig verschwanden die gestarteten Suchflugzeuge aus heiterem Himmel vom Radar. Angehörige der Besatzung eines Schiffes sagten aus, sie hätten am nächtlichen Himmel eine Explosion beobachtet – genau an der Stelle, an der zumindest eines der Suchflugzeuge zuletzt gesichtet wurde. Auch die Wetterbedingungen waren, wie bereits erwähnt, nicht ideal. Und man denkt vielleicht, die Gewässer vor Florida seien sehr ruhig. Doch in Wirklichkeit treten hier gar nicht selten plötzlich heftige Stürme auf. Ein weiteres heikles Phänomen ist das der »Mikro-Stürme«, kurz und kräftig aufböender Winde, die in diesem Gebiet ebenfalls beobachtet werden.

Von den Verfechtern des Mythos Bermudadreieck wird auch der Schoner Gloris Colita gern herangezogen, der 1940 bei ruhiger See im Golf von Mexiko verlassen aufgefunden wurde. Zeitungsmeldungen belegen jedoch: Der Schoner geriet in einen schweren Sturm, das Ruder brach, die Segel wurden zerfetzt und der Laderaum lief voll Wasser. Auch in diesem Fall kann man also wohl kaum von einem »unerklärlichen Phänomen« sprechen.

Lawrence Kusche vor allem ist es zu verdanken, dass solche Fakten immer wieder ins Bewusstsein gerufen werden. Und an denen ist nichts, aber auch gar nichts mysteriös, wie er zeigt. Im Zuge seiner Recherchen stöberte er in Zeitungsarchiven, beschäftigte sich mit Untersuchungsprotokollen von Marine und Luftwaffe; wichtiges Material lieferten ihm auch die Unterlagen der Versicherungsgesellschaft Lloyd's. Kusches Resümee: Im Bermudadreieck geht durchaus alles mit rechten Dingen zu. Lloyd's zum Beispiel kann nicht bestätigen, dass im Bermudadreieck mehr Schiffe verunglücken als in anderen Meeresgebieten.

Für Grenzwissenschaftler wie etwa Alan Landsburg aus Los Angeles ist das letzte Wort damit jedoch noch lange nicht gesprochen. In seinem Buch *Secrets of the Bermuda Triangle* aus dem Jahr 1978 versucht er nachzuweisen, dass Lawrence Kusche irrt. Beispielsweise habe er sich nur mit einem Drittel der bekannten Zwischenfälle aus dem Dreieck befasst. Außerdem meint Landsburg, den Beweis für mysteriöse »magnetische Anomalien« erbracht zu haben, die schon häufiger vermutet wurden.

Gern wird auch immer wieder behauptet, das Wasser im Bermudadreieck sei weiß und schäumend. Zur Erklärung wird eine These bemüht, die vermutlich der Geologe Richard McIver 1982 zum ersten Mal in einem Aufsatz im *Bulletin of the American Association of Petroleum Geologists*« (Nr. 66) veröffentlichte: Auf dem Meeresgrund gebe es große Methangasvorkommen in Form von Methanhydrat, das bei sehr niedrigen Temperaturen und hohem Druck entstehe. Gefährlich werde es, wenn sich das Wasser erwärme. Dann ströme das Gas an die Oberfläche – was durchaus dazu führen könne, dass ein Schiff plötzlich sinkt. Modellversuche haben dies bestätigt. Und Methangasvorkommen existieren im Bermudadreieck tatsächlich.

Allerdings auch vor den Küsten Westafrikas oder Venezuelas. Verschwinden dort ebenfalls Schiffe? Gerd Hoffmann-Wiek vom Leibniz-Institut für Meereswissenschaften an der Universität Kiel jedenfalls hat davon nie gehört. Und er müsste es wissen.

Grenzwissenschaftler weisen darauf hin, dass im Bermudadreieck auch andere Phänomene zu beobachten seien, UFOs zum Beispiel oder Seeungeheuer. Solche Behauptungen gibt es allerdings über alle Meere – und keineswegs nur über das Bermudadreieck.

Auch werden Vermutungen geäußert, dass sich auf dem Meeresgrund des Bermudadreiecks eine Basis von Außerirdischen befinden könnte. Oder sogar, dass hier der Eingang in eine geheime innere Welt verborgen liege. Das würde natürlich voraussetzen, dass die Erde innen hohl und bewohnbar wäre. Aber manche Autoren scheuen nicht einmal vor einer solchen Spekulation zurück.

Auch Atlantis musste schon als vermeintliche Ursache des rätselhaften Verschwindens von Schiffen und Menschen herhalten. Die Atlanter sollen einen geheimnisvollen Kristall zur Energiegewinnung besessen haben, der nach dem Untergang des Inselreiches nun im Bermudadreieck tätig und für die besagten Phänomene verantwortlich sei. Damit nicht genug. Vielleicht, mutmaßen andere, liegt an der Stelle des Bermudadreiecks tief im Erdinneren der Kern jenes gewaltigen Asteroiden, der Atlantis vor Jahrtausenden zerstörte und aufgrund seiner Materialbeschaffenheit die Phänomene dort auslösen könnte.

Bermudadreieck und kein Ende.

Wieder andere Autoren sehen hier ein »Tor zu fremden Dimensionen«. Oder schwarze Löcher im Kleinformat. Oder einen Zeittunnel in fremde bzw. parallele Universen.

Schon Vincent Gaddis hatte darauf hingewiesen, dass das Bermudadreieck ein Gegenstück im Pazifik vor der Küste Japans habe. Es heiße »Drachen-Dreieck« und sei ebenfalls Schauplatz unheimlicher Vorkommnisse. Charles Berlitz widmete diesem Seegebiet sogar ein ganzes Buch. Drachen- und Bermudadreieck werden gern in einem Atemzug genannt. Sie sollen sogar unterirdisch miteinander verbunden sein.

Das alles sind natürlich reine Spekulationen. Aber wer weiß: Vielleicht haben sie ja doch einen realen Hintergrund, der nur noch nicht bekannt ist.

7

UFOS UND AUSSERIRDISCHE IM MITTELALTER?

Die ersten UFOs, so die herrschende Meinung, seien 1947 gesichtet worden. Auch der Begriff »fliegende Untertassen« wurde in diesem Jahr geprägt. Könnte es aber nicht sein, dass Phänomene wie unbekannte Flugobjekte oder Besuche außerirdischer Wesenheiten schon viel, viel älter sind? Einiges spricht dafür.

Tatsächlich wurden bereits im Mittelalter merkwürdige Dinge am Himmel beobachtet. In einer Flugschrift (den Vorgängern unserer heutigen Tageszeitungen) berichtet der Nürnberger Buchdrucker Hannes Glaser über »Rohre« und »Kugeln«, die am 14. April 1561 über der Stadt erschienen seien:

»Es waren Kugeln von blutroter, bläulicher und eisern-schwarzer Farbe oder Ringscheiben in großer Anzahl in der Nähe der Sonne, etwa drei in der Länge, manchmal vier in einem Quadrangel, auch etliche einzeln gestanden, und zwischen solchen Kugel sein auch etliche blutfarbene Kreuze gesehen.«

Auch andere Objekte waren laut Glaser am Himmel zu sehen, ein »Speer« etwa und zylinderförmige Rohre, aus deren Innerem vier oder fünf weitere »Kugeln« austraten. Das erinnert doch, finde ich, frappant an heutige Berichte über UFOs und zigarettenförmige Mutterschiffe aus anderen Welten. Und damit stehe ich nicht allein. Auch der berühmte Psychologe Carl Gustav Jung (1875–1961) soll hier Parallelen zu den Sichtungen seit 1947 gesehen haben.

Das gilt auch für die Erscheinungen vom 7. August 1566 über dem Münsterplatz in Basel. In der Flugschrift eines gewissen Samuel Coccius, die heute in Zürich verwahrt wird, heißt es, dass bei Sonnenaufgang »seind vil großer schwartzer kugelen im lufft gesehen wurden, welche für die Sonnen / mit großer schnelle vnnd geschwinde gefaren / auch widerkeert gegen einander gleichsam die ein streyt fürten / deren etlich roht und fhürig worden / volgends verzeert vnd erloschen.«

Mangels naturwissenschaftlicher Erkenntnisse wurden solche Erscheinungen, die damals recht zahlreich gewesen sein müssen, zumeist religiös gedeutet – als gute bzw. schlechte Omina. Doch nicht jedes der seinerzeit beobachteten Himmelsphänomene lässt sich naturwissenschaftlich erklären. Oder wie würde man heute Objekte nennen, die eine Zeit lang am Firmament zu sehen sind und dann plötzlich verschwinden bzw. ihre Bahn ändern?

Hier einige weitere Beispiele:

• Im Jahr 776 erschienen während der Sigisburg-Schlacht zwischen Sachsen und Franken »glühende Schilde« am Himmel.

• Agobard, Erzbischof von Lyon im 8. Jahrhundert, schrieb

über eine Ansammlung von Menschen, die drei Männer und eine Frau lynchen wollten. Es waren angeblich Bewohner des nicht irdischen Landes Magonia, die in Schiffen am Himmel fuhren und hier gelandet waren. Auch Menschen sollen von ihnen entführt worden sein.

• Am 27. Oktober 1180 gegen Mitternacht schwebte in der japanischen Provinz Kii ganz ruhig ein seltsames Objekt von einem Berg herab. Langsam wechselte es den Kurs, bis schließlich nur noch ein leuchtender Schweif zu sehen war.

• Am 12. September 1271 sollte der Priester Nichiren in Tasunokuchi (Japan) hingerichtet werden. Da erschien plötzlich ein helles leuchtendes Objekt am Himmel. Die Beamten gerieten in Aufruhr und verzichteten auf die Hinrichtung.

• 1697 soll eine »hell leuchtende, kreisförmige Maschine mit einer Kugel in der Mitte« über Hamburg und andere norddeutsche Ortschaften geflogen sein.

• Am 7. Juni 1779 wurden über Boulogne in Frankreich »zahlreiche glühende Scheiben« beobachtet.

• Eine gewaltige Kugel stürzte am 12. Juni 1790 nahe Alencon vom Himmel herab. Sie zerstörte Pflanzen, streifte einen Hügel und setzte beim Aufprall die Umgebung in Brand. Daraufhin eilten zahlreiche Anwohner zum Schauplatz. Dort lag ein seltsames Objekt, aus dessen Tür ein fremder Mann stieg und flüchtete. Kurz darauf löste sich das Objekt lautlos auf. Zurück blieb nichts als eine pulverförmige Substanz. Der von der Regierung aus Paris mit der Untersuchung beauftragte Polizeiinspektor Liabeuf konnte den Fall nicht aufklären.

• Ende des 19. Jahrhunderts kam es in den USA zu mehreren Sichtungen von Luftschiffen, denen angeblich seltsame Gestalten entstiegen. Amerikanische Farmer, aber auch Bauern in Frankreich berichten von Kontakten mit »fremdartigen Regierungsagenten«, wie sie genannt wurden, die aus Luftschiffen stiegen, die Bauern entführten und kurze Reisen mit ihnen unternahmen ...

Für die grenzwissenschaftliche Literatur von – in mehr als einer Hinsicht – besonderer Bedeutung ist eine Sichtung in Tibet, über die Johannes von Buttlar 1986 in seinem Buch *Sie kommen von fremden Sternen* vermutlich zum ersten Mal in deutscher Sprache berichtete: Der Pater Albert d'Orville war im Jahr 1661 auf einer Expedition in Tibet unterwegs. In sein Tagebuch schrieb er, wie es heißt:

»November 1661. Meine Aufmerksamkeit wurde auf etwas gelenkt, das sich hoch oben am Himmel bewegte. Zuerst dachte ich es sei eine unbekannte Vogelart, die in diesem Land lebt, bis sich das Ding näherte und die Form eines doppelten chinesischen Hutes annahm, währen es leise drehend flog, als würde es von den unsichtbaren Flügeln des Windes getragen. Es war sicher ein Wunder, Zauberei. Das Ding flog über der Stadt (Lhasa), und als ob es bewundert werden wollte, flog es zwei Kreise, wurde dann von Nebel umgeben. Und so sehr ich auch meine Augen angestrengt habe, es konnte nicht mehr länger gesehen werden.
Ich fragte mich schon, ob nicht die große Höhe, in der ich mich befand, mir einen üblen Streich gespielt hatte, als ich

ganz in der Nähe einen Lama bemerkte und ihn fragte, ob er es auch gesehen hätte. Nachdem er kopfnickend meine Frage bejahte, erwiderte er mir:

›Mein Sohn, was du gesehen hast, war keine Zauberei. Wesen von anderen Welten befahren seit Jahrhunderten die Meere des Raumes und brachten den ersten Menschen, die die Erde bevölkerten, Erleuchtung, sie verurteilten alle Gewalt und lehrten die Menschen, einander zu lieben, obwohl diese Lehren wie ein Samenkorn sind, das auf Stein ausgesät wurde, und nicht keimen kann. Diese Wesen, die hellhäutig sind, werden von uns stets freundlich empfangen und landen oft in der Nähe unserer Klöster, wenn sie uns lehren und Dinge enthüllen, die verloren gegangen sind in den Jahrhunderten der Kataklysmen, die das Angesicht der Erde verändert haben.‹«

Seit von Buttlars Buch erschien, wird diese Geschichte immer wieder erzählt. Ist sie aber auch wahr?

2005 machte sich der Heidelberger Soziologe Ingbert Jüdt von der deutschen UFO-Forschungsgruppe DEGUFO e.V. auf die Suche nach den wahren Hintergründen des erstaunlichen Tibet-UFOs. Das Ergebnis seiner Recherche ist niederschmetternd.

Jüdt fand heraus, dass die Geschichte über das 1977 erschienene Buch *Gods and Spacemen throughout History* von W. Raymond Drakes ihren Weg nach Deutschland fand. Der Autor bezog sich darin auf einen Artikel des Italieners Alberto Fenoglio, der 1966 in dem Magazin *Clypeus* erschienen war. In diesem Artikel werden jedoch auch Literaturquellen genannt, die nach Recherchen von Jüdt überhaupt nicht existieren:

»Aufgrund dieser dreifachen Fehlanzeige hinsichtlich Titel, Erscheinungsjahr und Erscheinungsort dürfen wir meines Erachtens ausschließen, dass das genannte Buch [das Tagebuch Pater d'Orvilles, Anm. LAF] jemals existiert hat.«

Pater d'Orville hat tatsächlich gelebt (1621–1662), und er hielt sich tatsächlich in Lhasa auf. Ein Tagebuch von ihm existiert allerdings nicht. Wie das Magazin *Mysteries* (1/2004) berichtet, sind jedenfalls keine Aufzeichnungen von ihm erhalten geblieben. Und in den Berichten über die Tibet-Reise des Begleiters d'Orvilles, Pater Johann Grueber, »sucht man Hinweise auf das himmlische Spektakel vergeblich«.

In seinem Artikel *Das UFO des Albert d'Orville, die ungeprüfte Weitergabe einer Fälschung* kommt Ingbert Jüdt zu dem Ergebnis:

»Da der ursprüngliche Gewährsmann für unser Zitat, Alberto Fenoglio, uns nicht existierende Sekundärliteratur untergeschoben hat (...), sind wir meines Erachtens ermächtigt, den Vorwurf einer bewussten Fälschung zu erheben.«

Also alles erstunken und erlogen?

Für mich bedeutet das nun nicht, dass man die Erforschung bislang unerklärbarer Phänomene für immer an den Nagel hängen sollte. Ganz im Gegenteil. Man muss noch viel genauer hinschauen. Sich kein X für ein U vormachen lassen.

Und damit zurück ins Mittelalter.

Interessant wird es, wenn man die Aktionen der aus jenen Zeiten überlieferten Wesenheiten mit denen vergleicht, die angeblich an den Aliens unserer Tage beobachtet wurden. Zahlreiche Grenzwissenschaftler stellen heute die Vermutung auf, Außerirdische würden Menschen in UFOs entführen und irgendwelche genetischen Manipulationen an ihnen durchführen. Sogar von der möglichen Züchtung einer aus Mensch und Alien gemischten Rasse ist die Rede, wenn mutmaßlich von Außerirdischen entführte Menschen von »künstlichen Befruchtungen« oder Ei- und Spermaentnahmen berichten.

Und im Mittelalter? Da waren es Feen oder etwa die »Buhlteufel« Sukkubus und Inkubus, die sich den Menschen sexuell näherten und in die »Anderswelt« entführten.

Die männlichen Inkuben paarten sich nachts mit schlafenden Frauen und bereiteten ihnen sündige Träume, an die sie sich später nur vage erinnern konnten. Die weiblichen Sukkuben verhielten sich ähnlich. Sie suchten Männer im Schlaf auf – und stahlen ihnen Samen. So die mittelalterliche Sagenwelt.

Bereits in vormittelalterlichen Folkloremotiven – zu »Märchen« geronnene zeitgenössische Beobachtungen – tauchen kleine Wesen auf, die Menschen in eine fremdartige Umgebung entführen. (Nebenbei bemerkt: Dabei gehen die Opfer meistens einiger Zeit verlustig – dasselbe Phänomen, über das auch heutzutage Menschen berichten, die vorgeben, von Aliens entführt worden zu sein.)

1891 schrieb der Märchenforscher Edwin Hartland:

»Das Motiv, das den Feen der nordeuropäischen Märchen zugrunde gelegt wird, ist die Erhaltung und Verbesserung ihrer Rasse – einerseits durch die Entführung von Menschenkindern, die dann von den Elfen aufgezogen werden und sich mit ihnen verbünden, andererseits durch die Milch und Zuwendung einer menschlichen Mutter für ihre eigenen Kinder.«

Frauen tragen die Kinder von Feen, Kobolden und anderen Wesen aus und müssen sich diese »Wechselbälger« dann wieder wegnehmen lassen. Auf Parallelen zu heutigen Geschehnissen weisen UFO-Forscher immer wieder hin.

Dr. Johannes Fiebag entwickelte aus diesen Ähnlichkeiten 1993 seine »Mimikry-Hypothese«, die besagt, dass Außerirdische ihr Erscheinen der soziokulturellen Umwelt der Menschen anpassen. So komme es, meinte der 1999 verstorbene UFO-Forscher, dass im Mittelalter von Feen und Trollen gesprochen wurde, während wir heute unsere Aliens haben, die in UFOs aus dem All kommen.

Doch was mag diesen Übereinstimmungen zugrunde liegen? Haben wir es tatsächlich mit außerirdischen Intelligenzen zu tun oder doch eher mit kollektiven Mythen des menschlichen Unbewussten?

8

KÖNIG SALOMON UND
DIE KÖNIGIN VON SABA

Stellen wir die Zeit zurück – in die Anfänge des ersten Jahrtausends vor Christus – und sprechen wir von zwei alttestamentarischen Glamourfiguren, einem König und einer Königin, die auch heute noch bei vielen die Fantasie anregen.

Etwa in den Sechzigerjahren des neunten Jahrhunderts vor unserer Zeitrechnung bestieg Salomon, der Sohn Davids und seiner Frau Bathseda, in der Hauptstadt Jerusalem den Thron des vereinigten Königreiches Israel.

Berühmt wurde er nicht zuletzt dadurch, dass er den Plan seines Vaters verwirklichte, den ersten Tempel der Juden in Jerusalem zu errichten. Er diente als Aufbewahrungsort der Bundeslade mit den Zehn Geboten, die Moses von Gott erhalten hatte. Zuvor gab es dafür nur das sogenannte Tabernakel, eine Art mobilen Tempel aus Zelten und Tüchern, der während der Wanderungen des Volkes Tag für Tag wieder auf- und abgebaut werden musste.

Der Tempel König Salomons war die steinerne Kopie dieses Zelttempels und ein bedeutendes Bauprojekt. Um es realisieren zu können, ließ der Herrscher Material importieren sowie Facharbeiter, die sein Vorhaben unterstützten.

Der Tempel war das Heiligtum des Hauses Israel und die Bundeslade als Symbol der Verbundenheit mit Gott das Allerheiligste in seinem Zentrum. Sie stand im würfelförmigen Kern der Anlage und ist bis heute für Juden, Christen und Moslems das erste Heiligtum der Geschichte. Aus Jerusalem verschwand sie, als die Truppen des babylonischen Herrschers Nebukadnezar II. (etwa 640 bis 562 vor Christus) den Tempel des Salomon zerstörten.

Salomon ist aber nicht nur aufgrund seiner Verdienste um den Tempelbau berühmt. Auch seine Weisheit und sein hoch entwickeltes Rechtsverständnis werden bis heute gepriesen – nicht umsonst spricht man von »salomonischen Urteilen«. Ebenso wird seine Friedenspolitik lobend hervorgehoben. Alles in allem gilt die Regierungszeit König Salomons als eine Periode des Wohlstandes und friedlicher Handelsbeziehungen.

Die zweite Lichtgestalt, über die wir in diesem Kapitel sprechen wollen, wird im ersten Buch der Könige (10, 1–13) und im zweiten Buch der Chronik (9,1–12) erwähnt. Die Rede ist von der Königin von Saba. Bis in ihr weit entferntes Königreich sprach sich die Kunde vom Scharfsinn und Wohlstand des Salomon herum, und sie machte sich auf den beschwerlichen Weg nach Jerusalem, um ihm auf den Zahn zu fühlen.

Die Herrscherin, angeblich eine ausgesprochen attraktive Frau, war tief beeindruckt von Salomon. »Es ist wahr, was ich in meinem Lande von deinen Taten und von deiner Weisheit gehört habe. Ich aber wollte es nicht glauben, bis ich gekommen bin und es mit meinen Augen gesehen habe. Und siehe, nicht die Hälfte von deiner großen Weisheit hat man mir gesagt. Du bist größer, als die Kunde sagte, die ich vernommen habe«, gestand sie dem König und blieb eine Weile an seinem Hof. Die heidnische Herrscherin ging sogar so weit, seinen Gott – Jahwe – zu preisen, und überschüttete den König mit wertvollen Geschenken aus ihrem Land. Ganze 120 Zentner Gold soll sie ihm zum Präsent gemacht haben.

König Salomon indes wollte ihr in nichts nachstehen. »Alles, was ihr gefiel und was sie wünschte«, bekam die Königin von ihm geschenkt. Doch eines Tages ging sie wieder fort, zurück in ihre Heimat, von der wir bis auf den heutigen Tag nicht wissen, wo sie lag.

Ein kluger Herrscher – eine schöne, reiche Frau … was für ein Stoff! Liebe, Intrige, Anziehung. Gerade durch die Leerstellen, die die Bibel lässt, wird die Fantasie angeregt – was hat sich zwischen den beiden wirklich abgespielt? Warum ist die Königin nicht bei Salomon geblieben? 1959 trat Hollywood auf den Plan und füllte die Lücken – mit Yul Brynner und Gina Lollobrigida in den Titelrollen.

Und damit könnten wir es eigentlich belassen. Wenn, ja wenn … wir nicht doch gern wüssten, ob an der ganzen Geschichte etwas dran ist und wenn ja, was.

Und da muss man leider sagen: Nicht einmal, dass König Salomon je gelebt hat, lässt sich belegen. Und ob ihm die Königin von Saba einen Besuch abgestattet hat, ist natürlich genauso wenig bekannt. Selbst auf seinen Tempel weist kein einziges archäologisches Fundstück hin. Heute steht an dieser Stelle der berühmte Felsendom aus dem

7. Jahrhundert nach Christus. Und auch bei der Klage-mauer in Jerusalem handelt es sich nicht um Relikte des salomonischen Heiligtums, sondern um Reste eines später errichteten Tempels.

Und die Königin von Saba? Die ältesten Überlieferungen über sie stammen aus dem 6. (1. Buch der Könige) bzw. 5. (2. Buch der Chronik) Jahrhundert vor Christus, und da lag ihr Besuch in Jerusalem, wenn es ihn denn gegeben ha-ben sollte, schon ziemlich lang zurück.

Man weiß heute noch nicht einmal mit Sicherheit, wo ihr Königreich gelegen haben könnte. Einige siedeln es im Jemen an, andere in Äthiopien, und wieder andere glauben, es habe die Territorien beider Länder umfasst. Auch das Neue Testament hilft nicht weiter. Bei Matthäus 12,42 und Lukas 11,31 wird die Herrscherin von Saba nur »Königin des Südens« genannt. »Denn sie kam von den Enden der Erde, um die Weisheit Salomos zu hören«, heißt es weiter. Auch bei Flavius Josephus (etwa 37 bis 100 nach Christus) wird sie als »Königin des Südens« erwähnt, die den Samen des Weihrauchbaumes nach Palästina gebracht habe. In sei-nem 20 Bände umfassenden Werk *Jüdische Altertümer* aus dem Jahre 94 nach Christus wird der Geschichtsschreiber jedoch präziser und verortet die Heimat der Königin von Saba in Äthiopien.

Einiges scheint dafür zu sprechen.

Die äthiopisch-orthodoxe Tewahedos-Kirche kennt eine Art zusätzliche Bibel, das Kebra Negest (»Ruhm der Köni-ge«) aus dem 13. Jahrhundert, das seit Anfang des 20. Jahr-hunderts auch in deutscher Übersetzung vorliegt.

Das Kebra Negest scheint den Verdacht zu erhärten, dass

hinter der Begegnung König Salomons mit der Königin von Saba – genauer: Königin Makeda von Saba – mehr gesteckt haben könnte als der unverfängliche Besuch einer Amtskollegin.

Durch einen Trick nämlich sei es dem Herrscher gelungen, mit Makeda zu schlafen. Und das kam so: Am Vorabend ihrer geplanten Rückreise, heißt es, ließ Salomon Makeda besonders salziges und scharfes Essen servieren. Dann überredete er sie, die Nacht bei ihm zu verbringen. Unter der Bedingung, dass er sie nicht berühren würde, willigte die jungfräuliche Königin ein. Salomon in seiner List war zwar zu diesem Zugeständnis bereit, bestand aber seinerseits darauf, dass sie in der Nacht nichts aus seinen Gemächern entfernen durfte, nichts, aber auch gar nichts. So legten sie sich denn hin – in getrennten Betten, versteht sich.

In der Nacht aber – das Essen war wirklich salzig! – bekam Makeda Durst und trank aus einer Schale einen Schluck Wasser. Salomon, dem das nicht entging, erinnerte sie an ihr Versprechen, nichts, aber auch gar nichts aus seinen Gemächern zu entfernen – nicht einmal ein paar Tropfen Wasser. Nun sah auch er sich nicht mehr an sein Wort gebunden. Das Ende vom Lied: Die Königin wurde schwanger.

Als sie wieder in ihrer Heimat war, schenkte sie einem Sohn das Leben und nannte ihn Menelik. Dieser reiste viele Jahre später nach Jerusalem, um seinen Vater, dem er bis aufs Haar glich, zu besuchen, und wurde vom jüdischen Volk jubelnd empfangen. Salomon hätte seinen Sohn gern bei sich behalten, doch Menelik wollte lieber zum König gesalbt werden und dann in seine Heimat zurückkehren, um die Nachfolge seiner Mutter auf dem Thron antreten zu können. Er versprach, allen Götzen abzuschwören und dafür zu sorgen, dass sein Volk den Gott Israels verehrte. Im Reich der Königin von Saba sollte ein zweites Jerusalem entstehen.

Salomon erklärte sich damit einverstanden und wollte seinem Sohn sogar eines der Abdecktücher der heiligen Bundeslade mitgeben. Das war Menelik allerdings viel zu wenig. Also ließ er eine Kopie der Lade anfertigen und tauschte diese heimlich gegen die echte Bundeslade im Allerheiligsten des Tempels aus. Als der Trickdiebstahl schließlich auffiel, war das Geschrei groß.

Salomon machte sich auf, die Karawane seines Sohnes einzuholen, um die Lade Gottes zurückzufordern. Doch wo er und seine Gefolgsleute auch nachfragten, immer hieß es, der Zug des Menelik sei in unvorstellbarer Geschwindigkeit durch die Luft geflogen und habe bereits viel zu viel Vorsprung, um ihn noch zu erreichen. Der weise Salomon schickte sich drein, allerdings nicht, ohne seinen Priestern den Schwur abgenommen zu haben, dem Volk das Verschwinden der Lade zu verschweigen.

Wieder in Äthiopien angekommen wurde Menelik als König David II. zum Herrscher gekrönt. Und die äthiopisch-orthodoxe Tewahedos-Kirche beruft sich bis heute auf König Salomon. In der heiligen Stadt Aksum ist die Königin Makeda allgegenwärtig, und auch die Bundeslade soll sich noch dort befinden, angeblich in der Kirche der Heiligen Maria von Zion. Archäologische Beweise für die Geschichten des Kebra Nagast existieren allerdings keine.

Jedenfalls nicht bis Mai 2008, als Wissenschaftler der Universität von Hamburg unter der Leitung des Archäologen Professor Dr. Helmut Ziegert behaupteten, den Palast der Königin von Saba in Dungur bei Aksum gefunden zu haben. Er befinde sich unter den Ruinen eines später erbauten Tempels, der wahrscheinlich auf ihren Sohn Menelik zurückging.

Die Expertenwelt legte wenig Begeisterung an den Tag. Die Schlussfolgerungen, zu denen sich Ziegert veranlasst sah, wären nicht nur nicht mit seinen äthiopischen Fachkollegen abgesprochen, hieß es, sondern stünden auch auf äußerst tönernen Füßen. Professor Dr. Dr. Siegbert Uhlig, Leiter der Forschungsstelle Äthiopistik der Universität Hamburg, stellte in einer Erklärung seines Institutes am 1. Mai 2008 fest, Professor Dr. Ziegert sei »nicht Mitglied der Forschungsstelle Äthiopistik der Universität Hamburg«, und fügte hinzu, dass »die Mitarbeiter und der Leiter der Forschungsstelle (…) die veröffentlichte Position für wissenschaftlich nicht belegt« halten.

Also wieder kein archäologischer Beweis für ein uraltes jüdisches Königtum in Äthiopien? Und immer noch kein Beweis für die Existenz der Königin von Saba?

Aber auch nicht der Beweis des Gegenteils. Wer mag, darf also ruhig weiterträumen. Von einem weisen Herrscher in Jerusalem und einer schönen, reichen Frau, der Königin von Saba.

9

MARY CELESTE, DIE MUTTER
ALLER GEISTERSCHIFFE

Im Juni 1861 lief im kanadischen Neuschottland eine Bri-
gantine namens Amazon vom Stapel, um als Handelsschiff
in Dienst gestellt zu werden.

Von Anfang an schien der Zweimaster aus der Werft des
Joshua Dewis, die einen ausgezeichneten Ruf genoss, vom
Pech verfolgt zu sein. Zwei Tage nach der Indienststellung
verstarb der Eigner. Kapitän John Nutting Parker übernahm. Doch schon bei der ersten größeren Fahrt kam es
vor der Küste von Maine zu einem Unfall, und die Amazon musste wieder ins Trockendock. Dort brach ein Feuer
aus und Parker strich frustriert die Segel. Aber damit noch
lange nicht genug.

Nachdem die Amazon wieder seetüchtig gemacht und zu
ihrer ersten Atlantiküberquerung aufgebrochen war, erlitt
sie, man glaubt es kaum, erneut Schiffbruch, diesmal in der
Straße von Dover, und musste ein weiteres Mal zur Repa-
ratur. Nach der Instandsetzung kehrte das Schiff unter dem
nächsten Kapitän nach Westen zurück – allerdings nur, um
vor Cow Bay, Cape Breton Island, auf Grund zu gehen.

In der nächsten Zeit ging die arme Amazon durch viele Hände – Glück brachte sie niemandem. Doch im Jahr 1872 schien sich das Blatt zu wenden. Umgebaut und unter dem neuen Namen Mary Celeste lag das starke Schiff im Hafen von New York.

Dort nahm der Frachter unter Kapitän Benjamin Spooner Briggs am 2. November eine Ladung von 1701 Holzfässern Alkohol auf, um fünf Tage später den Atlantik zu überqueren. Zielhafen war Genua.

Einige Tage danach verließ auch der mit Briggs befreundete Kapitän David Reed Morehouse New York in Richtung Europa. Die Überfahrt seiner Dei Gratia verlief ohne Zwischenfälle, bis der Wachhabende, John Johnson, am 5. Dezember 1872 gegen 13 Uhr plötzlich ein Segel am Horizont ausmachte. Es war – in etwa acht Kilometern Entfernung – die Mary Celeste. Doch was war mit ihr geschehen? Das Schiff hatte leichte Schlagseite, die Segel hingen schlaff herunter. Es schien führerlos zu sein.

Oliver Deveau (erster Maat), John Wright (zweiter Maat) und der Matrose John Johnsen wollten nach dem Rechten sehen und ließen sich zur Mary Celeste übersetzen. Auf ihre Rufe und Lichtsignale erhielten sie keine Antwort. War wirklich niemand mehr an Bord?

Die drei Seeleute durchsuchten das Schiff gründlich. Und tatsächlich: weit und breit kein Mensch zu sehen. Aber warum bloß? Das Schiff war zwar leicht ramponiert und in den Laderäumen stand etwas Wasser, aber das war doch kein Grund, die Mary Celeste aufzugeben. Segel und Tagelage waren ebenfalls beschädigt, zum Teil sogar schwer. Auch der Kompass war umgefallen und zerbrochen. Trotzdem:

Für einen so erfahrenen Kapitän wie Briggs waren das alles Kleinigkeiten, mit denen er hätte zurechtkommen müssen. Zumal genügend Trinkwasser vorhanden war und auch die Nahrungsvorräte keinerlei Beschädigung aufwiesen.

Man stand vor einem Rätsel. Und was die Sache noch merkwürdiger machte: Einige nautische Geräte waren verschwunden, der Sextant zum Beispiel, und auch das Navigationsbuch fehlte – ebenso wie das kleine Beiboot der Mary Celeste.

Doch das Logbuch war noch da. Die letzte Eintragung trug das Datum des 24. November.

Wieso bloß hatten Kapitän Briggs, dessen Frau zusammen mit ihrem zweijährigen Sohn ebenfalls an Bord war, und seine sieben Mann Besatzung das Schiff verlassen?

Zunächst vermutete man, sie seien vor einer möglicherweise drohenden Explosion an Bord der Mary Celeste geflüchtet. Einige der Alkoholfässer waren leckgeschlagen, die Ladeluken standen offen. Es hätte also durchaus sein können, dass sich Briggs und seine Leute auf dem Beiboot aufhalten wollten, bis die Luft wieder rein und die Explosionsgefahr gebannt war. Aber warum nahmen sie für eine so kurze Zeit nautisches Gerät mit? Und warum kehrten sie später nicht wieder auf das Mutterschiff zurück?

Die Mary Celeste wurde wieder flott gemacht und unter Oliver Deveau, dem ersten Maat der Dei Gratia, nach Gibraltar gesegelt. Dort wollten britische Behörden die Angelegenheit untersuchen. Es könnte sich um einen Versicherungsbetrug handeln, wurde gemutmaßt. Eine sehr zweifelhafte These, hätten doch weder Kapitän Briggs und seine Familie noch seine Mannschaft je wieder irgendwo an Land gehen können, ohne Gefahr zu laufen, vor Gericht gestellt zu werden. Auch einen Mittäter wollte man dingfest gemacht haben: den Kapitän der Dei Gratia. Nachdem Briggs seine Mannschaft ermordet hätte, sollte er sich heimlich mit seinem Freund David Reed Morehouse getroffen haben. Aber diese Unterstellung fand dann doch selbst der Untersuchungsausschuss etwas zu weit hergeholt.

Ankläger vor dem Marineministerium war Generalstaatsanwalt Frederik Solly Flood. »Ein leicht erregbarer und arroganter Bürokrat, der mit krankhaften Eifer hinter jedem Vorgang ein Verbrechen vermutete«, wie später der deutsche Journalist Eigel Wiese schrieb, der sich detailliert mit dem »Fall Mary Celeste« beschäftigte.

Der Ankläger warf der Mannschaft in deren Abwesenheit zunächst vor, sich der alkoholischen Ladung bemächtigt und nach Kräften betrunken zu haben. Auch das scheint ziemlich unwahrscheinlich, denn nach Zeugenaussagen befand sich zwar Alkohol an Bord, allerdings kein trinkbarer. Doch »welcher Art Alkohol transportiert wurde, ist heute nicht mehr zweifelsfrei festzustellen«, schreibt Eigel Wiese in seiner Mary-Celeste-Dokumentation *Das Geisterschiff* aus dem Jahre 2003. Wiese weiter:

»Es gibt Widersprüche. Zum einen sollte er angeblich dazu dienen, in Genua italienischen Wein zu verbessern, nach einer anderen Darstellung handelte es sich um vergällten Alkohol, der für den menschlichen Genuss unbrauchbar gemacht worden war. So wie es beispielsweise heute noch bei Brennspiritus üblich ist.«

Der Generalstaatsanwalt wollte seinen Fall jedoch noch lange nicht aufgeben. Als Nächstes beschuldigte er die gesamte Mannschaft der Dei Gratia, die Mary Celeste gekapert und ihre Besatzung ermordet zu haben, um die nach internationalem Seerecht fällige Bergungsprämie einstreichen zu können. Eine akribische Untersuchung an Bord der Mary Celeste am 7. Januar 1873 erbrachte jedoch weder Hinweise auf irgendwelche Gewalttätigkeiten noch auf schuldhaftes Verhalten der Findermannschaft.

Am 24. März 1873 wurden die angeklagten Seeleute der Dei Gratia von allen Vorwürfen freigesprochen. Darüber hinaus wurde ihnen für die Bergung der Mary Celeste eine Prämie von 1700 Pfund zugesprochen. Angesichts des Umstandes, dass allein die alkoholische Ladung mit 36 943 Dollar zu Buche schlug, ein dürftiger Finderlohn.

Doch viel wichtiger: Was wirklich mit den Menschen an Bord der Mary Celeste geschah, konnte durch diesen Prozess nicht geklärt werden.

Ein weites Feld für Spekulationen aller Art.

Briggs und die andern könnten einem Seeungeheuer zum Opfer gefallen sein, wurde gemunkelt. Oder einem Tornado. Oder einer großen Flutwelle. Auch die »Kräfte« des Bermudadreiecks sah man am Werk, das allerdings erstreckt sich beim besten Willen nicht bis zu den Azoren. Im *British Journal of Astrology* sprach Adam Bushey von einer verhängnisvollen »Konjunktion geistiger und kosmischer Mächte, die das Weltall regieren« und die Mannschaft »entmaterialisiert« hätten. Vielleicht wurde die Mannschaft ja auch von Außerirdischen entführt, die der Menschheit

Böses wollen. Oder wie steht es mit Kapitän Briggs? Hätte er nicht – im religiösen Wahn vielleicht – erst seine Familie und die Besatzung und dann sich selbst umbringen können? Überhaupt: Es war ja eine Frau mit an Bord – beim Seegarnspinnen in ihren Seefahrerspelunken veranlasste dieser Umstand einige Männer auch zu der Vermutung, der Teufel könnte seine Hand im Spiel gehabt haben. Oder Piraten. Oder Sklavenhändler. Oder, oder …

Das Schicksal der Besatzung ist bis heute ungeklärt.

Und wie ging es mit dem Schiff selbst weiter? Unter 17 verschiedenen Besitzern war die Mary Celeste noch zwölf Jahre lang auf den Weltmeeren unterwegs. Das Pech blieb ihr treu. Mal geriet sie in Brand, mal lief sie (wieder) auf Grund. Ladung ging verloren, hin und wieder auch ein Seemann. Einen Eigner nach dem anderen trieb das Schiff in den Ruin.

Als Letzter übernahm im Dezember 1884 Kapitän Gilman C. Parker die Mary Celeste. Er versicherte eine große Ladung Bierflaschen sowie kostbares Besteck für 30 000 Dollar und machte sich auf den Weg nach Haiti.

Am 3. Januar 1885 zerschellte die Mary Celeste kurz vor dem Ziel an einem Riff und sank. Der Kapitän forderte in New York die Versicherungssumme ein. Vergebens – Nachforschungen ergaben, dass Parker gelogen hatte, was die Fracht anging. Die Ladung bestand keineswegs, wie angegeben, aus Tafelsilber und Gerstensaft, sondern aus ungenießbarem Wasser und Hundehalsbändern. Weiter ergab die Gerichtsverhandlung, dass der Kapitän das Schiff mutwillig auf das Riff zugesteuert hatte. Für Parker war's das. Er verstarb mittellos und in großer Einsamkeit.

Heute ist die Mary Celeste ein Mythos. Filme wurden über sie gedreht, in England widmete man ihr sogar eine Sonderbriefmarke.

Doch was sich seinerzeit wirklich an Bord des Frachters abspielte, ist dadurch noch lange nicht geklärt. Eigel Wiese vermutet, aufgrund der Tatsache, dass einige Alkoholfässer undicht waren, könnte sich im Laderaum ein explosives Gasgemisch ausgebreitet haben. Die Mannschaft geriet in Panik und rettete sich in das Beiboot. In schwerer See könnte es immer weiter abgetrieben sein. Und die Mannschaft wäre irgendwann verhungert und verdurstet.

Dass die Verdunstungen des Alkohols jedoch wirklich eine Explosion im Laderaum verursacht hätten, ist nicht denkbar. Dafür war er viel zu luftdurchlässig. Aber vielleicht, vermutet Wiese, kam es zu einer Verpuffung, die den Kapitän zu der Fehleinschätzung veranlasst haben könnte, das Schiff würde jeden Moment in die Luft fliegen. Unter solchen Umständen ist es durchaus realistisch anzunehmen, dass er den Befehl gab, das Schiff zu verlassen.

Warum aber sollten die Männer darauf verzichtet haben, das Beiboot mit der Mary Celeste zu vertäuen? Nach dem Verfliegen des Alkohols wäre die Explosionsgefahr gebannt gewesen und sie hätten sicher wieder an Bord gehen können. War das reine Panik? Bloße Kopflosigkeit? Aber wieso hatten sie dann immerhin noch die Geistesgegenwart, nautisches Gerät ins Beiboot mitzunehmen?

Das war notwendig, könnte man entgegnen, um sicher das Festland zu erreichen. Demnach hätten Briggs und seine Leute die Mary Celeste ganz aufgegeben. Warum aber waren dann die Nahrungsmittelvorräte an Bord des Mutterschiffs noch nahezu komplett?

Die Mary Celeste wurde am 5. Dezember 1872 auf der Position 38 Grad 20 Minuten Nord, 17 Grad 15 Minuten West gefunden, etwa auf halber Strecke zwischen den Azoren und Gibraltar. Aus der letzten Logbucheintragung geht die Kursberechnung für den nächsten Tag, den 25. November, hervor. Das beweist, dass die Mary Celeste an diesem Tag auf 37 Grad 1 Minute Nord, 25 Grad 1 Minute West stand, nur sechs Meilen nordwestlich der Azoren-Insel Santa Maria, deren östliche Spitze die Mary Celeste auch als Peilmarke nutzte. Oliver Deveau, der erste Maat der Dei Gratia, verglich die Routen der beiden Schiffe und kam zu dem Ergebnis, dass die Mannschaft am 25. November zwischen 8 Uhr und 12 Uhr von Bord gegangen sein musste. Bis zu ihrer Auffindung wäre die Mary Celeste demzufolge bei einer Maximalgeschwindigkeit von drei Knoten 378 Meilen in westlicher Richtung weitergesegelt.

Befand sich die Mary Celeste also tatsächlich ganz in der Nähe einer rettenden Insel, als sie aufgegeben wurde? Und waren sich der Kapitän und seine Leute dieses Umstandes einfach nicht bewusst?

Mit Sicherheit werden wir es nie sagen können.

Und die Mary Celeste wird wohl immer die Mutter aller Geisterschiffe bleiben.

10

DER MAYA-KALENDER, DAS JAHR 2012 UND DIE ANKUNFT DER GÖTTER

Nicht mehr lang, und wir schreiben das Jahr 2012. Und dann geht vielleicht die Welt unter. Und die Olympischen Spiele fallen aus. Oder die Erde erhält Besuch von Außerirdischen. Und die Fußball-Europameisterschaft findet auch nicht statt. Oder unser Planet wird von Naturkatastrophen zerstört. Und in den Vereinigten Staaten fallen die Präsidentschaftswahlen ins Wasser.

Aber vielleicht passiert auch gar nichts Besonderes.

Das Jahr 2012, so aktuelle Diskussionen, die vor allem im Internet geführt werden, markiert angeblich das Ende einer Runde des Maya-Kalenders. Und damit möglicherweise auch den entscheidenden Wendepunkt der Menschheitsgeschichte.

In seinem Buch *Der Tag, an dem die Götter kamen* befasste sich Erich von Däniken bereits 1984 mit dem Kalender der Maya. Und der ist ein erstaunliches Dokument von außerordentlicher Präzision.

Das mittelamerikanische Volk berechnete beispielsweise die Länge eines Jahres mit 365,2421 Tagen und kannte auch die Umlaufbahn des Planeten Venus schon so genau, dass sie in 6000 Jahren nur um einen Tag korrigiert werden musste. In diesem Zusammenhang zitierte von Däniken den britischen Astronomen Michael Rowan-Robinson mit den Worten: »Derartige Übereinstimmungen sind in der westlichen Astronomie erst in modernsten Zeiten erreicht worden.«

Als »Startpunkt« des Maya-Kalenders wird häufig der 11. August 3114 vor unserer Zeitrechnung genannt. Doch dieses Datum ist keineswegs gesichert. Der deutsche Astronom und Schriftsteller Robert Henseling (1883–1964) beispielsweise präferierte einen Tag Anfang Juni 8498 v. Chr., während der Amerikanist Antoon Leon Vollemaere vor 30 Jahren den 16. September 3606 v. Chr. als Nulldatum angab.

Doch der exakte Beginn des Kalenders ist heute im Grunde gar nicht mehr so interessant. Obwohl ... Mitunter wird die Vermutung geäußert, an diesem »Tag Null« (wann immer er genau gewesen sein mag) könnte sich in Mittelamerika etwas ganz Außerordentliches abgespielt haben: die Ankunft der Götter aus dem All (oder auch aus Atlantis).

Und wenn er schon so dramatisch anfing, könnte das »Ende« des Maya-Kalenders ja tatsächlich einiges versprechen. Mutmaßt jedenfalls die Esoterikszene.

»Endet« der Kalender aber tatsächlich im Jahr 2012? Es gibt durchaus auch Stimmen, die vermuten, das sei gar nicht der Fall. Vielmehr springe er nach Abschluss eines Zyklus wieder auf null.

Der Maya-Kalender, muss man wissen, setzt sich aus einem rituellen Kalender mit dem Namen »Tzolkin« (er umfasst 260 Tage) und einem allgemeinen mit Namen »Haab«

(365 Tage) zusammen. Aus der Verbindung dieser beiden Kalender ergeben sich Zyklen, von denen einer, wie zum Beispiel die Maya-Experten Linda Schele und David Freidel in ihrem viel beachteten Buch *Die unbekannte Welt der Maya* (dt. 1991) ausführen, am 23. Dezember 2012 endet. Das ist doch mal ein Datum! Fragt sich nur, was an diesem Tag geschieht.

Die Welt wird untergehen! Die Götter der Maya kommen zurück. Außerirdische landen auf unserem Planeten. Vielleicht steht auch »der Aufstieg der Erde in die fünfte Dimension« bevor. Jedenfalls steht irgendetwas ganz Exzeptionelles bevor. Und davon hat jeder so seine eigenen Vorstellungen. Allein die Suchmaschine Google liefert bei der Eingabe der Schlagwörter »2012« und »calendar« 2130 000 Treffer. (Und bei Drucklegung dieses Buches werden es wahrscheinlich noch weit mehr sein.)

Aber vielleicht ist das alles auch eine reine Luftnummer wie bei der Jahrtausendwende-Hysterie 1999. Schele und Freidel berichten jedenfalls von einer in der berühmten Maya-Stadt Palenque gefundenen Inschrift, die bis auf den 15. Oktober 4772 vorausblickt. Und auch Nikolai Grube, Professor für Altamerikanistik an der Universität Bonn, verweist auf Maya-Daten, die über das Jahr 2012 hinausweisen. Dabei beruft er sich auf einen beschrifteten Knochen, der in einem Grab in der Maya-Stadt Tikal gefunden wurde und auf dem drei Daten stehen: der 17. Juni 1224, der 22. April 5565 und schließlich der 24. Februar 9898.

Das hieße also: Entwarnung. Die Welt geht 2012 nicht unter. Aller Wahrscheinlichkeit nach wird in dieser Zeit nichts Welterschütterndes geschehen. Auch endet der Maya-

Kalender in diesem Jahr nicht, es beginnt lediglich ein neuer Zyklus.

Manche Esoteriker allerdings lassen sich von solchen profanen Erkenntnissen kaum entmutigen und planen die Wiederkehr der Maya-Götter 2012 weiterhin fest ein. Unter der Führung ihres Hauptgottes Kukulkan, heißt es, werden sie uns einen Besuch abstatten und bei dieser Gelegenheit ein ganz neues Zeitalter einläuten.

Das Argument, das dafür gern ins Feld geführt wird: Eine kleine Inschrift aus dem 7. Jahrhundert, gefunden in einem nicht weiter nennenswerten Örtchen namens Tortuguero, spricht davon, dass ein gewisser Gott Bolon Yokte 2012 auf die Erde zurückkehren wird.

Aber irgendwie würde man doch denken, dass sich die Götter für ein so epochales Ereignis etwas Spektakuläreres ausgedacht hätten. Dass sich die Prophezeiung an einer bedeutenderen Stätte finden ließe. Und dass auch die betreffende Gottheit höheren Ranges wäre als ausgerechnet ein Bolon Yokte, den keiner kennt. Oder etwa nicht?

Angeblich gibt es aber weitere Hinweise auf eine unmittelbar ins Haus stehende Wiederkehr von Astronautengöttern. UFO-Sichtungen zum Beispiel. Oder Kornfeld-Piktogramme, wie sie vornehmlich in Südengland, aber auch in anderen Teilen der Welt zu verzeichnen sind. Diese enthalten angeblich »codierte Botschaften« von Außerirdischen, die nachdrücklich auf die besonderen Vorkommnisse des Jahres 2012 hinweisen sollen.

Die angebliche Ankunft der Götter aus dem All wird auch gern mit den Thesen Zecharia Sitchins in Verbindung gebracht, der in seinem Buch *Der zwölfte Planet* bereits vor über 30 Jahren von einem bislang unbekannten bewohnten Planeten innerhalb unseres Sonnensystems sprach, den er Nibiru nannte und der angeblich die Sonne binnen ca. 3600 Jahren einmal umrunde. In regelmäßigen Abständen, so Sitchin, der sich vor allem auf Texte der Sumerer und anderer Kulturen Mesopotamiens beruft, weiter, statten die Bewohner des Planeten Nibiru der Erde einen Besuch ab. 2012 nun sei es erneut so weit. Heißt es in gewissen Kreisen. Dann kommen die »Anunnaki« (wie Sitchin die außerirdischen Götter nennt) mal wieder bei uns vorbei. Und was dann?

Wenn man sich im Internet tummelt, etwa in Portalen wie youtube oder myvideo, findet man zahlreiche Seiten zum Thema 2012 und Wiederkehr des Planeten Nibiru. Echte Horrorszenarien werden da entworfen. Da ist von schrecklichen Tsunamis die Rede, von verheerenden Feuersbrünsten, Tornados und Erdbeben, von Vulkanausbrüchen und Veränderungen des Magnetfeldes der Erde. Sogar von einem Polsprung und dem Kippen der Erdachse wird gesprochen. Auch ein dreitägiger Stillstand der Erdrotation ist im Gespräch. Zur Illustration dienen dabei gern Szenen aus Roland Emmerichs Katastrophenfilm *The Day after Tomorrow.*

Wen interessiert es da, dass Sitchins Thesen astronomisch vollkommener Nonsens sind. Oder dass er selbst die Wiederkehr »seines« Planeten gar nicht auf 2012 datierte.

Apropos Datum. Was den exakten Termin angeht, scheinen sich die Befürworter der Weltuntergangsthese nicht ganz einig zu sein. Zwischen dem 20. und dem 24. Dezember 2012 kommt offenbar jeder Tag infrage.

Favorisiert wird dabei der 20. 12., weil 20 und 12 2012 ergeben. Allerdings auch der 21. Dezember, denn da ist Wintersonnenwende. Wüste Zahlenspielerei.

Sicher ist nur: 2012 geht die Welt nicht unter. Und im Maya-Kalender beginnt ein neuer Zyklus.

TEIL II

SELTSAME FUNDE
UND OBJEKTE

11

EINE 4500 JAHRE ALTE DARSTELLUNG
DES SONNENSYSTEMS?

18. Februar 1930, Flagstaff, Arizona. Clyde William Tombaugh (1906–1997), Astronom vom Lowell Observatorium, hat allen Grund, die Sektkorken knallen zu lassen. Beim Vergleich mehrerer Fotografien aus dem All ist er auf einen seltsamen beweglichen Lichtpunkt gestoßen. Das muss er sein: »Trans-Neptun«, der hinter Neptun verborgene neunte Planet unseres Sonnensystems, nach dem Tombaughs Fachkollegen bereits seit einem Vierteljahrhundert suchen.

Am 13. März 1930 wird die Sensation dann offiziell bestätigt: Dem jungen Forscher ist es tatsächlich gelungen, einen weiteren Trabanten unserer Sonne zu verorten – Pluto, einen Winzling von nur 2300 Kilometern Durchmesser, der zu 70 Prozent aus Gestein und 30 Prozent aus gefrorenem Wasser besteht. Er ist so weit von der Sonne entfernt, dass es bis heute keine aussagekräftigen Fotografien von ihm gibt. Und so klein, dass er im September 2006 sogar auf den Status eines Zwergplaneten zurückgestuft werden wird. Aber das ist Zukunftsmusik. Im Moment ist Clyde William Tombaugh der Held der Stunde.

War er aber wirklich der Erstentdecker Plutos? Oder wussten bereits unsere Ururanahnen von seiner Existenz? Kannte man bereits vor Tausenden von Jahren Aufbau, Größe und Beschaffenheit unseres Sonnensystems?

Ein archäologisches Fundstück zumindest gibt es, das darauf hindeuten könnte: ein schätzungsweise 4500 Jahre altes akkadisches Rollsiegel aus Ton, das bei Ausgrabungen in Mesopotamien gefunden wurde. Heute liegt es im Vorderasiatischen Museum in Berlin und trägt die Archivnummer VA/243.

Auf dem Siegel, das nach Meinung der Archäologen eine »Einführungsszene« darstellt, sieht man eine sitzende Gestalt und zwei, die sich ihr nähern. Offenbar wird hier ein Mensch (aller Wahrscheinlichkeit nach der Besitzer des Siegels) durch eine niedere Gottheit der ranghöheren zugeführt.

Doch in unserem Zusammenhang viel interessanter ist der gestaltete Raum zwischen den Köpfen der beiden stehenden Figuren, in dem die Archäologen eine reine »Nebenszene« sehen, die bloß den Zweck habe, eine freie Fläche auf dem Siegel zu füllen. Doch es könnte die Abbildung eines heliozentrischen Sternensystems sein – viereinhalbtausend Jahre alt! Im Zentrum steht die Sonne – erkennbar an ihren Strahlen. Und um sie herum verteilen sich elf verschieden große Punkte, die man, zumindest auf den ersten Blick, gut und gern als Planeten deuten kann.

So tat es jedenfalls Zecharia Sitchin, von dem bereits im vorigen Kapitel die Rede war. Für ihn wurde das Rollsiegel zu einem der Herzstücke seiner These, der zufolge vor über 430 000 Jahren Außerirdische auf die Erde kamen und die

Menschheit erschufen. Diese Aliens stammten angeblich von einem unentdeckten Planeten unseres Sonnensystems – Sitchin nannte ihn Nibiru –, der eine elliptische Umlaufbahn von über 3500 Jahren um die Sonne ziehe.

Wenn man den aus Serpentin bestehenden Siegelzylinder in Ton abrollt, sieht man zunächst tatsächlich elf Punkte, die sich um die Sonne herum verteilen: den Mond, alle neun bekannten und einen Planeten X, den vermeintlich unentdeckten Nibiru. So jedenfalls stellte es Sitchin 1976 in seinem ersten Buch (*Der zwölfte Planet*) dar. Er schreibt:

»Es ist natürlich eine Darstellung des den Sumerern bekannten Sonnensystems, das aus zwölf Himmelskörpern besteht.«

In diesem Punkt irrt Sitchin. Das Rollsiegel stammt keineswegs von den Sumerern. Die Schriftzeichen auf dem Siegel weisen einen gewissen Illi-Illat als Besitzer aus, der einem Gott Dubsiga huldige. Und das ist ein semitischer bzw. akkadischer Name. Obwohl Sitchin selbst das Rollsiegel in seinem Buch als »akkadisch« bezeichnet, bringt er es fälschlich mit der Kultur der Sumerer in Verbindung. Gefunden wurde es vermutlich in Hai, etwa 50 Kilometer von Kut im Irak entfernt.

Eines allerdings muss man einräumen: Auch die Astronomie schließt einen hinter Pluto befindlichen »Planeten X« nicht aus.

So jedenfalls John B. Murry (Offene Universität Großbritannien) und John Matese (Universität von Louisiana,

Lafayette). Der unbekannte Planet, berichteten sie 1999, könnte bis zu zehnmal größer sein als der Riese Jupiter, seine Bahn 32 000-mal weiter von der Sonne entfernt ziehen als die Erde und aufgrund seiner Masse Kometen sowie andere Objekte im äußeren Sonnensystem ablenken. Ein Beweis für die Existenz dieses zehnten Planeten liegt jedoch bis auf den heutigen Tag nicht vor.

Aufgrund der Tatsache, dass es sich bei dem Rollsiegel mit der mutmaßlichen Sternenkarte um ein authentisches archäologisches Fundstück handelt, erregen Sitchins Nibiru-Thesen, die selbst unter Grenzwissenschaftlern heftig umstritten sind, im allgemeinen Publikum immer wieder ein gewisses Interesse. Im Laufe der Jahre haben sich jedenfalls schon viele Leser seiner Bücher mit Fragen an die Einrichtung gewendet, in der es sich befindet. Für Dr. Joachim Marzahn vom Vorderasiatischen Museum zu Berlin Grund genug, in der angesehenen Astronomiezeitschrift *Sterne und Weltraum* darauf einzugehen.

In seinem Artikel verweist er auf den Umstand, dass die angenommenen zwölf »Planeten-Punkte« (inklusive Sonne) nur auf Fotos zu sehen sind. In Wahrheit seien es jedoch fünfzehn, wie eine genaue Analyse des Rollsiegelzylinders ergeben habe. Die drei weiteren sind auf Fotografien des abgerollten Zylinders nicht zu sehen, da sie am oberen Rand im Schatten verschwinden bzw. ein Punkt nicht ausreichend tief ist, um auf der Abrollung sichtbar zu sein. Aus diesen Erkenntnissen schlussfolgert Wolfgang Siebenhaar in einem Artikel in *Scientific Ancient Skies*: »Es kann sich beim Rollsiegel VA 243 also keinesfalls um eine Darstellung unseres Planetensystems handeln.«

Alle Zweifel sind damit jedoch noch immer nicht ausgeräumt. Marzahn hatte sich vom Rathgen-Forschungslabor der Staatlichen Museen Berlin mikroskopische Vergrößerungen der Punkte auf dem Siegel-Zylinder anfertigen lassen. Daraus ging hervor, dass die angeblich zusätzlich mit einem Bohrer angebrachten »Planeten-Punkte«, die zusammen die Zahl fünfzehn ergeben, möglicherweise doch nicht nachträglich hinzugekommen sind. Es könnte sich auch um Beschädigungen (also Abplatzungen) des ursprünglichen Dokuments handeln, die gar nicht beabsichtigt waren.

Was also zeigt das Siegel? Wie viele »Planeten« wurden tatsächlich in den Stein geschnitten? Handelt es sich um ein fremdes Sonnensystem aus den Tiefen des Universums, wie einige Vertreter der Grenzwissenschaften meinen? Oder ist es tatsächlich doch nur eine völlig irrelevante »Nebenszene«, die allein dem Zweck diente, leeren Raum auf dem Rollsiegel zu füllen, wie die Archäologie mutmaßt? Noch wissen wir es nicht.

12

»OBJEKT M«:
DAS UFO AUS DER EISZEIT

Wenn es tatsächlich, wie vielfach behauptet wird, bereits vor Jahrtausenden Zivilisationen gab, über die die offizielle Geschichtsschreibung nichts weiß, müssten sie doch eigentlich Spuren hinterlassen haben. Aber wo?

Im estnischen Tallinn vielleicht? Auf dem Grundstück des Automechanikers und Schlossers Virgo Mitt in der Hobekuuse Straße 34 (Hõbekuuse tee 34)? Eine sonderbare Geschichte ...

Im Frühjahr 1984 wurde dort ein Brunnen weiter ausgeschachtet. Doch irgendwo in 6,5 bis 7,5 Meter Tiefe brach der Bohrer ab. Wie sich herausstellte, lag im Erdreich ein sehr massiver Gegenstand, der jegliches Weiterkommen verhinderte. Unter Zuhilfenahme einer Diamant-Trennscheibe gelang es, diesem seltsamen Objekt eine Probe zu entnehmen.

Diese Probe wurde in der Folge von mehreren Forschungsinstituten genauer analysiert. Das Physikalisch-Technische Institut in Moskau fand heraus, dass es sich um eine Legierung handelte, welche aus 80 Prozent Eisen, fünf

Prozent Titan und Beimengungen von Silber, Gallium, Niobium, Thorium und Indium besteht. Die Forscher des Luftfahrttechnischen Institutes, die ebenfalls eine Probe des Metalls erhielten, zeigten sich von seiner Säurefestigkeit und enormen Hitzebeständigkeit überrascht. Darüber hinaus wies die Probe verschiedene Härtegrade auf (zwischen 241 kg/m² und 1277 kg/m²).

Und die Herkunft?

Auch das Geologische Institut der Estnischen Akademie der Wissenschaften untersuchte die rätselhafte Metallprobe aus dem Brunnenschacht. Am 16. Juli 1987 ließ Herbert Viiding, der stellvertretende Direktor des Bereichs Forschung, Jewgenij Popow, dem Leiter der Abteilung Industrie des Zentralkomitees der KP der Estnischen Sowjetrepublik, einen Zwischenbericht zukommen, aus dem hervorging, »dass es sich nicht um eine natürliche, sondern um eine technisch hergestellte Legierung handelt«. Ein künstliches Objekt, rund sieben Meter tief im Boden? Viiding schreibt:

»Die Tatsache, dass es sich um eine künstliche Legierung handelt, steht zweifellos im Widerspruch dazu, dass das Objekt, von dem es stammt, tief in der Erde liegt.«

Über die Möglichkeit, den Hauptkörper, dem die Proben entnommen wurden, in Größe und Form genauer zu bestimmen, heißt es in dem Dokument weiter:

»Mit geophysikalischen Methoden wurde eindeutig festgestellt, dass es sich um eine Anomalie handelt, deren Ursache ein im Boden befindlicher metallischer Gegenstand ist. Die Bodenerkundungen erbrachten jedoch keine klaren Ergebnisse. Einige Rutengänger wie z. B. die Mineralogen und Geologen Dr. N. N. Setschewanow aus Moskau und Dr. W. Kaptschaukas aus Kaunas bestätigen ebenfalls das Vorhandensein eines großen Körpers im Boden.«

Den Untersuchungen des Mineralogen Nikolaj Setschewanow zufolge habe der Hauptkörper einen Durchmesser von 15 bis 20 Metern. Im Zentrum sei er drei oder vier Meter dick und liege in nordwestlicher Schräglage im Erdreich. Außerdem nehme die Höhe des Objekts von der Mitte ausgehend bis zum Rand gleichmäßig ab. Darüber hinaus sei der ganze Körper von einem starken Magnetfeld umgeben.

Rätsel tun sich auf.

Da es sich bei der Erdschicht, in der der Körper liegt, um eine sogenannte Moräne handelt, verdunkelt sich der Ursprung des Körpers weiter: Moränen sind Ablagerungen aus Geröll, Schutt und Steinen, die sich aufgrund von Gletscherbewegungen in der letzten Eiszeit gebildet haben. Da der in Tallinn gefundene Gegenstand in einer intakten Ablagerung dieser Moränenschicht liegt, muss er gleichzeitig mit den eiszeitlichen Gletscherverschiebungen dort eingedrungen sein.

Und das würde bedeuten, dass er mindestens 10 000 Jahre alt ist.

Doch wer hätte zu dieser Zeit ein Objekt aus einer bisher

unbekannten Titanlegierung anfertigen können, noch dazu in solcher Größe? Bewohner von Atlantis oder einer anderen unbekannten hoch entwickelten Zivilisation? Oder liegen da auf dem Gelände des Automechanikers vielleicht sogar die Überreste eines UFOs? Denn auch wenn die Beschreibungen des Objekts recht vage sind, erinnern sie doch frappant an eine sogenannte fliegende Untertasse.

Handelt es sich bei dem Tallinn-Fund demnach um ein außerirdisches Artefakt, ein SETA-Objekt (»Search for Extraterrestrial Artefacs«)?

Aus dem Zwischenbericht des Geologischen Instituts der Estnischen Akademie der Wissenschaften geht hervor, dass sich die Forscher dort keinen Reim auf das Ganze machen konnten. Viiding schreibt:

»Die Struktur und die Eigenschaften der Legierung (...) geben unseren Fachleuten Rätsel auf, da eine Technologie zur Herstellung einer solchen Legierung bislang unbekannt ist. In Anbetracht ihrer extremen Härtebeständigkeit könnte die Legierung für die Industrie, einschließlich des Raketenbaus, von Nutzen sein.«

Das muss man sich einmal auf der Zunge zergehen lassen: Hochrangige Wissenschaftler, die sich mit einem nicht natürlich entstandenen Objekt aus der Eiszeit befassen, halten das Material, aus dem es besteht, für wert, im Hinblick auf seine Verwendung in der Raumfahrt geprüft zu werden. Wenn das keine Sensation ist! Doch auch die Begleitumstände des Fundes aus der

Hobekuuse Straße 34 sind bemerkenswert, man könnte sogar sagen: direkt unheimlich.

So verstarb etwa der Besitzer des Grundstückes, auf dem das Objekt entdeckt wurde, an einem Schlaganfall. Auch der estnische Wissenschaftler und Ingenieur Ernest Parve, der eine der Metallproben transportiert hatte, verstarb plötzlich. Damit nicht genug: Walerij Bogoljubow, ein wissenschaftlicher Mitarbeiter, berichtete nach dem Transport von Wasserproben aus dem Brunnen, die er nach Leningrad bringen sollte, über Lähmungserscheinungen an den Gliedmaßen. Alles Zufall – oder besteht ein Zusammenhang mit dem mysteriösen Objekt aus der Eiszeit?

Rätselhafte Vorgänge wurden aber nicht nur im unmittelbaren Zusammenhang mit dem Grundstück Hobekuuse Straße 34 beobachtet. In einem der Nachbarhäuser schien sich ein Poltergeist eingenistet zu haben. (Die Geräusche wurden auch auf Tonband aufgenommen.) Ferner bewegten sich verschiedene Gegenstände wie von Geisterhand. Auch die UFO-Forscherin Dr.-Ing. Marina Popowitsch, vordem eine der berühmtesten Testpilotinnen der UdSSR, wurde bei einem Besuch der Fundstelle von Spukerscheinungen ereilt: Wie von selbst drehte sich ihr Wagen, mit dem sie aus Moskau angereist war, um neunzig Grad und rollte einfach los. Und das, obwohl die Handbremse angezogen war und der Volvo ein Automatikgetriebe besaß. Die Fahrt endete an einem Zaun.

Anwohner zeigten sich von solchen Berichten nicht im Geringsten überrascht. Eine Frau aus der Nachbarschaft sprach von einem »verruchten Ort« und sagte weiter: »Die

Kinder haben Angst, hier zu leben, und ich selbst möchte auch weg von hier, wenn ich nur wüsste, wohin ich ziehen könnte.«

Für mich persönlich gewann der Tallinn-Fund erneut an Aktualität, als ich vor einigen Jahren in Bremen einen Vortrag über rätselhafte Artefakte hielt. Im Anschluss sprach mich Enn Vels an, Diplomingenieur und österreichischer Honorarkonsul in Tallinn. Als ehemaliges Mitglied der estnischen Kommission für die Registrierung und Analyse von anormalen Umweltphänomenen (AKRAK) war er mit der Angelegenheit vertraut und wusste mir Erstaunliches zu berichten: In ganz Tallinn und besonders natürlich in der Nähe des (abgesperrten) Fundortes trat damals das Militär auf den Plan. Vielerorts wurden quasi über Nacht Kommunikationseinrichtungen und anderes Material der sowjetischen Armee installiert. Die Lokalpresse zeigte sich erstaunt über diese plötzliche Militärpräsenz.

Nähere Informationen verdanke ich Diplomingenieur Igor Volke, 1979 bis 1993 Vorsitzender der AKRAK und seit 1996 Leiter des Estonian UFO Network (EUFON), der mich im September 2008 in einem ausführlichen Bericht über die Hintergründe des Tallinn-Fundes informierte. Er war auch zugegen, als sich der Vorfall mit dem Auto von Popowitsch ereignete.

Volkes Bericht zufolge wurde der seltsame Fund von der Stoljarow-Kommission in Moskau, einer in der Sowjet-Hierarchie sehr weit oben angesiedelten Organisation zur Untersuchung ungewöhnlicher Vorkommnisse, unter dem Namen »Objekt M« geführt und sehr ernst genommen.

Wie mir der Autor Igor Volke in seinem Brief vom 4. September mitteilte, hatte Virgo Mitt, der Besitzer des Grundstücks in der Hobekuuse Straße 34, bereits 1964 eine etwa 4,5 Zentimeter dicke Metallplatte in seinem Brunnen gefunden:

»Es stellte sich heraus, dass es sich um ein silbern glänzendes, sehr schweres, metallähnliches Material handelt. Beim Durchbrechen entstand eine kristallene Bruchstelle. (…) Für den Schlosser erschien jegliches Fehlen von Korrosion am merkwürdigsten.«

Herbert Viiding vom Geologischen Institut der Akademie der Wissenschaften analysierte bereits das erste Fundstück. Dabei zeigte sich, »dass es sich um ein technologisches Material handelte und die Tatsache, dass der Fundort in einer solchen Tiefe lag, schwer zu erklären war«.

Nachdem das Objekt Anfang der Achtzigerjahre dem Elektronikexperten Enn Parve in die Hände fiel, schickte er Proben an die sowjetischen Forschungszentren für Geologie und Flugzeugmaterial-Forschung sowie an das Verteidigungsministerium. Die Ergebnisse, zu denen die Empfänger kamen, waren erstaunlich: Ihrer Meinung nach stammte das Metall nicht von der Erde, sondern wurde unter den Bedingungen der Schwerelosigkeit geformt, weshalb sie Parve mitteilten: »Ihr könnt kein solches Material haben!« Das Sonderkommunikationsinstitut des Verteidigungsministeriums in Leningrad sah sich veranlasst, Geheimhaltung einzufordern und Fotos sowie Interviews zu diesem Thema zu untersagen.

Im Frühjahr 1984 wurde dennoch eine Vor-Ort-Untersuchung durchgeführt, und zwar unter Mitwirkung von Arvid Mordvin-Sohodro, Enn Parve, Herbert Viiding und Igor Volke. Sie stellten unter anderem fest, »dass das Objekt ellipsenförmig ist und schief in der Tiefe von 7 bis 9 Metern im Boden liegt. Die Maße pro Achse betrafen 17 x 22 Meter.« Weiter wurden fast dreißig Metallzusatzkomponenten festgestellt, so etwa Wolfram, Molybdän, Kobalt, Nickel, Kupfer, Zink, Zinn und Blei.

Moskau unterband jegliche Bekanntgabe von Informationen über diesen Fund, legte die Angelegenheit in die Verantwortung des Geologischen Instituts der Akademie der Wissenschaften von Estland und verpflichtete es zugleich zu strikter Geheimhaltung. Als Ablenkungsmanöver sollten Gerüchte über »altestnische Eisenschmelzöfen« verbreitet werden.

Weitere Untersuchungen, die im Herbst 1984, im Frühling 1985 und auch noch 1986 von Experten aus Moskau unter Leitung von Generalleutnant V. Voronov durchgeführt wurden, erbrachten keine weiteren Ergebnisse. Allerdings wurde in der Nähe des Wohnhauses, das auf dem untersuchten Grundstück steht, ein zwei mal vier Meter großer Gegenstand in der Erde gefunden, der vermutlich dem Hauptobjekt entstammte.

Der Körper in der Erde hat auch gefährliche Eigenschaften, wie Igor Volke berichtete: Demnach arbeitete im Schacht ein Arbeiter der Untersuchungskommission mit einem Presslufthammer. Plötzlich wurde der Mann von einem grünen Strahl an der Brust getroffen. Dieser Strahl erzeugte Verbrennungen, die einen dreieckigen Abdruck auf der Brust hinterließen. Darüber hinaus litt der Arbeiter vorübergehend unter Gedächtnisschwund und wurde so krank, dass er am dritten Tag zurück nach Moskau gebracht werden musste.

Die These, die die Untersuchenden vor Ort über das »Objekt M« aufstellten, lautet:

»Das Objekt ist ein ellipse- bzw. tellerförmiges metallenes pilotierbares Flugmittel von außerirdischer Herkunft, das wahrscheinlich während der Eiszeit durch eine Beschädigung auf ein Eismassiv in etwa dem heutigen Nordfinnland abgestürzt sein soll und durch eine Verschiebung des Kontinentaleises an die Südküste des finnischen Meerbusens getragen wurde. Das würde den Fundort im Moränenlehm begründen.«

Was also liegt seit mindestens 10 000 Jahren wirklich in der Hobekuuse Straße 34 verborgen? Und: Wer oder was hätte während der Eiszeit in der Lage sein können, ein so großes Objekt mit solch seltsamen Eigenschaften herzustellen?

Im Moment bleiben diese Fragen leider noch unbeantwortet.

13

DER EISMANN VON MINNESOTA

Herbst 1967, das Jahr, in dem das Musical *Hair* uraufgeführt wurde. Bei einem Jahrmarktbesuch irgendwo in der Nähe von Milwaukee stieß der Zoologiestudent Terry Cullen auf ein sonderbares Ausstellungsobjekt, das jedermann für 25 Cent besichtigen konnte. Cullen traute seinen Augen kaum. Ob es sich bei dem Exponat – der Leiche eines rätselhaften behaarten Wesens –, das der Schausteller Frank D. Hansen in einem großen Eisblock präsentierte, vielleicht um einen konservierten »Bigfoot« handelte, eine Art Affenmensch (allerdings möglicherweise ohne die charakteristischen großen Füße)? Cullen war so fasziniert von seiner Entdeckung, dass er die Ausstellung durch Illinois, Wisconsin und Minnesota begleitete und verschiedentlich versuchte, Zoologen darauf aufmerksam zu machen. Doch einstweilen stieß er auf wenig Interesse.

Das änderte sich, als er Ende 1968 dem Sachbuchautor Ivan Terrance Sanderson (1911–1973) davon erzählte. Dieser wiederum informierte Dr. Bernard Heuvelmans (1916–2001), jenen Forscher, der heute als Begründer der Kryptozoologie gilt. Gemeinsam wollten sie herausfinden, ob es sich bei Hansens Exponat vielleicht um einen Neandertaler handeln könnte.

Noch im Dezember 1968 fuhren die beiden nach Rollingstone bei Winona in Minnesota, um dem Schausteller Frank D. Hansen einen Besuch abzustatten und sein Objekt persönlich in Augenschein zu nehmen. Und tatsächlich, es handelte sich um ein etwa 1,80 großes, vollkommen behaartes Wesen, eingefroren in einer großen Glaswanne. Da ein kleiner Teil aus dem Eis herausragte, konnten sie Verwesungsgeruch wahrnehmen. Das war der Beweis: Was vor ihnen lag, war keine Puppe oder dergleichen. Sanderson und Heuvelmans gelangten zu der Überzeugung, die Sensation des Jahrhunderts gefunden zu haben, eine Mischung aus Mensch, Urmensch und Affe.

Drei Tage lang analysierten sie die Kreatur, so gut es ging. Sie fertigten eine detaillierte Zeichnung von ihr an und machten zahlreiche Fotos. Auch versuchten sie sich anhand von Affen- und bekannten Hominidenarten an einer Klassifizierung des unbekannten Wesens. Dies gelang jedoch nicht.

Sanderson und Heuvelmans erkannten, dass die Kreatur offenbar erschossen wurde, ferner war ihr linker Arm gebrochen und unnatürlich verbogen. Die Haare des Eismanns hatten eine Länge von acht bis zehn Zentimetern – dass es sich tatsächlich um ein männliches Wesen handelte, war am primären Geschlechtsmerkmal zweifelsfrei zu erkennen. Sowohl Sanderson als auch Heuvelmans zeigten sich von dem eingefrorenen Kadaver tief beeindruckt.

Frank D. Hansen bat sie, sich öffentlich nicht über sein

Ausstellungsobjekt zu äußern. Doch schon eine Woche vor Weihnachten brach Sanderson sein Versprechen und erstattete in Johnny Carsons *Tonight Show* Bericht. In der Folge begannen er und Heuvelmans auch, Artikel über ihre Entdeckung zu verfassen. Der Kryptozoologe bezeichnete den Eismann von nun an übrigens als »homo pongoides«.

Dieser erregte zunehmend auch das Interesse anderer Wissenschaftler. So bemühte sich etwa John Napier von der Smithsonian Institution in Washington nach Kräften, Frank D. Hansen seinen Affenmann abzukaufen. Der Schausteller lehnte jedoch alle Angebote ab, weil er selbst angeblich nicht rechtmäßiger Besitzer des Kadavers sei und ihn sich bloß für eine gewisse Zeit ausgeborgt habe. Weitere Untersuchungen durch Napier wusste Hansen zu unterbinden, sodass die Smithsonian Institution schließlich davon ausging, es handele sich um eine Fälschung.

Bei seinen Angaben über die Herkunft des Eismannes hatte sich Hansen zunehmend in Widersprüche verwickelt. Einmal behauptete er, die Leiche sei im Eis treibend vor der Küste Sibiriens gefunden worden. Ein anderes Mal gab er an, er selbst habe im Jahre 1960 den Affenmenschen im Bundesstaat Minnesota erschossen. Es sei ein Jagdunfall gewesen. Die Presse nahm die Unvereinbarkeit seiner Angaben nur allzu gern auf, und so dauerte es nicht lange, bis die ganze Geschichte als Schwindel betrachtet wurde. Was Hansen seinem Publikum zeige, sei nichts als eine Filmrequisite, hieß es in den Medien.

Bernard Heuvelmans jedoch war nicht bereit, die Angelegenheit *ad acta* zu legen. Er vertrat die Auffassung, beim Eismann könne es sich um eines jener rätselhaften Wesen in den Wäldern Vietnams handeln, die angeblich immer mal wieder gesichtet werden.

Und tatsächlich: Es gab Berichte, denen zufolge im Jahr 1966 ein solcher »Affenmensch« erschossen wurde. Mehr noch: Hansen hatte als Pilot der US-Air Force in Vietnam gedient. Dort könnte er also den Kadaver gekauft und in einem Leichensack in die USA gebracht haben. So jedenfalls vermutete es Heuvelmans in seinem Buch *L'Homme de Néanderthal est toujours vivant.* Die offizielle Erklärung der Smithsonian Institution, der Eismann sei bloß Fake, wies er kategorisch von sich.

Doch eines Tages scheint der Eismann verschwunden zu sein. Bei einer Ausstellung in Grand Rapids, Michigan, berichtet Heuvelmans, habe Hansen allem Anschein nach ein Modell präsentiert. Das, was er da zu sehen bekam, stand für ihn fest, war nicht das Wesen, das er im Winter 1968 zusammen mit Sanderson auf Hansens Farm in Augenschein genommen hatte.

Was aber genau *hatten* die beiden Männer gesehen? Und wo ist das Original geblieben, das Hansen ihnen damals zeigte? Der Schausteller hatte ja auch einmal geäußert, er habe das Wesen eigenhändig erschossen. Befürchtete er jetzt, wegen Totschlags oder gar Mordes vor Gericht gestellt zu werden?

1970 veröffentlichte Hansen in der Zeitschrift *Saga* einen Artikel unter dem Titel »Ich tötete den Affenmenschen von Whiteface«. Darin stellt er die Behauptung auf, er habe im Januar 1967 in Hollywood drei Künstler beauftragt, eine Kopie des echten Eismannes anzufertigen. Ob nun aber diese Geschichte der Wahrheit entspricht?

Wir wissen es ebenso wenig, wie wir die wahre Natur des »Affenmenschen« kennen. Handelte es sich um einen Neandertaler? Das berühmte Missing Link? Oder war er bloß ein Mann mit einem Gendefekt? Denken wir nur an Jo-Jo, Krao oder Julia Pastrana – es gab tatsächlich immer mal wieder Menschen, die über und über behaart waren. (Dieses Phänomen ist auch als Hypertrychose bekannt.) Ende des 18. Jahrhunderts wurden sie gern auf Jahrmärkten präsentiert ...

14

DIE ZWERGENMUMIE VON WYOMING

Im Herbst 1932 sind Frank Carr und Cecil Main in den San-Pedro-Bergen etwa 100 Kilometer südwestlich der Stadt Casper im amerikanischen Bundesstaat Wyoming unterwegs. Sie suchen nach Gold. Bislang vergeblich.

Doch eines schönen Oktobermorgens scheint sich das Blatt zu wenden. Von fern sehen sie im Gestein einer Schlucht etwas schimmern. Bestimmt eine Goldader. Sie bereiten alles für eine Sprengung vor.

Und stoßen zwar nicht auf Edelmetall – dafür aber auf etwas viel Erstaunlicheres.

Nachdem das Dynamit sein Werk getan hat, gibt der Fels den Eingang zu einer natürlichen Höhle von 4,50 Meter Länge und 1,20 Meter Höhe frei. Neugierig kriechen die beiden Glücksritter hinein.

Und reiben sich verblüfft die Augen. Auf einer Steinplatte sehen sie eine merkwürdige kleine Figur. Sie sitzt mit gekreuzten Beinen da und wirkt, als wäre sie nicht von dieser Welt. Ein Kobold? Ein Zwerg?

Als Erstes fallen die Hände ins Auge, die groß sind im Vergleich zu den sonstigen Körpermaßen. Es sind

Menschenhände mit fünf langen Fingern und winzigen Nägeln.

Im Stehen wäre die Gestalt nicht größer gewesen als 35 bis 40 Zentimeter. Ihre Körperhaut ist bronzefarben, sieht ledrig aus und uralt. Das Gesicht erinnert Carr und Main an das eines Greises. Kein Wunder, es handelt sich um eine Mumie.

Die Stirn ist recht niedrig, die Nase flach und sehr breit, während die Augen riesig wirken. Der Zwerg hat einen breiten Mund mit sehr dünnen Lippen. Merkwürdig ist auch die Kopfform: oben abnorm flach. Zudem scheint die Schädeldecke von einer seltsamen Masse bedeckt zu sein.

Merkwürdig, sehr merkwürdig.

Main und Carr nahmen die Mumie an sich und brachten sie nach Casper, wo sie großes Interesse erregte und bald einen Namen erhielt: Nach ihrem Fundort wurde sie Pedro getauft.

Da unsere beiden glücklosen Goldsucher nicht recht wussten, was sie mit dem Zwerg anfangen sollten, boten sie ihn zum Kauf an. Den Zuschlag erhielt der Autohändler Ivan Goodman.

Dieser wandte sich mit Pedro an den Anthropologen Dr. Henry Shapiro vom Amerikanischen Museum für Naturgeschichte in New York, der großes Interesse an dem Fundstück zeigte und sich bereit erklärte, die Mumie zu röntgen.

Die Aufnahmen zeigten einen Menschen im Miniaturformat. Pedro besaß, wie sich herausstellte, nicht nur innere Organe, sondern auch ein menschliches Skelett mit allem, was dazugehört. Allerdings waren das rechte Schulterblatt gebrochen und die Wirbelsäule verletzt.

Eine weitere Untersuchung ergab, dass Pedros Schädel zerschmettert war und dass es sich bei der seltsamen Masse auf dem Kopf um getrocknete Hirnmasse und Blut handelte.

Was Pedros Lebensalter betraf: Sein Gebiss war voll ausgebildet und intakt. Die Fontanellen im Schädel hatten sich längst geschlossen, woraus hervorgeht, dass es sich keinesfalls um ein Baby handeln konnte. Nach Abschluss seiner Untersuchungen kam Dr. Shapiro zu der Überzeugung, dass Pedro mit ungefähr 65 Jahren gestorben sein musste.

Doch wann hatte er *gelebt*? Mangels exakter Datierungsmethoden konnte diese Frage damals leider nicht beantwortet werden. Mit einiger Sicherheit konnte man nur sagen, dass die Mumie schon sehr alt sein musste.

Mit dem Tod Ivan Goodmans im Jahre 1950 verlor sich Pedros Spur.

Doch seine Röntgenbilder existierten weiter.

1979 wurden sie Professor George Gill vorgelegt, einem Anthropologen der Universität von Wyoming. Er vertrat die Auffassung, bei Pedro könne es sich um ein missgebildetes kleines Kind handeln, das einer sehr alten Indianerrasse angehörte. Gegen die These, dass man es mit einem Baby zu tun habe, muss jedoch eingewendet werden, dass das Gebiss vollständig entwickelt war und die Schädelknochen denen eines ausgewachsenen Menschen entsprachen.

Auch der französische Zoologe Dr. François de Sarre beschäftigte sich – 1993 – mit den Röntgenaufnahmen. Er war der Meinung, es handele sich um einen Fötus, den die

Jivaro-Indianer mit der geschrumpften Haut eines erwachsenen Mannes überzogen hätten. Das Ungeborene habe an Mikrozephalie gelitten, einer zumeist genetisch bedingten Kleinheit des Kopfes.

Irrte auch Dr. de Sarre? Nicht auszuschließen.

Der indianische Stamm der Shoshonen jedenfalls, die früher in dem Gebiet lebten, in dem Pedro entdeckt wurde, weiß von winzig kleinen kriegerischen Menschen, den »Nimerigar«, mit denen sie sich das Territorium Wyomings teilten. Sie waren angeblich so aggressiv, dass sie nicht einmal davor zurückschreckten, normal groß Gewachsene mit Giftpfeilen zu attackieren. Und was besonders interessant ist: Erkrankten Mitgliedern ihres Stammes sollen die Nimerigar den Schädel eingeschlagen haben.

Genau dieses Schicksal hatte ja auch Pedro erlitten. Gehörte er vielleicht den Nimerigar an?

Aber es werden natürlich auch noch ganz andere Spekulationen geäußert. So zum Beispiel die, Pedro sei ein mumifizierter Bewohner der »Inneren Erde«. In dieser Interpretation der Welt ist unser Planet innen hohl wie ein Überraschungsei und wird von intelligenten Wesen bewohnt. Demnach wäre Pedro eines von ihnen …

Was mich seit geraumer Zeit beschäftigt, ist die Frage nach dem Verbleib der Mumie. Sie wird sich ja nach Ivan Goodmans Tod vor mehr als 50 Jahren nicht einfach in Luft aufgelöst haben. So kam ich in Kontakt mit einem gewissen John Adolfi in den USA.

John Adolfi vom Lost World Museum und den Bibleland Studios in Phoenix hat, wie ich wusste, jahrelang nach

Pedro gesucht und für sachdienliche Hinweise sogar eine Belohnung von 10 000 Dollar ausgesetzt.

Wie er berichtete, habe er nun endlich ermitteln können, in wessen Besitz sich die Mumie derzeit befinde. Man verhandele gerade um das Recht, Pedro mit modernen Methoden näher zu untersuchen, doch leider zeige der Eigentümer im Moment noch wenig Interesse an einer Zusammenarbeit. Trotzdem strahlte Adolfi Zuversicht aus. »Wir geben nicht auf«, sagte er mir gegenüber. Auch plane er über Pedro sehr bald das Buch *The Quest for Pedro – The Mountain Mummy*, welches jedoch bei Drucklegung dieses Buches noch nicht erschienen ist.

Drücken wir also die Daumen, dass sich Pedros Besitzer endlich doch noch seiner Verantwortung bewusst wird. Die Wissenschaft wird es ihm danken.

15

DIE SCHÄDEL VON DEN STERNEN

Was mich immer wieder besonders fasziniert, sind Phänomene, die vor langer, langer Zeit in ganz unterschiedlichen Kulturen auftraten. So ist es auch mit einem sonderbaren Brauch, den unsere Vorfahren offenbar unabhängig voneinander an vielen Orten der Erde pflegten.

Ob in Ägypten, in China oder bei den mehr als 5000 Jahre alten Kulturen Südamerikas – weltweit haben archäologische Ausgrabungen menschliche Schädel zutage gefördert, die sich durch absichtlich herbeigeführte bizarre Verformungen auszeichnen. Bei diesem Phänomen, das häufig auch als »Turmschädel« bezeichnet wird, soll es sich um den Versuch handeln, einem bestimmten Schönheitsideal nachzueifern – so vermuten jedenfalls Altertumsforscher.

Um die Form des Kopfes wunschgemäß beeinflussen zu können, musste der Eingriff bereits in sehr frühen Jahren durchgeführt werden, da ja bei Kindern der Schädel noch wächst und deshalb viel weicher ist als bei Erwachsenen. Also bandagierte man ihn oder zwängte ihn in ein gepolstertes Holzgestell und presste ihn mittels Riemen oder Lederschnüren, die immer wieder nachgespannt wurden, von der Stirn aus nach hinten und/oder oben. (Im Niedersächsischen Landesmuseum in Hannover kann man sich übrigens anschauen, wie das genau vor sich gegangen sein muss.)

Ein praktischer Sinn dieser Prozedur ist nicht zu erkennen; wahrscheinlich ging es also wirklich darum, einem Schönheitsideal möglichst nahezukommen. Möglicherweise galt die merkwürdige Kopfform aber auch als eine Art Statussymbol.

Im alten Ägypten war es vermutlich Pharao Amenophis IV. aus der 18. Dynastie (um 1350 vor Christus), der den Brauch der Schädeldeformationen zu einem neuen Kult werden ließ. Der König gilt heute als Vordenker, aber auch als Ketzer und Rebell, denn er verbot alle Götter in Ägypten, schloss die Tempel und führte den Glauben an nur einen Gott, den Sonnengott Aton, ein. Als Echnaton (»Der dem Aton gefällt«) ging Amenophis IV. in die Geschichte ein. Er war der erste Herrscher, der den Horusnamen Aton im Titel führte. Zur Seite stand ihm seine berühmte Hauptgemahlin Nofretete; gemeinsam mit ihr revolutionierte Echnaton das religiöse System in ganz Ägypten. Sicher sehr zum Leidwesen der großen und mächtigen Kaste der Priester, die zuvor zahlreichen Göttern huldigten. Doch auch das einfache Volk gab wahrscheinlich seinen bisherigen Glauben nur widerstrebend auf.

Echnaton war allem Anschein nach der erste Herrscher der Welt, der einen Monotheismus – den Glauben an nur einen Gott – einführte. Wohl deshalb wird er vielfach auch mit der biblischen Figur des Moses in Verbindung gebracht.

Auf zeitgenössischen Abbildungen sind sowohl Echnaton als auch Nofretete und seine Kinder mit deformierten Schädeln zu sehen. Doch warum, wenn es sich nicht um eine Erbkrankheit handelte, wie oft angenommen?

Möglicherweise hing dies mit der Glaubensreformation des Echnaton zusammen – spekulieren einige Vertreter der Grenzwissenschaft. Ein ägyptischer Mythos berichtet angeblich, dass der in Memphis verehrte Göttervater und mächtige Schöpfergott Ptah einst Ägypten aus der Urflut gehoben habe. Und dieser Gott Ptah soll nicht nur einen kleinen Körper gehabt haben, sondern auch einen sehr großen Schädel. Nur: Solche Abbildungen von Ptah sind nicht bekannt.

Auch andere ägyptische Könige trugen eine konisch nach oben zulaufende Herrscherkrone, die an deformierte Schädel erinnern (sogenannte *coneheads*, nach der Klassifizierung des Autors Lumir G. Janku).

Auch wird übersehen, dass andere Abbildungen von Echnaton und seiner Familie vor und nach der sogenannten Amarnakunst-Periode *keine* deformierten Schädel haben. Auch Picasso malte schließlich in den 1930ern Menschen mit einem Auge auf der Stirn. Tatsächlich aber hatten sie keins.

Soweit Ägypten. Doch auch aus Asien, Mittel- und Südamerika sowie Australien wissen wir von künstlich deformierten Schädeln. Was hat es mit ihnen auf sich?

Bis heute erhalten sind Exemplare aus dem alten Peru, aber auch aus Chile und Bolivien. Lumir G. Janku, der zahlreiche von ihnen untersuchte, stellte fest, dass sich diese Schädel nicht allen durch die besagten absichtlich herbeigeführten Deformationen von den Häuptern des heutigen Menschentypus unterscheiden. Ihm fiel zum Beispiel auch auf, dass Augenhöhlen und Kiefer eine Form hatten, die sich nicht durch Bandagen oder Ledergurte allein erklären lässt. Es schien noch eine weitere Technik gegeben zu haben.

Das Museo Arqueológico R. P. Gustavo LePaige im chilenischen San Pedro de Atacama beherbergt neben vielen anderen Fundstücken aus der Atacamawüste rund 5000 Schädel, von denen eine ganze Reihe künstlich verformt wurden.

Gegründet wurde das Museum von dem belgischen Missionar Padre Gustavo LePaige, der den Ausgrabungen in der Atacamawüste Jahrzehnte seines Lebens widmete.

1975 schaffte er es sogar in die Bild-Zeitung. Damals hieß es, der Pater habe außerirdische Artefakte und Skelette gefunden. Unter der Überschrift »In Gräbern aus uralter Zeit: Tote von den Sternen« berichtete das Blatt:

»Der belgische Geistliche Gustavo LePaige ist davon überzeugt, dass menschenähnliche Lebewesen von anderen Planeten vor vielen tausend Jahren auf unserer Erde begraben worden sind. Padre LePaige lebt als Missionar in Chile. Seit über 20 Jahren betreibt er Forschungsarbeiten als Archäologe. Der 72-jährige Missionspater hat 5424 Grabstellen von Menschen freigelegt, von denen einige nach seinen Angaben vor mehr als 100 000 Jahren gestorben sind. Einem chilenischen Reporter vertraute Padre LePaige jetzt an: Ich glaube, dass in den Gräbern außerirdische Wesen mitbeerdigt wurden. Einige der Mumien, die ich fand, hatten Gesichtsformen, wie wir sie auf unserer Erde nicht kennen.«

1979/1980 machte sich Erich von Däniken auf, um den Spuren der angeblichen »außerirdischen Leichen« nachzugehen. In seinem Buch *Reise nach Kiribati* berichtete er von seinen Bemühungen, mehr über diese Story zu erfahren. Die Redaktion der Bild-Zeitung konnte ihm nicht weiterhelfen, dort lag lediglich ein Telex aus Chile vor. Später versuchte der emsige Götterforscher, über die Botschaft in Santiago de Chile Kontakt mit LePaige aufzunehmen, leider vergebens. Er war am 19. Mai 1980 verstorben.

»Man würde mir nicht glauben, wenn ich erzählen würde, was ist sonst noch in den Gräbern gefunden habe. Ich will darüber nicht sprechen, um die Welt nicht zu beunruhigen«, zitiert ihn BILD weiter. Damit ist natürlich Spekulationen Tür und Tor geöffnet. Sicher scheint jedoch, dass der Padre deformierte Menschenschädel gefunden und sie mit den Köpfen von Aliens verwechselt hatte.

Die Frage, warum Menschen die Köpfe ihrer Kinder derart brutal verformten, ist damit leider immer noch nicht geklärt. Ging es dabei tatsächlich nur um ein – weltweit verbreitetes – Schönheitsideal, wie die Archäologen sagen?

Jedenfalls scheint es sich um ein uraltes Phänomen zu handeln. Der Prä-Astronautik-Forscher André Kramer berichtet zum Beispiel, dass bereits vor 60 000 Jahren Neandertaler auf dem Gebiet des heutigen Irak solche Bräuche pflegten. Zehntausende von Jahren später scheinen sie dann – vermutlich als »Mitbringsel« der Hunnen aus Asien im 4. Jahrhundert – auch den Weg nach Bayern und Thüringen gefunden zu haben.

Hartwig Hausdorf vermutet, es könne sich um den Versuch handeln, das Aussehen der »Götter aus dem All« zu imitieren. Er schreibt:

»Doch der Mensch ahmte schon von jeher mit Hingabe alles nach – und es wäre nicht verwunderlich, wenn er nicht auch versucht hätte, das Aussehen seiner Götter nachzuahmen. Dann hätten die prägnant veränderten Köpfe keinen anderen Sinn gehabt, als aus typisch menschlicher Eitelkeit das Aussehen der außerirdischen Besucher zu kopieren.«

Archäologen verweisen darauf, dass offenbar vor allem »höher gestellte Personen« ihre Schädel als Kinder verformt bekamen. Es könnte sich also durchaus um ein Statussymbol gehandelt haben. Nicht aber um Mischwesen aus Aliens und Menschen, wie es beispielsweise der Autor Antonio Bonifacio behauptet. Allerdings …

Einen Schädel gibt es, dessen Herkunft auch fast 60 Jahre nach seiner Entdeckung heftig umstritten ist. Er wurde 1930 in einer Höhle im Nordwesten Mexikos gefunden und ist nach einer C^{14}-Datierung, die an der University of California Ende des 20. Jahrhunderts durchgeführt wurde, rund 900 Jahre alt. Es handelt sich um den Kopf eines fünf Jahre alten »Sternenkindes« (»Starchild«), den der amerikanische Grenzwissenschaftler und Forscher Lloyd Pye seit 1999 untersucht. Er vermutet:

»Das wahrscheinlichste Szenario scheint mir, dass das Sternenkind eine Kreuzung zwischen einem Menschen und einem menschlichen Außerirdischen ist.«

Pye beruft sich dabei nicht nur auf das bizarre Aussehen des Schädels, sondern auch auf eine DNA-Analyse, die Jason Eschleman vom Trace Genetics Center in San Francisco 2003 durchführte. Ihnen zufolge sei eindeutig erwiesen, dass das Sternenkind eine menschliche Mutter hatte. Das Erbgut des Vaters allerdings, so Pye, ließ sich nicht entschlüsseln.

In seinem Buch *The Starchild Skull* und auch mir persönlich gegenüber berichtete Pye, wie schwer es für ihn war, einen Wissenschaftler zu finden, der auch nur die Bereitschaft aufbrachte, den Schädel des Sternenkindes zu untersuchen. Da Pye die These vertritt, Außerirdische könnten einst in die menschliche Evolution eingegriffen haben, steht ihm die etablierte Wissenschaft äußerst skeptisch gegenüber. Lloyd Pyes Vermutung, beim Starchild könne es sich um ein Mischwesen aus Mensch und Alien handeln, steht jedoch auch im Widerspruch zu den Auffassungen der Vertreter der Prä-Astronautik, denen zufolge diese Intervention der Außerirdischen bereits vor Jahrtausenden stattfand. Der Schädel des Sternenkindes hingegen ist erst 900 Jahre alt.

Dr. Ted J. Robinson vom Medical Council of Canada, Royal College of Surgeons erklärte sich letztlich auch bereit, den Schädel in seinem Labor in Vancouver zu untersuchen. Doch auch er sah sich vor ein Rätsel gestellt. Eine solche Kopfform und eine derartige Lage der Augenhöhlen hatte er, wie er sagte, noch nie gesehen, und auch in der wissenschaftlichen Literatur fand er keinen Hinweis. Ebenfalls zu denken gab Robinson der Umstand, dass die Schädelknochen des Sternenkindes nur halb so dick und schwer waren wie bei anderen Fünfjährigen. Dafür lag das Schädelvolumen mit 1600 Kubikzentimetern um ein Viertel höher als bei gleichaltrigen Durchschnittskindern. Für Pye ein weiterer Mosaikstein seiner Alien-These. Auch Professor Ken Pye (nicht verwandt) sieht in dem »Sternenkind« ein Rätsel und gibt sogar vorsichtig zu bedenken, dass vielleicht Lloyd Pye »mit seiner außergewöhnlichen These Recht behalten könnte«.

Vollkommen anderer Meinung war der Gerichtsmediziner William Bogriguez, dem man den Schädel ebenfalls präsentierte. In der Sendung »Is it real«, ausgestrahlt vom renommierten National Geographic Channel im November 2006, vertrat er die Auffassung, die sonderbaren Deformationen des Schädels seien krankheitsbedingt (»Akrozephalie«) und ließen sich also allesamt vollkommen natürlich erklären. »Nichts an diesem Schädel weist meiner Meinung nach auf ein ›Starchild‹ hin. Das ist bloß eine menschliche Anomalie, die man schon gesehen hat«, so der Wissenschaftler.

Loyd Pye weist derlei Erklärungsversuche rundweg von der Hand. Eine solche Vielzahl von Anomalien wie beim Sternenkind seien bisher an keinem einzigen menschlichen Schädel nachgewiesen worden.

Und die Wahrheit?

Wie so viele Funde und angebliche Beweise, mit denen die Prä-Astronautik aufwartet, ist auch das Starchild nach wie vor umstritten. Wie Pye mir Mitte November 2008 mitteilte, ist aber nun eine umfassende DNA-Analyse des Schädels geplant. Die Kosten sollen sich auf unglaubliche 200 000 US-Dollar belaufen.

Auf die Ergebnisse dürfen wir gespannt sein ...

16

DAS WUNDERTUCH VON GUADALUPE

»Zehn Jahre nach der Eroberung der Stadt Mexiko, als schon die Pfeile und Schilde niedergelegt waren, als überall bei den Völkern Friede war ...« So beginnt eine aztekische Schrift aus dem 16. Jahrhundert. Sie trägt den Titel *Nican Mopohua* und berichtet von einem unerhörten Ereignis, das sich am 9. Dezember 1531 zutrug.

An diesem Tag machte sich der aztekisch-stämmige Christ Juan Diego aus Tolpetlac auf, um die heilige Messe zu besuchen. Als er am Tepeyac vorbeikam, einem Hügel, der damals noch am Rande des Stadtgebietes von Mexico City lag, hörte er vom Gipfel her wunderschöne Musik und himmlischen Gesang. Als sie verstummte, vernahm er seinen Namen. Juan Diego erklomm den Hügel. Am Gipfel angekommen sah er sich einer bildschönen weiblichen Gestalt gegenüber.

Das »Edelfräulein« stellte sich als heilige Maria vor und bat Juan, beim Bischof (P. Juan de Zumárraga, 1468–1548) den Bau einer Kirche zu erwirken, genau hier auf dem Tepeyac.

Natürlich kam er diesem Wunsch unverzüglich nach. Doch

der Bischof war misstrauisch und forderte Juan auf, noch einmal genau über das Gehörte nachzudenken.

Er begab sich zum Tepeyac zurück und es kam zu einer zweiten Marienerscheinung, bei der ihm beschieden wurde, den Bischof ein weiteres Mal aufzusuchen und seiner Forderung mehr Nachdruck zu verleihen.

Also sprach er erneut beim Bischof vor, der jedoch immer noch nicht überzeugt war, dass der Azteke die Wahrheit sprach. Er solle einen Beweis dafür erbringen, dass er tatsächlich »von der Königin des Himmels persönlich gesandt« wurde.

Und so zeigte sich Maria Juan ein drittes Mal. Am nächsten Tag, beschied sie ihm, solle er sich wieder auf dem Tepeyac einfinden, dann bekäme er den verlangten Beweis.

Nun wuchsen auf dem Hügel damals höchstens ein paar Kräuter, und es war sehr kalt im Dezember, auch in Mexiko. Doch an dem Tag, an dem Juan sein »Zeichen« erhalten sollte, gab es dort plötzlich die herrlichsten Blumen. Er pflückte sie, und die Madonna legte sie ihm in seinen Umhang, die »Tilma«.

Als Juan dem Bischof, der diesmal nicht allein war, seinen dritten Besuch abstattete, geschah das eigentliche Wunder von Guadalupe:

»Und dann breitete er seine weiße Tilma aus, in die hinein sie die Blumen gelegt hatte. Und sobald die verschiedenen kostbaren Blumen zu Boden fielen, da verwandelte die Tilma sich dort in ein Zeichen, es erschien plötzlich das geliebte Bild der Vollkommenen, der heiligen Jungfrau Maria. (...) Und als der regierende Bischof es sah, und alle die dort waren, knieten sie nieder, bewunderten sie es sehr.«

Auf der 55 Zentimeter breiten und 1,43 Meter langen Tilma erschien das Bild der Jungfrau Maria! Wahrlich, ein Wunder. Jetzt zögerte der Bischof keine Sekunde mehr, am Ort der Erscheinung eine Kapelle zu errichten. Am 26. Dezember 1531 wurde das Bildnis der Madonna feierlich hineingetragen.

Der erste Papst, der das Wunder von 1531 offiziell anerkannte, war Benedikt XIV. (1675–1758). Aber auch spätere Päpste zeigten sich von der Echtheit der Erscheinung überzeugt, so zum Beispiel Johannes Paul II. (1920–2005), der Juan Diego, den Seher von Guadalupe, 1990 selig und 2002 sogar heilig sprach.

Das Bildnis auf der Tilma existiert heute noch – allein das schon mutet wie ein Wunder an. Denn eigentlich hält der Stoff, aus dem der Umhang hergestellt wurde, kaum länger als 20 bis 25 Jahre. Doch bis heute sind an dem Gewebe keinerlei Spuren von Abnutzung irgendeiner Art zu erkennen. Jahrhundertelang haben fromme Menschen den Stoff, der offen in der Kapelle ausgestellt war, geküsst und mit den Händen berührt, sie haben in seiner unmittelbaren Nähe Weihrauch verbrannt; vor dem Bildnis wurden zahllose Kerzen angezündet, und mitunter hüllte man Kranke in das Tuch ein.

Auch die Farben des Bildes sind heute noch kräftig und frisch, was schon allein im Hinblick auf die ultraviolette

Strahlung des Kerzenlichts eigentlich ein Ding der Unmöglichkeit ist.

1936 wurden Professor Richard Kuhn (1900–1967), dem späteren Nobelpreisträger für Chemie, eine gelbe und eine rote Faser des Stoffes zur Analyse vorgelegt. Nach eingehenden Untersuchungen legte er sein Ergebnis vor: In den Proben waren weder tierische noch mineralische oder pflanzliche Farbstoffe nachzuweisen. Merkwürdig!

Kuhns Fazit bestätigte sich 1946, als das gesamte Tuch unter dem Mikroskop untersucht wurde. Und das Verblüffende daran: Es ließen sich keinerlei Pinselspuren erkennen – um ein »Gemälde« im herkömmlichen Sinn kann es sich bei diesem Marienbildnis also unter keinen Umständen handeln.

Zum selben Ergebnis kam der Physiker Professor Francisco Camps Rivera, der das Material gleich zweimal untersuchte, 1954 und 1966.

Den endgültigen Nachweis dafür, dass kein Falsifikat vorliegt, erbrachten 1979 der Biophysiker Philipp Callaham und seine Kollegin Jody Smith. Anhand von Infrarotuntersuchungen wiesen sie nach, dass das Bild keine Untermalung oder Grundierung besitzt. Darüber hinaus sei das Motiv auf dem Tuch nicht durch eine Glasur oder dergleichen vor Umwelteinflüssen geschützt, was angesichts seines hervorragenden Zustandes erstaunlich ist. Auch eine Leimung schlossen Callaham und Smith aus. Mehr noch: Zwischen den einzelnen Fasern fanden sie gar nichts, weder Farbe noch sonst irgendein Material. Alles in allem sprachen sie von einem »fantastischen« Phänomen. Hatten tatsächlich Mitarbeiter von Kodak Recht, die bereits 1963 davon sprachen, das Abbild der Madonna habe »den Charakter einer Fotografie«? Erklären konnten sie es sich allerdings auch nicht.

Doch betrachten wir jetzt das Bild auf dem Umhang selbst.

Der mexikanische Fotograf Alfonso Gonzales meinte bereits 1929, etwas Verblüffendes darin entdeckt zu haben: In den Augen der Mutter Maria, so kam es ihm vor, sei ein menschliches Gesicht zu erkennen. Er machte auch die kirchlichen Behörden auf seine Beobachtung aufmerksam. Doch diese reagierten nicht.

Jahrzehnte später, am 29. Mai 1951, griff der Grafiker Carlos Salinas Gonzales Hinweis auf und stellte eigene Untersuchungen an. Tatsächlich: In Marias rechter Pupille nahm er das Abbild eines Mannes mit Bart wahr. Ohne zu zögern unterrichtete er Luis Maria Martinez, den Erzbischof von Mexiko-City. Diesmal reagierte die Kirche sofort. Der Erzbischof richtete eine Sonderkommission ein, die das Abbild genauer untersuchen sollte. Am 11. Dezember 1955 bestätigten die Herren das Vorhandensein eines menschlichen Gesichtes in Marias rechtem Auge. Dabei müsse es sich wohl um das Konterfei Juan Diegos handeln.

Ein halbes Jahr später verifizierten die Augenärzte Dr. Javier Torroelle Bueno und Rafael Torifa Lavoignet diese Ergebnisse nicht nur, sondern fügten auch noch eine wichtige Information hinzu: Lavoignet wies darauf hin, dass die Abbildungen, die in den Augen der heiligen Madonna zu erkennen sind, genau der Spiegelung entsprechen, die auch am echten menschlichen Auge beobachtet werden kann.

Doch damit der erstaunlichen Entdeckungen nicht genug. Dr. C. Wahlig und seinem Team gelang es, die Spiegelung weiterer Personen und ihre Anordnung im Raum nachzuweisen. Der Augenarzt vermutet, dass es sich bei der Szene, die sich in den Augen der Jungfrau Maria widerspiegelt, um die Reflexion des Wunders im Büro des Bischofs handelt.

Die letzte Untersuchung der Augen des Madonna-Bildnisses führte der Augenarzt Dr. Jorge Padilla 1986 durch. Mittels Computeranalysen und Aufnahmen durch ein Elektronenmikroskop konnte er Wahligs Befund in vollem Umfang bestätigen.

Bei einer Begegnung mit Papst Benedikt XVI. im Dezember 2007 anlässlich des Erscheinens meines Buches *Das Wunder von Guadalupe* bestätigte mir der Heilige Vater, er finde das Thema »ausgesprochen interessant«. Und in der unterirdischen Krypta im Vatikan, in der die Päpste bestattet werden, befindet sich nur eine Kapelle mit einem Bild: die zu Ehren der Jungfrau von Guadalupe mit ihrem Bildnis. Ein Beweis für den Stellenwert, den das Wundertuch für die katholische Kirche hat.

Die Ereignisse von Guadalupe sind vom Vatikan als Wunder anerkannt. Und wir haben ein »greifbares« Zeugnis davon. Alle Untersuchungen des Bildes weisen darauf hin, dass es sich dabei tatsächlich um ein Phänomen handelt, das nicht mit »normalen« Maßstäben zu bewerten ist.

Hinzu kommt: Dem Bildnis selbst wird wundertätige Wirkung zugesprochen. Ihm werden Heilerfolge nachgesagt, und auch das Wasser der Quelle, die am Ort der

Erscheinungen entspringt, soll der menschlichen Gesundheit förderlich sein.

Doch das größte »Wunder« ist wohl die Tatsache, dass das Bild der heiligen Jungfrau gerade zu der Zeit erschien, als das Volk der Azteken seine schlimmsten Jahre durchmachte. Innerhalb von ungefähr 40 Jahren zerschlugen die spanischen Eroberer nicht nur eine riesige Zivilisation, sondern waren auf dem besten Weg, fast die gesamte aztekische Population auszulöschen. Dann kam das Wunder. Und über neun Millionen Azteken traten zum Christentum über.

17

DIE BAGDAD-BATTERIE

Manchmal sind die unscheinbarsten Funde die faszinierendsten – ein Tongefäß zum Beispiel wie das, das 1936 bei Ausgrabungen am Hügel Khujat Rabu'a südöstlich von Bagdad gefunden wurde.

Es maß nur 18 Zentimeter in der Höhe und stammte von den Parthern, einem altiranischen Volk, das sich ab dem dritten Jahrhundert vor unserer Zeitrechnung in Mesopotamien zu verbreiten begann.

Im Inneren des vasenartigen Gefäßes befand sich ein neun Zentimeter langer Hohlzylinder aus Kupferblech und darin wiederum ein völlig oxidierter Eisenstab.

Die Frage, was es mit dieser merkwürdigen Gerätschaft auf sich haben könnte, bewegt die Gemüter nun schon seit über 70 Jahren, und noch immer lässt sie sich nicht zweifelsfrei beantworten.

Der Erste, der Vermutungen äußerte, war der Archäologe Wilhelm König, seinerzeit Mitarbeiter des Irakischen Nationalmuseums. 1938 stellte er in *Forschungen und Fortschritte*, dem »Nachrichtenblatt der deutschen Wissenschaft und Technik«, eine atemberaubende These auf: Bei der Tonvase könne es sich um eine Art Batterie gehandelt haben – und das vor 2000 Jahren! –, die die Parther vielleicht sogar zur Galvanisierung (in diesem Fall: Vergoldung) kleiner Gegenstände benutzten. Dabei bezog sich König auf archäologische Funde hauchdünn vergoldeter Objekte aus der Gegend um Bagdad, die etwa zwischen dem zweiten und dem vierten Jahrhundert entstanden und sich keinesfalls durch Hammer- und Feuervergoldung erklären lassen (dafür ist der Überzug viel zu zart und fein).

König hielt es also durchaus für denkbar, dass die Parther mithilfe der »Bagdad-Batterie«, wie die Vase heute gemeinhin genannt wird, kultische Figuren vergoldeten.

Doch andere Anwendungen schloss er ebenfalls nicht aus. So könne der Inhalt der Tonvase etwa auch für medizinische Zwecke genutzt worden sein, zum Beispiel zur Reinigung von Trinkwasser.

Der erste Versuch, Königs spektakuläre These zu überprüfen, wurde 1960 unternommen. Um nachzuweisen, dass die »Vase« tatsächlich in der Lage war, elektrische Spannung zu erzeugen, fertigte John B. Pierczynski, Universität von North Carolina, ein Modell der Bagdad-Batterie an, gab als Elektrolyt eine 0,5-prozentige Essiglösung hinzu – und siehe da: Das Voltmeter zeigte 0,5 V Spannung an. Das ist nicht viel, aber immerhin …

Ein ähnlicher Versuch wurde 1978 in Hildesheim unternommen. Im Rahmen einer Mesopotamien-Ausstellung zeigte das Roemer- und Pelizaeus-Museum an die 200 Leihexponate aus dem Nationalmuseum von Bagdad. Der damalige Museumsdirektor Dr. Arne Eggebrecht nahm dies zum Anlass, dem Publikum ebenfalls einen Nachbau der Bagdad-Batterie zu präsentieren. So konnten die Besucher der Ausstellung also nicht nur das Original betrachten, sondern sich anhand des Modells auch davon überzeugen, dass es wirklich funktioniert. (In Hildesheim maß man 0,87 Volt und eine Stromstärke von 0,015 Ampere.)

Nachdem Dr. Eggebrecht an der Tauglichkeit des Gerätes als (wenn auch wenig leistungsstarke) Batterie nun keine Zweifel mehr hatte, wollte er gern erfahren, ob es sich womöglich tatsächlich auch zu Galvanisierungs- bzw. Vergoldungszwecken eignete. Zu diesem Zweck luden er und einige Kollegen im September 1978 unter anderem Batterie-Experten von Bosch ein, um unter ihren Augen ein Experiment durchzuführen. In den Nachbau der »Vase« füllten Dr. Eggebrecht und sein Kollege Rolf Schulte diesmal Traubensaft – es entstand eine elektrische Spannung von 0,5 Volt. Dann verbanden sie ihn mit einer Galvanisierungswanne, in die sie eine kleine silberne Figur tauchten. Nach zweieinhalb Stunden waren die Anwesenden verblüfft: Die Figur war wirklich und wahrhaftig mit einer rund 0,1 Mikrometer dünnen Goldschicht überzogen.

Eine Frage allerdings ergibt sich doch: Zur Vergoldung auf dem Wege der Galvanisierung benötigt man eigentlich eine Lösung aus »Goldsalzen«, die, soweit man heute weiß, zur Zeit der Parther noch gar nicht bekannt war.

Die Bagdad-Batterie von Khujat Rabu'a ist nicht das einzige rätselhafte Tongefäß, das in den Dreißigerjahren des vorigen Jahrhunderts gefunden wurde. Berichtet wird von vier ähnlichen Behältern, die 1930 bei Grabungen in Tel Umar in Seleukia zum Vorschein kamen. Drei von ihnen enthielten ebenfalls einen Kupferblechzylinder, dieser war jedoch – im Unterschied zum Fund von Khujat Rabu'a – nicht an beiden Seiten verschlossen.

1931/32 dann wurden in Ktesiphon, der einstigen Hauptstadt der Parther, weitere sechs Krüge bzw. Flaschen ähnlicher Art entdeckt. (Dort soll es übrigens bereits drei Jahre zuvor zum ersten Fund solcher Gegenstände gekommen sein.)

Doch nur von dem Fundstück aus Khujat Rabu'a scheint erwiesen, dass sie eine elektrische Spannung erzeugen konnte, nicht zuletzt, weil sie aus zwei verschiedenen Metallen, Kupfer und Eisen, bestand. Als Einziges enthielt die Bagdad-Batterie, wie eingangs erwähnt, einen Zylinder aus Kupferblech. Am Rand war er mit Erdpech bzw. Bitumen verklebt. In der kupfernen Hülse steckte – ebenfalls verklebt – ein (erodierter) Eisenstab, dessen obere Spitze einstmals offenbar mit Blei überzogen war. All das macht den Gegenstand von Khujat Rabu'a so einzigartig.

Archäologen haben jedoch herausgefunden, dass sich die Tongefäße von Khujat Rabu'a und die von Seleukia in einer recht ähnlichen und offenbar bewussten Anordnung im Erdreich befanden.

Der Phänomene-Forscher Jörg Dendl berichtete in einem Aufsatz für die deutsche Zeitschrift *G.R.A.L.* 1997 ebenfalls über die Batterie von Bagdad und die anderen gefundenen Vasen. Seine Recherchen ergaben, dass die Funde von Ktesiphon innen andersartige Bleche enthielten.

»[…] *die kleinen Bleche des Ktesiphon-Fundes* [waren] *spiralig zusammengerollt, wobei sich dazwischen auch noch Papyrus befand.*«

Dendl bezieht sich dabei auf einen Artikel Emmerich Paszthorys in *Antike Welt*, in dem es heißt, dass die zehn einzelnen und gerollten Bleche innerhalb der »Vasen« von einem »faserigen Material aus Zellulose« getrennt wurden. Dass sie die Funktion einer Batterie erfüllte(n), ist mithin auszuschließen. Jedoch darf man spekulieren – mehr allerdings nicht, denn nähere Einzelheiten der Fundstücke sind unbekannt –, dass es sich um eine Art Kondensator gehandelt haben könnte. Das heißt, die mutmaßlichen Papyri zwischen den Metallblechen dienten möglicherweise als Isolator. (Auch unsere heutigen Kondensatoren bestehen ja aus zwei gewickelten Leitern, Elektroden, die von Nichtleitern, den sogenannten Dielektrika, getrennt werden.) Diese Vermutung muss jedoch so lange dahingestellt bleiben, bis konkrete und detaillierte Beschreibungen dieses Fundes vorliegen.

Archäologen sprechen jedoch davon, dass auf den Papyri Heilswünsche gestanden haben könnte. Demnach ging es gar nicht um Technik, wie in der Grenzwissenschaft mitunter vermutet wird.

Die Bagdad-Batterie lag bis zum Irak-Krieg 2003 im berühmten Irakischen Nationalmuseum, das bekanntlich während des Krieges von Plünderern verwüstet wurde. Dabei kamen zahlreiche Kunstgegenstände abhanden, die fragliche Vase aber vermutlich nicht, jedenfalls steht sie nicht auf der Liste vermisster Gegenstände. Wir können also mit einigem Recht davon ausgehen, dass sie auch heute noch in Bagdad aufbewahrt wird.

Doch welcher Funktion sie letztlich wirklich diente, muss leider im Moment noch offenbleiben.

Wir wissen, dass sich die Bagdad-Batterie im Unterschied zu den anderen gefundenen Tongefäßen als galvanisches Element eignete. Als Batterie für den Alltagsgebrauch hat sie allerdings mit Sicherheit nicht gedient.

Und wir wissen, dass sie eine – wenn auch geringe – elektrische Spannung erzeugen konnte. Wofür diese genutzt wurde? Möglicherweise für religiös-magische Zwecke, wie Dr. Paul Craddock, Metallurge am Department of Scientific Research des Britischen Museums, mutmaßt. Vielleicht waren mehrere solcher Batterie-Vasen in einer Metallfigur (dem Abbild eines Gottes vielleicht) verborgen, sodass sie unter Spannung stand. Jede Berührung hätte unter diesen Umständen zu einem kleinen elektrischen Schlag geführt – für Gläubige der Beweis, dass da höhere Mächte am Werk waren.

Doch beweisen lässt sich leider auch diese These nicht. Schade eigentlich.

18

LICHT FÜR DEN PHARAO?

Kannten (auch) die alten Ägypter bereits elektrischen Strom, Glühbirnen gar? Peter Krassa (1938–2005), Reinhard Habeck und einige vor ihnen behaupteten es jedenfalls und stehen mit dieser Auffassung nicht allein.

Der Beweis?

Als Indiz gilt den Autoren ein Wandrelief im Hathor-Tempel von Dendera, gute 60 Kilometer von Luxor entfernt. Dort ist die Abbildung von etwas zu sehen, was manche Grenzwissenschaftler als Glühbirne identifizierten.

Bereits vor über 30 Jahren hat der dänische Autor Tons Brunés in seinem Buch *Energien der Urzeit* auf das sonderbare Relief in Dendera hingewiesen. Auch Bestsellerautor Charles Berlitz berichtete bereits 1974 in seinem Weltbestseller *Das Bermuda-Dreieck* von dieser Darstellung. Auch er spekulierte über elektrische Lampen.

Die Entstehungszeit des Hathor-Tempels ist umstritten: Archäologen sagen, er stammt aus dem ersten Jahrhundert vor Christus. Autoren wie etwa John Anthony West verweisen auf den Umstand, dass der Hathor-Tempel nach einem Plan aus uralten, unbekannten Zeiten errichtet wurde. Auch Professor Dieter Arnold, Kurator der ägyptischen Abteilung des Metropolitan Museums in New York, verweist darauf, dass der heute zu sehende Tempel in Dendera lediglich ein Neubau aus dem ersten Jahrhundert vor Christus ist.

Wie dem auch sei, angesichts der Tatsache, dass die Glühbirne, wie wir sie heute kennen, erst Ende 1871 erfunden wurde, wäre auch das noch erstaunlich.

In einer unterirdischen Krypta des Hathor-Tempels sieht man Gestalten, bei denen es sich um Priester und Hilfspersonal handeln könnte. Sie scheinen mit tropfenförmigen Gegenständen befasst, die möglicherweise aus Glas bestehen und in der Tat an überdimensionale Glühbirnen erinnern. Jede von ihnen mündet in eine Lotusblüte, die sich als Fassung interpretieren ließe. Der Stiel der Blüte – das Kabel, wenn man so will – führt in einen rechteckigen Kasten, bei dem es sich, folgt man den Befürwortern der Glühbirnen-These, um eine Art Generator oder Energiespeicher handeln könnte. Im Inneren des tropfenförmigen Körpers windet sich eine Schlange, einem Glühfaden nicht ganz unähnlich.

Die gesamte Apparatur steht auf einem sogenannten Djed-Pfeiler, einem weitverbreiteten Hieroglyphen-Symbol, dessen Bedeutung mit »Beständigkeit«, »Stabilität« bzw. »Dauer« angegeben wird. Alles zweifellos Eigenschaften, über die unsere modernen Hochspannungsisolatoren auch verfügen – und genau daran fühlen sich viele erinnert, wenn sie die Abbildung im Tempel von Dendera betrachten. (Wobei man allerdings sagen muss, dass diese Hieroglyphe – die Abstraktion eines unbelaubten Baumes oder auch eines Palmwedels – in anderen Darstellungen nicht das Geringste mit irgendeiner Form von Elektrizität zu tun hat.)

Sollte es sich bei dem Relief im Tempel der Hathor tatsächlich um die Abbildung einer Glühbirne handeln, müsste sie aus Glas bestehen. Was nicht auszuschließen ist – denn dass die Ägypter bereits ungefähr um 1600 v. Chr. über die Fähigkeiten der Glasherstellung verfügten, ist bekannt. (Bei einem Besuch des Münchner Staatlichen Museums Ägyptischer Kunst kann man sich davon überzeugen, dort steht das vermutlich älteste zeitlich sicher zu bestimmende Glasgefäß der Welt, eine Art Vase aus dem Besitz Thutmosis' III.)

Zweifel an der These von einer Glühlampe müssen dennoch erlaubt sein.

Nimmt man die Größe der abgebildeten Figuren als Maßstab, dürfte das fragliche Objekt eine Länge von etwa 2,50 Meter und einen Durchmesser von 50 Zentimetern gehabt haben. Die Implosion einer solchen Glühbirne wäre einer Katastrophe gleichgekommen. (Einmal ganz abgesehen von der Frage, wie es wohl gelungen sein mochte, das notwendige Vakuum im Inneren zu erzeugen.)

Indes, um die These von der Glühbirne weiter zu untermauern, berufen sich ihre Befürworter auch auf die Inschriften an den Wänden der Krypta des Hathor-Tempels.

Der Hamburger Ägyptologe Dr. Wolfgang Waitkus übersetzte sie in den Neunzigerjahren des letzten Jahrhunderts. Demnach beschreiben die Texte angeblich lediglich Kultgegenstände, die in der Krypta einst lagerten. »Moderne

Deutungen« besagten, dass die Übersetzungen eben doch technisch interpretierbar sind. Etwa wird beschrieben, dass der Strang, der von der Lotosblüte (mutmaßlich die »Fassung«) zum »Generator« führt, aus Gold und Kupfer bestand. Wie moderne Kabel. Ebenso, dass durch »göttliche Anweisungen« der Austritt der Schlange aus der Blüte zur »erhabenen Vollkommenheit« bewirkt werden kann.

Sind diese Hinweise, vage wie sie sind, eventuell als so etwas wie eine Gebrauchsanweisung der Lampe zu lesen? Grenzwissenschaftler und Ägyptologen-Befürworter streiten sich energisch über diese Frage.

Schon zu Beginn der Achtzigerjahre nahm der Wiener Elektrofachmann Diplomingenieur Walter Garn die Abbildung beim Wort und zum Anlass, ihre Funktionstüchtigkeit als Glühbirne zu überprüfen. Und es klappte, es kam tatsächlich zu einem elektrischen Überschlag. Allerdings dürfte es sich, so Garn, im Tempel nicht um die Abbildung einer Lampe zur alltäglichen Beleuchtung handeln. Das erzeugte Licht war so schwach, dass man höchstens an eine rituelle Verwendung denken könne. Eine Art magische Leuchte vielleicht.

Und woher kam eigentlich der Strom für die Funzel?

Auf den meisten Wandreliefs mündet das »Kabel« der Lotusblüte in einem rechteckigen Behälter. Sollte es sich dabei tatsächlich um einen Generator handeln, erhebt sich die Frage, wie die Spannung darin erzeugt wurde.

Walter Garn vermutet sogar, dass zu jener Zeit eine Art Bandgenerator bekannt war. Er habe möglicherweise als Energiequelle gedient. Der US-Amerikanische Physiker

Robert Jemison Van de Graaff (1901–1967) entwickelte ein solches Gleichstromgerät 1929. Walter Garn erklärte seine Vermutung:

»Mit sogenannten Bandgeneratoren, ähnlich jenen von Van de Graaff, lassen sich bis zu zehn Millionen Volt erzeugen. Aus dieser Erkenntnis heraus ist abzuleiten, dass auch mit primitiveren elektrostatischen Generatoren Spannungen hergestellt worden sein könnten, die damals einige hunderttausend Volt erreichten.«

Möglicherweise, so wird vermutet, schaltete man zur Energiegewinnung viele der bei Bagdad gefundenen Tonbatterien (s. voriges Kapitel) zusammen. Ein technischer Aufbau, der zum Beispiel im »Mystery Park« in Interlaken, Schweiz, symbolisch als Modell gezeigt wurde. Doch selbst wenn man davon ausgeht, dass es sich bei dem irakischen Fundstück tatsächlich um eine Batterie handelt: Ihre Leistung war minimal. Um auch nur eine einzige 1-Watt-Glühbirne zu betreiben, hätte es schätzungsweise 40 solcher Batterien bedurft. Doch wurde in Ägypten nie eine gefunden.

Ein weiteres Relief an den Wänden des Tempels zeigt eine andere technisch gedeutete Apparatur. Hierbei handelt es sich Vermutungen nach offenbar um eine Galvanisierung. Von einem nach unten dünner werdenden Element, dessen unterer Teil sehr stark an einen Querschnitt durch eine Zitrusfrucht erinnernd, führen von einer Klemme vier Kabel weg. Diese Kabel enden jeweils in einem Halter mit einer »Elektrode«, von denen immer zwei kurzgeschlossen zu sein scheinen.

Aber vielleicht stimmt das ja auch alles gar nicht.

Vielleicht handelt es sich bei den vermeintlichen Glühbirnen im Hathor-Tempel zu Dendera doch eher, wie Archäologen vermuten, um eine stilisierte Darstellung des Morgenhimmels. Dann wäre der »Glühfaden« (die Schlange) ein Abbild des Gottes Harsomtus. Und das »Kabel«, also der Stiel der Lotusblüte, die himmlische Sonnenbarke.

Oder stimmt gar beides? Der Streit dauert an.

19

DER MECHANISMUS
VON ANTIKYTHERA

Irgendwo im Mittelmeer vor der Küste der Insel Antikythera zwischen Kreta und Kythira. Nach neuestem Kennt-
nisstand waren es Schatzräuber, die Ostern 1900 in rund
40 Meter Tiefe auf das Wrack eines griechischen Handels-
schiffes stießen, und nicht Schwammtaucher, wie man
lange dachte.

Doch das wird – dies nur am Rande – nicht das einzige
Mal sein, dass die wissenschaftliche Welt ihre Auffassung
den Fund betreffend korrigieren muss.

Die griechischen Behörden, die von der Entdeckung erfuhren, schickten Archäologen und Taucher an die Fundstelle.
In den folgenden Monaten bargen sie zahlreiche Amphoren,
Marmor- und Bronzefiguren sowie diverse Handelsgüter
und brachten sie zwecks Reinigung und Archivierung ins
Archäologische Nationalmuseum nach Athen. Aufgrund der
an Bord des Wracks befindlichen Waren wurde das Schiff
dort zunächst auf rund 80 vor unserer Zeitrechnung datiert. Wie man heute vermutet, ist es allerdings wahrscheinlich 20 bis 70 Jahre älter.

Inmitten all der mehr oder weniger eindeutig identifizierbaren Gegenstände aus dem Inneren des Schiffes entdeckte der Archäologe Valerios Stais (1857–1923) auch vier Metallbrocken, deren Verwendungszweck sich weniger leicht erschließen ließ, irgendeine Apparatur mit mehreren Zahnrädern.

Was Stais in den Händen hielt, der Mechanismus von Antikythera, war ein analoger Rechner, der erste Computer der Welt. Doch das wird sich erst ein gutes halbes Jahrhundert später herausstellen.

Es blieb dem Wissenschaftshistoriker Derek de Solla Price (1922–1983) von der Yale Universität in New Haven vorbehalten, den Fund als das zu erkennen, was er war: eine Sensation.

Ursprünglich, so fand de Solla Price heraus, muss sich der Mechanismus aus Bronze wohl in einem etwa 30 Zentimeter hohen Holzkasten befunden haben. An der Vorderseite gab es eine Skala, anhand derer der Benutzer mithilfe von Schleifringen das ägyptisch-griechische Kalenderjahr mit zwölf Monaten à 30 Tagen plus fünf zusätzlichen Tagen (also exakt 365) ablesen konnte. Weiter zeigte sich, dass bestimmte Einstellungen den Stand von Sonne und Mond wiedergaben.

Zusammenfassend veröffentlichte der Wissenschaftshistoriker seine Erkenntnisse in einem Artikel unter der Überschrift »An Ancient Greek Computer«, der 1959 in *Scientific American* erschien.

Demnach konnte man mit dem Gerät die Bewegungen der im ersten Jahrhundert bekannten Planeten, Sonnenaufgänge, Mondphasen, Tagundnachtgleichen sowie die Mondwenden von etwa 18 Jahren (zuletzt war dies 2006 der Fall) berechnen. Außerdem zeigte es die zwölf synodischen Mondjahre an.

Am erstaunlichsten aber ist bis heute die Tatsache, dass der Mechanismus bereits auf einem Differenzialgetriebe beruhte, einem der komplexesten mechanischen Systeme, die wir kennen. Erst 1828 wurde es zum Patent angemeldet. Lange hatte man gedacht, Leonardo da Vinci (1452–1519) habe es erdacht, doch nach dem Fund von Antikythera muss man sagen: Er hat es nur wiederentdeckt.

De Solla Price vermutete, der griechische Mathematiker und Astronom Geminos von Rhodos (1. Jahrhundert vor Christus) könne den Mechanismus erfunden haben. Fachkollegen widersprachen dieser These. Im ersten Jahrhundert vor unserer Zeitrechnung habe man zwar über das astronomische Wissen verfügt, das sich in der Apparatur niederschlage, nicht aber über die technischen Fähigkeiten, die erforderlich sind, um ein solches Gerät bauen zu können.

Im Jahr 1971 erst wurde der seltsame Fund von der griechischen Atomenergiekommission mit Röntgen- und Gammastrahlen näher unter die Lupe genommen. Dabei verdunkelte sich die Herkunft des Mechanismus jedoch noch weiter. Allan Georg Bromley (1947–2002), ein Informatiker aus Australien, und der Uhrenhersteller Frank Percival rekonstruierten erstmals Teile des »Vorzeit-Computers«. Dabei wurde klar, dass man das Fundstück erneut genaueren Röntgen-Analysen unterziehen muss, die 1993 von Bernhard Gardner, einem Studenten Bromleys, durchgeführt wurden. Zusammen mit Michael Wright, dem Kurator des Wissenschafts-Museums in London, fertigte Gardner daraufhin 2002 einen Nachbau des Mechanismus an. Inzwischen befinden sich in Athen, Kassel und Bozeman, Montana, USA, Rekonstruktionen des Analog-Computers.

2005/2006 wurde unter dem Titel Antikythera Mechanism Research Project ein weiterer Versuch gestartet, Näheres über den Rechner herauszufinden. Dazu taten sich Hewlett-Packard, X-Tek Systems, die Universität von Wales, das Athener Archäologische Nationalmuseum sowie verschiedene griechische Hochschulen zusammen. Finanziert wurde das ehrgeizige Vorhaben von der Kulturstiftung der griechischen Nationalbank.

Als die beteiligten Wissenschaftler 2006 erste Arbeitsergebnisse veröffentlichten, schlussfolgerte der Astrophysiker Xenophon Moussas von der Universität Thessaloniki, nun müssten »große Teile der Mathematik-Geschichte und der Astronomie umgeschrieben werden«.

Unter anderem hatte sich gezeigt, dass mithilfe des zu untersuchenden Objekts sogar die ziemlich exakte Berechnung von Mond- und Sonnenfinsternissen möglich war. Insgesamt sei der Mechanismus von Antikythera vielschichtiger als alles, was in den folgenden tausend Jahren erfunden wurde. So berichtete jedenfalls Tony Freeth im Wissenschaftsmagazin Nature.

Ferner befanden sich auf dem Gerät Schriftzeichen, die man nun zu 95 Prozent habe entschlüsseln können. Wie sich herausstellte, handelte es sich dabei um eine Art Bedienungsanleitung des Rechners, dessen Urheber im Übrigen der Astronom, Philosoph und Geschichtsschreiber Poseidonios (135 bis 51 vor Christus) gewesen sein könnte, der auf Rhodos gelebt hatte.

Diese Vermutung wurde indes schon Ende Juli 2007 wieder infrage gestellt, als die Forschungsgruppe ihre neuesten Ergebnisse veröffentlichte. Da es inzwischen gelungen war, die zwölf korinthischen Monate auf dem Mechanismus nachzuweisen, verortete man seinen Erfinder nun nicht mehr auf Rhodos, sondern stattdessen in Korinth.

Auch hatten die Forscher die Daten von fünf Olympischen Spielen auf dem Computer gefunden sowie ein weiteres Ereignis, auf das sie sich bis zu diesem Zeitpunkt noch keinen Reim machen konnten.

Es bleibt also offenbar noch einiges zu entdecken.

Versuchen wir uns an einer Zusammenfassung der Fragen, die der Fund von Antikythera auch heute noch aufwirft.

1500 Jahre vor der Erfindung der mechanischen Uhr existierte in Griechenland ein erstaunliches Rechengerät, ein komplizierter Zahnradmechanismus, von dem Wolfram Lippe (Universität Münster, Institut für Informatik) meint, es ähnele »einem modernen Analogcomputer, der mechanische Teile benutzt, um Berechungen zu speichern«.

Warum fand sich dieses Gerät ausgerechnet in einem unscheinbaren Frachter? Ist daraus zu schließen, dass derartige »Computer« seinerzeit zur gewöhnlichen Ausstattung von Schiffen gehörten? Aber warum ist dann nie ein weiteres Exemplar gefunden worden? Und warum gibt es nicht einmal zeitgenössische Dokumente, die davon berichten?

Robert Charroux (eigtl. Robert Gurgeau, 1909–1978), ein früher Vertreter der These von den »Astronautengöttern«, der sich in seinem Buch *Unbekannt – Geheimnisvoll – Phantastisch* (1970) auch dem Fund von Antikythera widmete, meint, Außerirdische von der Venus hätten der Erde seinerzeit sogar die Atomuhr gebracht. Und was wäre dagegen schon so ein kleiner Rechner wie der aus Griechenland. Aber auch Erich von Däniken stellte sich bereits in *Meine Welt in Bildern* (1973) die Frage: »Von welchem außerirdischen Paten stammt dieses kleine aufmerksame Geschenk?«

Nun, der Mechanismus von Antikythera war seiner Zeit zwar weit voraus – aber außerirdischen Ursprungs? Das dann wohl doch nicht. Vielmehr ist er ein Beweis dafür, dass die astronomischen und mechanischen Kenntnisse unserer Vorfahren bereits im letzten Jahrhundert vor unserer Zeitrechnung viel größer waren, als wir es uns je hätten vorstellen können. Und das ist schon erstaunlich genug.

20

ALUMINIUM AUS DER URZEIT?

Wir schreiben das Jahr 1974 und befinden uns etwa zwei Kilometer östlich der rumänischen Stadt Aiud am Ufer des Flusses Mures. Bei Erdarbeiten entdecken Arbeiter in rund zehn Meter Tiefe unverhofft drei kleine Dinge.

Zwei der Fundstücke, ist schnell ermittelt, sind Überreste von Knochen eines Mastodons, eines elefantenähnlichen Rüsseltieres, das vor einer Million Jahren ausstarb.

Das dritte Objekt gibt größere Rätsel auf. Es besteht aus Metall, ist 20,2 Zentimeter lang, 12,9 Zentimeter breit und 7 Zentimeter hoch. Seiner keilförmigen Form nach erinnert es an den Kopf eines Beiles oder Hammers. Von zwei Seiten, so sieht es jedenfalls aus, wurde der Gegenstand durchbohrt, und an einem Ende befindet sich eine Art Aufhängung, die entfernt an die Form einer Baggerschaufel erinnert. Der Clou aber: Es stellt sich heraus, dass das Material, aus dem der Gegenstand besteht, Aluminium ist.

Dass dieses Fundstück nicht natürlichen Ursprungs sein kann, erschließt sich mit einem Blick. Und auch, dass es sich aller Wahrscheinlichkeit nach nicht um einen Gebrauchsgegenstand der Neuzeit handelt.

An dieser Stelle möchte ich mir einen kleinen Ausflug in die Geschichte des Leichtmetalls Aluminium gestatten. In der Erdkruste ist es das Element, das nach Sauerstoff und Silizium am häufigsten vorkommt. Doch in reiner Form tritt es in der Natur nie auf. Um Aluminium, wie wir es kennen, zu gewinnen, bedarf es komplizierter elektrochemischer Prozesse, mit deren Entwicklung erst im 19. Jahrhundert begonnen wurde. Und von den Anfängen bis zur heutigen industriellen Herstellung auf dem Wege der Schmelzflusselektrolyse war es noch ein langer Weg.

Doch bereits dem römischen Kaiser Tiberius (42 v. Chr. – 37) soll, so erzählt es der Schriftsteller Plinius der Ältere (23–79), ein Gegenstand vorgelegt worden sein, der möglicherweise aus Aluminium bestand, wie man seit dem 19. Jahrhundert vermutet. Das Material sah aus wie Silber, war jedoch bedeutend leichter. Wie der Mann, der Tiberius dieses Geschenk machen wollte, berichtete, hatte er den Gegenstand aus Tonerde hergestellt. Wer sonst noch davon wisse?, fragte ihn der Kaiser. Außer ihm selbst, antwortete er, nur noch Gott Jupiter.

Da der römische Herrscher fürchtete, das rätselhafte Metall könne den Wert von Gold und Silber schmälern, ließ er die Werkstatt des Mannes zerstören und ihn selbst hinrichten. So nahm er sein Geheimnis mit in den Tod.

Dies ist eine Anekdote. Aus China jedoch weiß man mit einiger Sicherheit, dass der General Chou-Chou (265–316) eine Gürtelschnalle aus Aluminium besaß – hergestellt wahrscheinlich aus dem Metall, das in China vereinzelt auch in gediegener Form auftritt.

Zurück zum 1974 im rumänischen Aiud gefundenen Alu-Keil.

In der Archäologie ist es ein gängiges Verfahren, das Alter eines Fundobjektes anhand von sicher datierbaren Gegenständen zu bestimmen, die sich bei der Ausgrabung in dessen Nähe befanden. In unserem Fall wären das also die in zehn Meter Tiefe gefundenen Knochenreste des Mastodons, einer Rüsseltierart, die, wie ich wiederholen möchte, seit etwa einer Million Jahren ausgestorben ist. Nicht auszudenken, wenn der rätselhafte Alu-Gegenstand auch nur annähernd so alt wäre …

In einem rumänischen Forschungsinstitut wurde er auf seine chemische Zusammensetzung hin untersucht. Demnach bestand er zu 89 Prozent aus Aluminium – ein erstaunlich hoher Reinheitsgrad. Ferner enthielt er geringe Mengen von Kupfer, Silizium, Zink, Blei, Zinn, Zirkonium, Cadmium, Nickel, Kobalt und Wismut sowie Spuren von Silber und Gallium.

Und noch etwas ist interessant: Der fragliche Körper war stark oxidiert. Nun ist es zwar so, dass Aluminium unter Sauerstoffeinwirkung, also an der Luft, sehr schnell reagiert, die entstehende Oxidschicht ist jedoch äußerst dünn. Dass sie bei unserem Alu-Keil über einen Millimeter dick war, wie es heißt, ist nicht nur äußerst ungewöhnlich, sondern könnte auch bestätigen, dass er wirklich schon sehr lange im Erdreich lag. Ich meine: *richtig* lange!

Der Rumäne Florin Gheorghita berichtete 1992 in *Ancient Skies* über das Objekt von Aiud. In seinem Artikel wies er damals darauf hin, dass es mittlerweile nicht mehr bekannt ist, wo sich das Objekt befindet. Zugleich aber äußert er auch seine Vermutungen Herkunft und Verwendungszweck des »Keils« betreffend. Demnach handelte es sich möglicherweise um so etwas wie den abgerissenen »Landefuß« einer außerirdischen Flugmaschine. Unter Berufung auf einen nicht näher genannten Flugzeugingenieur vermutete Gheorghita weiter, dass sich in den deutlich erkennbaren Bohrlöchern ein Haltegestänge für den Landefuß einer Raumsonde befunden haben könnte. Demnach handelte es sich Gheorghita zufolge eindeutig um ein außerirdisches Relikt. »Das Fundstück«, schreibt er, erinnere »an den Landeteller eines nicht allzu großen Flugkörpers, der, wie die Mondfähre oder die Viking-Sonden, weich auf dem Boden aufsetzt.« Die Kratzer, die das Objekt an der Unterseite aufweist, interpretierte er als Abnutzungserscheinungen, als Hinweis darauf, dass es sehr häufig und über einen längeren Zeitraum hinweg verwendet worden sein könnte.

Der Autor Michael Hesemann kam durch Zufälle und glückliche Umstände diesem Objekt im Jahr 1994 auf die Spur. Damals hielt er sich in Debrecen (östliches Ungarn, nahe der rumänischen Grenze) auf, um dort an einer UFO-Tagung teilzunehmen. Auf dieser wurde Hesemann zu einem Vortrag an die Universität in Cluj in Siebenbürgen eingeladen. Unter seinen Zuhörern befand sich auch jemand, der ihm das Objekt zeigen konnte. Es befände sich im nationalhistorischen Museum in Cluj. Und so gelang es Hesemann am 26. September 1995 das ersehnte Stück dort in den Händen zu halten. Der damalige Kurator des Museums betonte, dass er das Aluminium-Objekt für authentisch hält.

In dem von ihm damals herausgegebenen grenzwissenschaftlichen *Magazin 2000* teilte Hesemann mit, dass er »in den nächsten Wochen einen näheren Bericht meiner rumänischen Forscherkollegen« erwarte und seine Leser auf dem Laufenden halten würde. Doch danach hat man in dieser Angelegenheit nichts mehr gehört.

Nach allem, was wir wissen – und allzu viel ist es leider nicht –, befindet sich das Fundstück von Aiud heute im Archiv des nationalhistorischen Museums von Siebenbürgen in Cluj-Napoca (dt. Klausenburg), der drittgrößten Stadt Rumäniens. Ausgestellt wird es dort nicht, allerdings scheint die Museumsleitung auch nicht bereit zu sein, es zu verkaufen.

Auf Anfragen reagiert sie abweisend. Erst im Oktober 2008 bemühte sich Professor Constantinesco, einst Regierungspräsident der Region, in der auch Cluj liegt, mehr über den Fund zu erfahren. Die Reaktion war fadenscheinig: Im Museum wisse man nicht, wovon eigentlich die Rede sei.

Die aktuellen Fotos des Fundes (siehe Bildteil) zeigen ein Objekt, das der Skizze von F. Gheorghita, die er erstmals 1992 in seinem Artikel in *Ancient Skies* veröffentlichte, sehr, sehr ähnlich sieht. Allerdings sind auf den Fotos vorstehende Enden am »dicken Ende« (Rückseite) des Objekts eingezeichnet, die auf der Skizze nicht enthalten sind.

Entscheidende Fragen bleiben also nach wie vor ungeklärt: Wie alt ist das Fundstück wirklich? Wozu diente es? Und wenn es kein Fake ist – wer hätte in der Lage sein können, die Aluminiumlegierung herzustellen, aus der das keilförmige Objekt besteht?

21

DIE GLAS-MADONNA VON ABSAM

Sprechen wir von einer Fensterscheibe. Sprechen wir von Rosina Buchner. Sprechen wir von einem Wunder?

Am 17. Januar 1797 saß Rosina, die Tochter von Anna und Johann Bucher, gegen 16 Uhr im Hause ihrer Eltern im Tiroler Örtchen Absam und nähte, wie aus der Pfarrchronik hervorgeht. Als sie bei Sonnenuntergang aus dem Fenster schaute, verschlug es ihr den Atem. Auf der Glasscheibe war ganz deutlich das Bild der heiligen Madonna zu sehen. Einfach so – ohne Vorwarnung oder ohne, dass das Mädchen um ein Wunder gebetet hätte.

Rosina rief ihre Eltern. Die waren zunächst entsetzt, hielten sie das Bild doch für ein schlechtes Omen, das auf ein nahendes Unglück hinwies. Also versuchten sie es eilig wegzuputzen. Doch das ging nicht. Das Bild, es maß 18 mal 15 Zentimeter, erschien immer wieder.

Der österreichische Schriftsteller Reinhard Habeck beschreibt es in seinem Buch *Wundersame Plätze in Österreich* (2007) mit den Worten:

»Die Stirn ist mit einem Tuch umhüllt, das an beiden Seiten herabhängt. Das Haupt ist nach rechts geneigt. Das Antlitz zeigt große mandelförmige Augen und einen Mund mit voller Unterlippe. Ich habe schon viele Marienbilder gesehen, aber diese Darstellung ist stilistisch einmalig. Es ist auch der Schleier, der sich auffällig von anderen Gnadenbildern unterscheidet.«

In Absam seinerzeit sprach sich die Erscheinung in Windeseile herum und bald kam das Haus der Buchers einer Pilgerstätte gleich. Sie hängten ihr Stubenfenster aus und stellten es vor dem Haus auf, um es den immer zahlreicher werdenden Schaulustigen zu präsentieren. Dies rief den Argwohn der Behörden hervor, die dem Strom der Interessierten kaum mehr Einhalt gebieten konnten. Am 21. Februar wurde die Fensterscheibe deshalb nach Innsbruck gebracht, um sie einer gründlichen Prüfung zu unterziehen. Schließlich war nicht auszuschließen, dass es sich bei der »Madonna im Glas« um reinen Schwindel handelte. Witterten die Buchers vielleicht ein gutes Geschäft?

An der Universität wurde die Fensterscheibe von einer Expertenkommission untersucht, die sich aus Fachleuten für Glas, einem Kunstmaler, Professoren für Chemie und Mathematik sowie Vertretern der Kirche zusammensetzte. Mit allen nur denkbaren Mitteln rückten die Herren dem Heiligenbild zu Leibe. Doch was sie auch taten, um es zum Verschwinden zu bringen, es tauchte immer wieder auf, wie aus dem Untersuchungsbericht hervorgeht, der heute im Innsbrucker Diözesanarchiv in Innsbruck liegt.

Mit Kieselsäure gelang es dann allerdings doch noch, das Bild teilweise zu entfernen. Und das veranlasste die Untersuchungskommission schließlich zu dem Gesamturteil: fauler Zauber. Es müsse eine natürliche Erklärung für die Erscheinung geben.

Die Pilger und Wundergläubigen, die sich nicht um die Ansichten der Expertenkommission scherten, forderten die Rückgabe des Glasbildes, und am 27. März 1797 wurde ihrem Wunsch Rechnung getragen. Seither befindet sich die Glas-Madonna wieder in Absam.

Und wirkt Wunder, wie es heißt. So zum Beispiel am 17. Juni 1863, als eine gewisse Franziska Zangerle, die aufgrund eines Fußleidens nur an Krücken gehen konnte und zudem sieben Monate zuvor ihre Stimme verloren hatte, eine Stunde vor dem Heiligenbild kniend betete und danach geheilt war.

Die Gemeinde Absam hat heute an die 6600 Einwohner und trägt neben einer Geige zu Ehren des bedeutenden Violinbauers Jakob Stainer auch das Antlitz der Glas-Madonna im Wappen, die in der Basilika am Ortsausgang zu besichtigen ist.

In unseren Tagen mögen es nicht mehr, wie in früheren Zeiten, Zigtausende von Gläubigen sein, die die alljährlichen Feierlichkeiten zu ihren Ehren besuchen, doch als Wallfahrtsziel ist die Erscheinung der Muttergottes immer noch außerordentlich beliebt.

Durch den Vatikan ist das Wunder von Absam bislang nicht anerkannt, ja nicht einmal die dafür zuständige Untersuchungskommission hat sich des Themas angenommen.

Für viele gläubige Katholiken ist das Glasbild dennoch ein Wunder – auch ohne den Segen des Papstes.

Und was die Authentizität betrifft: Näheres könnten wir nur erfahren, wenn es einer weiteren Untersuchung unterzogen würde – mithilfe der wissenschaftlichen Methoden des 21. Jahrhunderts. Aber vielleicht muss man ja auch nicht alles wissen …

22

OVIEDO –
DAS WAHRE SCHWEISSTUCH JESU?

Dreimal im Jahr wird in der Kathedrale San Salvador im asturischen Oviedo den Gläubigen ein verschmutztes Leinentuch präsentiert, 85,5 mal 52,5 Zentimeter groß. Es ist blutbefleckt, zerknittert, war offenbar lange Zeit gefaltet und ...

Ist es das heilige Sudario, das Schweißtuch, das Jesu nach der Kreuzigung um den Kopf gelegt wurde, wie es jüdischem Brauch entsprach? Wurde es – wie das Turiner Grabtuch eventuell auch – nach Jesu Auferstehung in der leeren Gruft gefunden?

Der Verbleib des Schweißtuches liegt viele Jahrhunderte lang im Dunkeln. Erst 614 wird es zum ersten Mal erwähnt: Bischof Presbyter Philipp berichtet, nach dem Einfall der Perser unter König Chosroes in Palästina sei das Tuch in Jerusalem nicht mehr sicher gewesen. Um es vor Schaden zu bewahren, nahm es der Kirchenälteste (»Presbyter«) Philipp mit auf die Flucht der Christen nach Alexandria.

Doch König Chosroes' Eroberungspläne erstreckten sich auch auf Ägypten. 616 nahm er Alexandria ein. Und das

Tuch gelangte über Nordafrika nach Spanien, wo es sich heute noch befindet.

Dass es erst im 7. Jahrhundert Anhaltspunkte für ihre Existenz gab, ist eines der Argumente, die vorgebracht werden, um die Authentizität der Reliquie zu bestreiten. Und: Wäre das Schweißtuch Jesus tatsächlich ums Haupt gewickelt worden, hätte es die Entstehung der Abbildung des Kopfes auf dem Grabtuch von Turin verhindern müssen. Ein auf den ersten Blick durchaus nachvollziehbarer Einwand. Doch er verliert an Überzeugungskraft, wenn man sich vor Augen führt, dass niemand mit Bestimmtheit sagen kann, wie dieses Bild überhaupt entstanden ist.

Monsignore Giulio Ricci, der sich bereits um die Analyse des Turiner Leichentuches verdient gemacht hatte, nahm sich auch der in Oviedo verwahrten Reliquie an und untersuchte sie eingehend. Schnell kam er zu der Auffassung, dass die Blutspuren auf dem Schweißtuch den Wundmalen entsprechen, die auf dem Turiner Leichentuch zu sehen sind.

Weitere Untersuchungen ergaben, dass sich auf dem Leinen Spuren sechs verschiedener Arten von Pflanzenpollen befanden, von denen zwei als typisch für Palästina gelten und andere auf eine Herkunft aus Nordafrika und Spanien hinweisen. Botanische Indizien, die die weite »Reise« des Sudariums von Jerusalem nach Oviedo zu untermauern scheinen.

Weitere Analysen wurden 1985 unter der Leitung des Gerichtsmediziners Professor Pier Luigi Baima Bollone durchgeführt. Sie ergaben, dass die Blutspuren auf dem Tuch der (am wenigsten häufig auftretenden) Blutgruppe AB zuzuordnen sind – genau wie die am Grabtuch in Turin. Reiner Zufall?

Weitere Parallelen zwischen den beiden Reliquien schienen auf, als Professor Alan Whanger, Duke-Universität (North Carolina), der Nachweis gelang, dass Wunden im Nacken (sie könnten von der Dornenkrone stammen, die Jesus am Kreuz trug), Blutspuren am Bart und eine Mundverletzung auf beiden Tüchern übereinstimmen. Whangers abschließendes Urteil: Das Turiner Grabtuch und das Sudarium aus Oviedo müssen ein und denselben Menschen bedeckt haben.

Franca Pastore Trosello, Expertin für Textilgeschichte, brachte einen weiteren Aspekt in die Debatte ein. Ihrer Analyse zufolge waren beide Tücher zwar unterschiedlich gewebt, die verwendeten Materialien seien jedoch identisch.

Ein weiteres Kapitel der wissenschaftlichen Annäherung an die Geheimnisse des Sudariums wurde am 9. November 1989 aufgeschlagen, als das Centro Espanol de Sindonologia (das 1987 gegründete spanische Zentrum für »Grabtuchforschung«) vom Domherr der Kathedrale San Salvador zu Oviedo grünes Licht bekam, die Reliquie zu analysieren. Unter der Leitung Guillermo Heras Morenos wurde unter anderem versucht zu rekonstruieren, welche Bewandtnis es genau mit den Blutspuren auf dem Tuch hatte.

Die Ergebnisse wurden auf dem »1. internationalen Kongress für das Sudarium« präsentiert, der vom 29. bis 31. Oktober 1994 in Oviedo stattfand. In seinem Buch *Die stummen Zeugen von Golgatha* fasst Michael Hesemann sie zusammen:

- Das Sudarium von Oviedo ist eine Reliquie, die seit langer Zeit in der Kathedrale von Oviedo verwahrt wird. Es trägt Flecken aus menschlichem Blut der Gruppe AB.
- Das Leinen ist verschmutzt, zerknittert, zerrissen und an Stellen verbrannt, befleckt und stark kontaminiert. Es weist jedoch keine Zeichen einer betrügerischen Manipulation auf.
- Es scheint bei einer Bestattung den Kopf einer Leiche eines männlichen Erwachsenen normaler Statur umgeben zu haben.
- Der Mann, dessen Gesicht das Sudarium bedeckte, hatte einen Vollbart und langes Haar, das im Nacken zu einer Art Pferdeschwanz zusammengebunden war.
- Auf der Unterseite des Hinterkopfes befand sich eine Reihe von Verletzungen, die von sehr scharfen Objekten verursacht wurden. Diese Wunden haben eine Stunde vor der Berührung mit dem Tuch geblutet.
- Der Mund des Mannes war geschlossen, seine Nase gebrochen und durch das eng anliegende Tuch nach rechts gedrückt.
- Der Mann war tot. Der Mechanismus, durch den die Blutflecke entstanden, ist unvereinbar mit jeder Art von Atembewegung.
- Fast der ganze Kopf, die Schultern und Teile des Rückens waren mit Blut bedeckt, bevor der Mann in das Tuch gehüllt wurde. Dieses Blut ist prämortal, also vor dem Tod ausgetreten, und unterscheidet sich deutlich von dem postmortalen Blut. Daher kann gefolgert werden, dass der Mann vor seinem Tod mit etwas verwundet wurde, das seine Kopfhaut bluten ließ. Weitere Verletzungen müssen im Nacken,

auf den Schultern und dem oberen Rücken stattgefunden haben.

• Der Mann litt an einem pulmonaren Ödem als Folge des Sterbevorganges. Ein Großteil der Flecken auf dem Tuch stammt von dieser Ödem-Flüssigkeit, im Verhältnis 6:1 mit Blut vermischt.

• Der Leichnam befand sich nach Eintritt des Todes etwa eine Stunde lang in vertikaler Position. Der rechte Arm war nach oben gebogen, der Kopf um 70 Grad nach vorne und 20 Grad nach rechts geneigt. In dieser Stellung befand er sich, als ihm das Tuch zum ersten Mal umgelegt wurde.

• Nach etwa 45 Minuten wurde der Leichnam bewegt, wobei jemand mit der Hand versuchte, den Fluss von serösem Blut aus der Nase zu stoppen.

• Schließlich wurde der Tote mit dem Gesicht nach oben in eine Liegestellung gebracht und eine kürzere Strecke, nicht länger als fünf bis zehn Minuten, getragen. Dabei ergoss sich seröses Blut aus den Nasenhöhlen in das Tuch. Durch Druck des Tuches auf die Nase – wodurch ein blutiger Fingerabdruck entstand – wurde versucht, die Blutung zu stoppen. Dann wurde der Transport der Leiche fortgesetzt.

• Am Ziel angekommen wurde das Tuch vom Gesicht entfernt.

• Schließlich kam es mit Spuren von Myrrhe und Aloe in Kontakt.

Diese Worte muten wie die detaillierte Beschreibung eines tragischen Todes am Kreuz an, zweifellos. Und unwillkürlich denkt man dabei an Jesus Christus. Aber ein letztgültiger Beweis sind die Forschungsergebnisse, die Hesemann hier referiert, natürlich nicht.

Zumal auf diesem Kongress auch von einem Versuch berichtet wurde, das Alter des Sudariums zu bestimmen. Unter Bezugnahme auf Laboruntersuchungen, die in seinem Auftrag durchgeführt wurden, datierte Baima Bollone das Tuch ins 7. Jahrhundert – betonte allerdings zugleich, dass er damit das letzte Wort noch nicht gesprochen haben wollte. Unter anderem aufgrund von Verunreinigungen, die das Schweißtuch im Laufe der Zeit davongetragen habe, müssten einige Fragen offenbleiben. Es könnte also durchaus auch weit älter sein.

Das Grabtuch von Turin soll aus dem 14. Jahrhundert stammen und gefälscht sein. Das Sudarium von Oviedo stammt bereits aus dem siebten Jahrhundert, ist aber angeblich ebenso wenig echt. Andererseits: Die Analysen haben ergeben, dass beide Reliquien denselben Ursprung haben und dass es ein und derselbe Mann war, der auf den Tüchern die Spuren seiner Wunden hinterlassen hat.

Ist es denkbar, dass im 7. Jahrhundert in Spanien eine trügerische Reliquie angefertigt wurde – und dass die dann 700 Jahre später als »Vorlage« für das Turiner Tuch diente? In beiden Fällen wurde Blut der relativ seltenen Gruppe AB verwendet – Zufall?

Auch weisen, wie Analysen ergeben haben, *beide* Tücher Pflanzenpollen auf, unter anderem Blütenstaub der Distel Gundelia tournefortii, die zwischen März und Mai in der Region Jerusalem blüht. Auch Zufall?

Nicht zuletzt: Auf beiden Tüchern sind Spuren von Verletzungen auszumachen, wie sie auftreten würden, wenn der Verstorbene einen Kranz aus Dornen auf dem Kopf getragen hätte. Und heißt es in der Bibel über Jesus und die Römer, die ihn verspotteten, nicht: »Und die Kriegsknechte flochten eine Krone von Dornen und setzten sie auf sein Haupt und legten ihm ein Purpurkleid an, traten zu ihm und sprachen: ›Sei gegrüßt, lieber Judenkönig!‹ und gaben ihm Backenstreiche«?

TEIL III

GEHEIMNISVOLLE ORTE UND MONUMENTE DER VORZEIT UND GEGENWART

23

OAK ISLAND — DIE SCHATZINSEL?

Angenommen, es gelte einen Schatz zu finden. Das Areal, auf dem er vergraben sein soll, misst nur anderthalb Kilometer in der Länge und einen in der Breite. Wie lange wird es wohl dauern, bis er gefunden wird? Vier Stunden? Eine Woche? Oder müssen etwa mehr als 200 Jahre vergehen? Und was, wenn das Erdreich ihn immer noch nicht freigegeben hat?

So geschehen in Kanada, auf einer winzigen Insel vor der zerklüfteten Küste Neuschottlands. Wie viele Schatzjäger haben hier nicht schon ihr Glück versucht! Und alle sind sie gescheitert.

In der Mahone-Bucht nicht weit vor Chester liegt Oak Island, die winzige »Eicheninsel«. Ihr stattete im Sommer 1795 – vielleicht angelockt von merkwürdigen Geschichten, die er gehört hatte – der zwanzigjährige Holzfäller Daniel McGinnis einen Besuch ab. Bei seinem Spaziergang kam er im Osten der Insel auf eine Lichtung. Dort stand eine alte Eiche, die merkwürdigerweise Spuren eines Flaschenzuges aufwies. Unterhalb dieser Stelle bemerkte McGinnis eine sonderbare Vertiefung im Erdreich, offensichtlich von

Menschenhand gegraben. Sie war kreisrund und maß etwa 3,5 Meter im Durchmesser. Hier war ein Schatz verborgen! Ganz sicher. Und er würde ihn bergen. McGinnis sah sie schon vor sich, all die Kisten mit Gold und Juwelen.

Am Tag darauf packte er etwas Werkzeug zusammen und ruderte mit seinen Freunden John Smith und Anthony Vaughan noch einmal auf die Eicheninsel, um den Schatz zu heben. Die Vertiefung, stellte sich beim Graben heraus, war mit Schieferplatten bedeckt, wie sie in der Gegend überhaupt nicht vorkamen. Und: Es handelte sich nicht um ein x-beliebiges einfaches Loch, sondern um einen Stollen, senkrecht in die Erde getrieben. Die Seitenwände wirkten, als wäre mit Spitzhacken daran gearbeitet worden. McGinnis und seine Freunde fühlten sich in ihrer Erwartung, bald auf große Reichtümer zu stoßen, bestätigt. Sie konnten es kaum mehr erwarten. Nur Erde und Schutt trennten sie noch von einem Leben in unermesslichem Wohlstand. Also buddelten sie weiter. Tagelang. Wochenlang. Immer wieder.

In Abständen von etwa drei Metern stießen die drei regelmäßig auf mit Kitt abgedichtete Rundholzplatten aus Eichenbohlen. Doch dem Schatz kamen sie nicht näher.

Auch nicht, als sie neun Jahre später, 1804 – John Smith hatte inzwischen das Land rund um die vermeintliche Geldgrube, den »Money-Pit«, gekauft – unter dem Dach der Onslow Company mit schwererem Gerät gruben.

Doch in zwölf und 15 Meter Tiefe fanden sie vergammelte Fasern, die nur von Kokospalmen stammen konnten. Die nächsten wuchsen aber Tausende von Kilometern weit entfernt. Bestimmt war das ein Hinweis auf den Schatz – die

Pflanzenfasern konnten als »Verpackungsmaterial« auf einer weiten Schiffsreise gedeutet werden. In 27 Meter Tiefe gab es ein weiteres Indiz: Hier fand sich wieder eine Schieferplatte, 60 mal 30 Zentimeter groß und drei Zentimeter dick. Angeblich war sie mit unbekannten Schriftzeichen versehen. Jetzt konnte es nicht mehr lange dauern und …

… dann geschah es. Eines Nachts wurde der Schacht plötzlich überflutet, und das Wasser ließ sich nicht abpumpen. Da ging die Onslow Company erst mal in die Winterpause. Als sie ihre Arbeiten im folgenden Jahr wieder aufnahm, wurde ein Parallelschacht gegraben, um den Wasserspiegel in der Geldgrube abzusenken. Vergeblich. Jetzt war die Company pleite. McGinnis, Smith und Vaughan resignierten. Sie hatten keinen Schatz gefunden. Nur einen erstaunlich angelegten Stollen.

40 Jahre verstrichen, McGinnis und John Smith verstarben. Anthony Vaughan aber ließ Oak Island keine Ruhe. Die Truro Company, 1849 gegründet, startete die nächste Expedition auf die Schatzinsel, mit ihm als Berater. Unter der Leitung von Jotham B. McCully und Bergbauingenieur James Pitblado versuchte man, den Schutt im Schacht wegzuschaffen. Doch im Geldloch stieg auch diesmal der Wasserspiegel wieder an. Grabungen mithilfe eines Löffelbohrers ergaben allerdings angeblich einen Hinweis darauf, dass in einer Tiefe von etwa 32 Metern tatsächlich Schatzkisten liegen könnten …

Während 1850 noch vergeblich versucht wurde, den Schacht trockenzulegen, stellte sich heraus, dass es Salzwasser war, mit dem er sich immer wieder füllte. Und der

Wasserspiegel schien sich im Rhythmus der Gezeiten zu heben und zu senken. Bestimmt gab es eine Verbindung zum Meer. Und tatsächlich: An der Ostküste der Insel führten in leichtem Gefälle fünf offenbar künstlich angelegte Kanäle zum Ufer und mündeten dort fächerförmig in einen Hauptstollen. Dieser führte, vermuteten die Männer von der Truro Company, zum 150 Meter entfernten Money-Pit und sorgte dort immer wieder für die Überflutungen. Die Jahrzehnte zuvor gefundenen Eichenbohlen konnten ursprünglich als Verschluss gedient haben. Eine geniale Konstruktion!

Um das vorzeitige Eindringen des Wassers zu verhindern, mussten die Erbauer des Money-Pits vorab einen Fangdamm errichtet haben. Dann hatten sie wohl die Kanäle angelegt, die zum Schacht führten und ihn mit Meerwasser füllten, nachdem der Fangdamm wieder abgetragen war. Kurzerhand entschlossen sich die Männer von der Truro Company, ebenfalls einen solchen Fangdamm zu bauen, 45 Meter lang. Doch das Meer spülte ihn bald wieder fort. Und dann ging der Gesellschaft das Geld aus.

Nach weiteren fruchtlosen Expeditionen versuchte die eigens gegründete Oak Island Eldorado Company ihr Glück. Der Fangdamm, der diesmal errichtet wurde, war 90 Meter lang und fast vier Meter hoch. Mit seiner Hilfe gelang es immerhin, den Schacht 33 Meter tief auszupumpen und sogar den Zufluss der Flutstollen in die Geldgrube aufzuspüren.

Ging es jetzt eigentlich immer noch »nur« darum, einen Schatz zu finden, oder hatte sich die Suche längst verselbstständigt und war zu einem Kampf Mensch gegen Insel geworden? Wer weiß.

1898 trat Frederick Blair aus Amherst auf den Plan und sollte ganze 60 Jahre auf Oak Island bleiben. Er hatte eine ebenso einfache wie geniale Idee: Zunächst schüttete er rote Farbe in den Stollen und schaute dann, wo rötlich gefärbtes Wasser an die Meeresoberfläche kam. Das Ergebnis war eine Überraschung: Es trat nämlich nicht, wie man hätte erwarten können, an der Ostküste zum Vorschein, sondern im Westen der Insel. Folglich musste es einen zweiten Flutkanal geben, allerdings einen bedeutend längeren.

Blair, nicht eben zart besaitet, entschloss sich kurzerhand, die Flutkanäle zu sprengen, um das Wasser auf Dauer vom Money-Pit fernzuhalten. Vergebens.

Blair machte aber noch weitere Entdeckungen. In 47 Meter Tiefe stieß er auf ein ausgesprochen hartes Hindernis. Proben des Materials, die in England untersucht wurden, ergaben, dass es sich aller Wahrscheinlichkeit nach um Zement handelte. Auch ein winziges Pergamentstückchen fand er – am Bohrer klebend – in der Grube. Es war mit Tinte beschrieben und zeigte die Buchstaben W I oder »V I«. Im Wasser konnte der Zettel also nicht gelegen haben, sonst wäre die Schrift nicht mehr zu lesen gewesen. Schade, dass er nicht mehr vorhanden ist. Mit modernen Untersuchungsmethoden könnte man ihm sicher so einiges entnehmen.

In 52 Meter Tiefe stieß Blair im Schacht auf eine Eisenschicht, die weitere Bohrungen unmöglich machte. Schließlich ging auch er bankrott. Doch die Schatzsuche auf Oak Island hatte inzwischen so großes Interesse erregt und so viele Männerherzen entflammt, dass sich sogar Franklin D. Roosevelt, der spätere Präsident der Vereinigten Staaten, an ihr beteiligte. Natürlich ergebnislos.

Die Suche ging weiter, mit technisch immer ausgefeilteren Mitteln. Gewaltiges Gerät war erforderlich, um das Geheimnis des Schachts – buchstäblich – zu ergründen. Die eingesetzten Maschinen wurden immer größer und schwerer. 1965 entschied man schließlich, Oak Island durch einen Fahrdamm mit dem Festland zu verbinden.

Inzwischen ist die ganze Insel von Gruben und Schächten durchzogen. Und keiner könnte mehr genau sagen, wo sich die Geldgrube, mit der alles anfing, eigentlich befindet.

Wie erbittert der Kampf Mensch gegen Insel geführt wurde, lässt sich wohl am besten anhand der Pläne der Triton Alliance illustrieren, die 1987 beabsichtigte, eine 30 Meter dicke Stahlröhre bis auf den Felsenkern zu treiben und mindestens 28 000 Kubikmeter Erdreich abzutragen. Die schätzungsweise zehn Millionen, die dieses Unternehmen kosten sollte, hätten durch Spekulationen aufgebracht werden sollen. Doch dann kam der Börsencrash ...

Von 1795 bis heute haben an die 25 Bergungsgesellschaften ergebnislos versucht, Oak Island sein Geheimnis zu entlocken. Das Geld, das sie investiert hatten, verloren alle. Und sechs Menschen bezahlten ihre Jagd auf den Schatz sogar mit dem Leben.

Das ZDF zeigte Ende 1997 unter dem Titel »Der Fluch von Oak Island« einen dokumentarischen Film, der die jahrhundertelange Schatzsuche sehr einfühlsam nacherzählt. Und das Schöne daran: Auf *google.video* kann man sich diese Produktion jederzeit ansehen. Das Rätsel der Schatzinsel löste sie allerdings auch nicht.

Die großen Fragen sind also nach wie vor unbeantwortet: Welches Geheimnis birgt Oak Island wirklich? Und wer wäre imstande gewesen, ein dermaßen ausgefuchstes Versteck zu ersinnen? Major R. A. Linton schrieb 1972:

»Obwohl als Versteck entworfen, würde es durchaus mit technischer Psychologie übereinstimmen, einen Safe in der Tiefe zu bauen, der nur durch die Einhaltung eines vorgeschriebenen Musters zu öffnen wäre.«

Wäre einem Piraten ein solches Meisterstück zuzutrauen? Ein Name wird in diesem Zusammenhang immer wieder genannt: der des William Kidd (1645–1701), eines Freibeuters der Karibik, der 1699 von den Briten verhaftet wurde. Um sein Leben zu retten, machte er sich anheischig, das Versteck eines großen Schatzes preiszugeben. Oak Island vielleicht? Da die Behörden jedoch nicht auf Kidds Angebot eingingen, nahm er sein Geheimnis mit in den Tod. Am 23. Mai 1701 wurde der Pirat in London hingerichtet.

Oder birgt Oak Island vielleicht einen unermesslich kostbaren Inka-Schatz? Er könnte, wird u.a. von Mel Chappell vermutet, aus der alten Stadt Tumbes im Nordwesten Perus stammen. Denn als der spanische Eroberer Francisco Pizarro (1476–1541) die Ortschaft einnahm, war von den sagenhaften Goldschätzen, die dort versteckt sein sollten, keine Spur zu finden. Hatten die Inkas sie auf Oak Island vor den Invasoren in Sicherheit gebracht?

Oder waren es, ebenfalls im 16. Jahrhundert, Männer um den britischen Admiral Francis Drake, die dort einen

Schatz versteckten? Oder, viel früher schon, die Wikinger, die es zu Beginn des zweiten nachchristlichen Jahrtausends nach Nordkanada verschlug?

Oder auch die Tempelritter? Oder die Freimaurer?

Und waren es vielleicht gar nicht materielle Güter, die dort für die Ewigkeit sicher aufbewahrt werden sollten, sondern die Handschriften der Dramen, die lange William Shakespeare zugeschrieben wurden?

Eine noch ganz andere Auffassung vertrat der Amerikaner Roy G. Griscom. Er glaubte nämlich, irgendwo unter Oak Island könnten seit 5000 Jahren in einem Raumschiff Aliens schlafend überwintern, die sich vor irgendeiner kosmischen Schlacht hätten retten wollen. Nun denn.

Alles Thesen, mehr nicht. Außerdem: Wer sagt denn überhaupt, dass auf der Eicheninsel wirklich etwas vergraben wurde. Vielleicht sitzen wir ja alle einem riesengroßen Irrtum auf, haben uns von der Natur foppen lassen. Diese Auffassung vertritt jedenfalls der Biologe Eric Mullen. Man müsse nur tief genug graben, und dann stieße man immer irgendwann auf Grundwasser. Demnach wäre der »Money-Pit« nichts weiter als eine natürliche Höhlung in der Erde, die sich nach und nach mit Schutt und Sand angefüllt hatte. Und die im Schacht gefundenen Fasern der Kokospalmen? Dämmstoff, wie er in der frühen Schifffahrt zum Schutz der Ladung üblich war. Kein Hinweis auf deren Inhalt, kein Hinweis auf einen Schatz.

Wie aber will Mullen die Flutkanäle erklären? Oder die Tatsache, dass unter der Meeresoberfläche vor der Küste eine künstliche Struktur verborgen liegt, wie Unterwasser-

untersuchungen 1996 ergeben haben? Dass die Eichenbohlen im Schacht in gleichmäßigen Abständen verteilt waren?
Und was ist mit dem ganzen Kitt? Wieso war das Wasser,
mit dem sich die Grube immer wieder anfüllte, so salzhal-
tig? Und wie ist der Pergamentfetzen zu erklären, den Blair
seinerzeit fand?

Fragen über Fragen … Und der Traum vom großen
Schatz auf Oak Island darf getrost weitergeträumt werden.
Auf die nächsten 200 Jahre!

24

ATLANTIS –
WIEGE DER ZIVILISATION?

Wenige Stichworte der Historia Mystica bewegen die Gemüter so wie das versunkene Inselreich Atlantis. Und das schon beinahe zweieinhalbtausend Jahre lang, seit der griechische Philosoph Platon (ca. 427–347 vor Christus) seine Dialogschriften *Timaios* und *Kritias* verfasste.

Platon bezog sich auf den Lyriker und Staatsmann Solon (ca. 640–560 vor Christus), den Reisen unter anderem auch nach Ägypten geführt hatten. In Sais, dem heutigen Sa el-Hagar, habe er aus alten Schriften von Atlantis, der »Insel des Atlas«, erfahren. Demnach wären es also letztlich die alten Ägypter, denen wir unser Wissen von der Existenz einer frühen Hochkultur glücklicher, sorgloser Menschen verdanken, deren kultureller Entwicklungsstand zum Beispiel auf den Gebieten von Kunst, Religion und Philosophie beispiellos gewesen sein soll.

Eines Tages seien die Bewohner dieses Inselparadieses von Gier und Habgier ergriffen worden, und die Strafe folgte auf dem Fuße: Vor 11 600 Jahren sei der Kontinent und mit ihm die Menschen, die auf ihm gelebt hätten, an einem »schrecklichen Tag und einer schrecklichen Nacht« in den Fluten des Meeres versunken.

Die Frage, ob es Atlantis je gab, wurde bereits in der Antike diskutiert. Der griechische Geschichtsschreiber Poseidonios (135–51 vor Christus) zum Beispiel hielt es für denkbar, während der römische Gelehrte Plinius der Ältere in den Anfängen des ersten nachchristlichen Jahrhunderts starke Zweifel anmeldete.

In der klassischen Altertumswissenschaft gilt Atlantis herrschender Meinung nach bloß als ein gedankliches Konstrukt Platons, mit dem er erzieherisch auf seine Zeitgenossen einwirken wollte. Als mögliche Inspirationsquelle könnte ihm dabei der griechische Archipel Santorin gedient haben, der 1700 Jahre vor unserer Zeitrechnung von heftigen vulkanischen Aktivitäten heimgesucht wurde, die auch die Zerstörung der minoischen Kultur dort nach sich zogen. Aber selbst das ist natürlich Spekulation.

Trotzdem: Viele von uns wüssten nur zu gern, wo sich dieses sagenumwobene Inselreich denn nun wirklich befunden haben könnte. Von Platon erfahren wir lediglich, es habe im »Atlantis thálassa«, dem »Meer des Atlas« gelegen – womit zweifellos der Atlantik gemeint ist –, »vor den Säulen des Herakles« (ein möglicher Hinweis auf die Straße von Gibraltar).

Wo man Atlantis nicht schon alles gesucht – und meint gefunden zu haben! Zum Beispiel bei den Azoren, bei Troja in der heutigen Westtürkei, in den Anden, der Antarktis, in der Wüste Gobi, in der Nordsee bei Helgoland, in Südamerika … und sogar auf dem Mars.

Mit seinen Atlantis-Erzählungen scheint Platon also eine riesige Projektionsfläche für Fantasien und Wünsche aller Art geschaffen zu haben. Im Mittelalter etwa wurden den Inselbewohnern gelegentlich magische Kräfte und das Wissen um allerlei »Wundermittel« zugesprochen. Und auch bei den Vertretern der heutigen Esoterik-Szene heißt es ja immer mal wieder, die Atlanter hätten es spirituell zu bewundernswerter Perfektion gebracht, was immer man sich darunter vorstellen mag.

In diesen Kreisen beruft man sich gern auf den amerikanischen »schlafenden Propheten« Edgar Cayce (1877–1945), der behauptete, in Trance Botschaften empfangen zu haben, in denen es auch häufig um Atlantis ging. Demnach erstreckte sich das Inselreich von den Bahamas bis nach Gibraltar. Untergegangen sei es im Zuge dreier Katastrophen, von denen die letzte etwa 10 000 vor Christi Geburt stattgefunden haben soll. Cayce sagte auch voraus, dass Teile des Inselreiches Ende der Sechzigerjahre des 20. Jahrhunderts vor der Küste Biminis wiedergefunden würden. (Auf diesen Aspekt des Themas gehe ich in dem Kapitel »Atlantis unter Palmen« noch ausführlicher ein.)

Die Thesen und Vermutungen, die den Mythos Atlantis immer wieder neu beleben, sind Legion. (Nur beiläufig sei in diesem Zusammenhang erwähnt, dass auch Teile der Führung des Nationalsozialismus an Atlantis glaubten. Sie waren überzeugt, die Insel habe sich in der Nordsee befunden, und meinten, dort müssten die ersten »Arier« zu Hause gewesen sein.)

Natürlich haben auch gewisse UFO-Forscher ihren Teil zur Mythenbildung beigetragen. Atlantis, bringen sie vor, sei eine Kolonie von Außerirdischen gewesen und aufgrund eines atomaren Overkills im Meer versunken.

Es werden aber auch zunehmend Stimmen laut, die in Atlantis so etwas wie die Ursprungskultur vermuten, die Wiege der Zivilisation schlechthin. Demnach könnten sich die Kulturen des alten Ägyptens, aber auch Sumers oder die der Maya unter dem Einfluss von Atlantern entwickelt haben. Einige Autoren gehen sogar so weit zu behaupten, es hätte sich dabei um Kolonien des vermeintlichen Großreiches Atlantis gehandelt.

Bestätigt sehen sie sich in ihrer These durch geologische Untersuchungen der Großen Sphinx in Giseh, denen zufolge der rätselhafte Löwe mit dem Menschenkopf nicht erst 2700 bis 2600 vor unserer Zeitrechnung erbaut wurde, sondern mehr als doppelt so alt sein könnte. Da aus dieser Epoche jedoch keine Zivilisation bekannt ist, der ein solcher imposanter Bau zuzutrauen wäre, könnten dafür doch eigentlich nur die Atlanter dafür infrage kommen.

Atlantis – der Ursprung der Zivilisation? Viele, die dieser Auffassung sind, vermuten, der Untergang des kulturell hochstehenden Inselreiches sei dem Einschlag eines Asteroiden geschuldet. Diese These hat Ende 2001 neue Nahrung erhalten, als es dem südafrikanischen Geologen Dr. Sharad Master gelang, im südlichen Irak einen Einschlagkrater nachzuweisen, der seiner Meinung nach nicht älter sein kann als 6000 Jahre.

Andere wiederum meinen, Atlantis sei gar nicht im Meer versunken, sondern zugefroren. Die heutige Antarktis sei einst Heimat einer Hochzivilisation gewesen, in der man

Atlantis vermuten könne. Erst durch Polverschiebungen (die tatsächlich stattgefunden haben) sei diese Gegend unseres Planeten dorthin gelangt, wo sie sich heute befindet. Dabei berufen sich die Verfechter dieser These auch auf die berühmte Weltkarte des türkischen Admirals Piri Reis und andere, die nach ihrer Überzeugung die Antarktis zeige, wie sie unter dem Eis aussieht.

Und welche neuen Erkenntnisse hat unser junges Jahrhundert in Bezug auf Atlantis bislang erbracht?

Im Dezember 2001 wurde vor Kuba 650 Meter unter dem Meeresspiegel eine merkwürdige Struktur entdeckt, zwei bis drei Meter große Steinblöcke, die 6000 Jahre alt sein sollen und in ihrer Gesamtheit angeblich an eine Stadt erinnern, inklusive Straßen und Gebäuden, von denen einige wohl aussehen wie Pyramiden. Geologen und Unterwasserarchäologen winken allerdings ab. Um Spuren der versunkenen Insel könne es sich keinesfalls handeln. Alles sei rein natürlichen Ursprungs.

Der jüngste Lokalisierungsversuch stammt aus dem Jahr 2004. »Atlantis soll vor Zypern gelegen haben« titelte *Spiegel online* am 28. April d. J.: »Wir glauben, dass unsere Entdeckung Zypern für immer in den Mittelpunkt der Welt rücken wird«, gab der amerikanische Forscher Robert Sarmast damals bekannt.

Mithilfe von Sonar- und Filmaufnahmen wollte er Atlantis 112 Kilometer vor der Ostküste der Mittelmeerinsel in 1600 Meter Tiefe nachgewiesen haben. Man plane eine Expedition, um Beweise zu liefern, hieß es. Die scheint bislang nicht stattgefunden zu haben. Im Juni 2006 veröffentlichte Sarmast allerdings schon einmal ein Buch über seine Vermutungen. Es trägt den Titel *Discovery of Atlantis*.

Und ich wage mal die These, es wird nicht die letzte »Entdeckung« des mythischen Inselreiches sein. Wir dürfen also gespannt bleiben.

25

AREA 51 –
DREAMLAND DER WÜSTE

Ist die Karawane schon weitergezogen? Findet die Wei-
terentwicklung außerirdischer Technologien längst nicht
mehr in der Wüste Nevadas statt, sondern irgendwo in Mexiko auf dem Gelände einer geheimen Militärbasis?

Kann schon sein. Trotzdem will ich in diesem Kapitel
über eine der ganz großen Legenden der UFO-Forschung
sprechen. »Dreamland«, Area 51, die Groom Lake Air Force
Base.

Mit einer geschätzten Größe von etwa 100 Quadrat-
kilometern liegt die Luftwaffenbasis Area 51 am Groom
Lake, einem ausgetrockneten Salzsee ungefähr 110 Kilome-
ter nordwestlich von Las Vegas, und ist Teil der Nellis Air
Force Range, einem Übungsgelände der amerikanischen
Luftwaffe.

Das wäre nun alles noch nicht besonders aufregend,
wäre Area 51 nicht das geheimnisumwittertste militärische
Objekt aller Zeiten und hätten die USA seine pure Existenz
nicht bis weit in die Neunzigerjahre hinein geleugnet. Doch
dass es sie gibt – daran kann keinerlei Zweifel bestehen.

Area 51 wurde Anfang/Mitte der Fünfzigerjahre gegründet und diente ursprünglich offenbar der Entwicklung des Spionageflugzeuges U-2. Auch Tarnkappenbomber und andere kriegswichtige Fluggeräte sollen dort erprobt worden sein.

Aber diente sie wirklich nur diesem Zweck?

Wenn etwas geheim ist, dann Area 51. Schon die Örtlichkeit am A… der Welt ist perfekt gewählt. Von außen kann man die Anlage praktisch nicht einsehen, unter anderem, weil sie von Gebirgszügen geradezu umzingelt wird. Natürlich ist der Zutritt streng untersagt und die Security angewiesen, gegebenenfalls von der Waffe Gebrauch zu machen. Selbst der Luftraum über dem Gelände ist gesperrt.

Und obwohl es nicht einmal eingezäunt ist, gelingt es nur wenigen, die Bewegungssensoren auszutricksen und einen Blick auf die Area zu erhaschen. Zu diesen Glücklichen gehört auch der mit mir befreundete UFO-Forscher und Schriftsteller Andreas von Rétyi. Die Fotos, die er 1995 machte, gelten bis heute als die besten privaten Aufnahmen des mysteriösen Testgeländes. Vor allem auch, weil das Gelände inzwischen noch weiter abgesperrt wurde. Am besten sieht man die gesamte Anlage jedoch von Satelliten wie etwa *GeoEye* aus (siehe Bildteil).

Was die Area 51 jedoch eigentlich so interessant macht, ist der Umstand, dass es seit vielen Jahren immer wieder heißt, dort würden nicht nur neue Kampfflugzeuge und Waffen erprobt, sondern auch Technologien außerirdischer Herkunft. Vielleicht waren dort, wird gemunkelt, einmal Aliens am Werk … oder ihre Leichen fanden klammheimlich eine ihrer letzten Ruhestätten in der Area 51 (mutmaßlich die vom vermeintlichen UFO-Absturz bei Roswell).

Ferner wird die These vertreten, Präsident Dwight D. Eisenhower (1890–1969) könne den Außerirdischen erlaubt haben, genetische Experimente an Menschen durchzuführen. Im Gegenzug hätten sich die Aliens dann bereit erklärt, auf der Area 51 irdischen Forschern mit ihrer Sternen-Technologie unter die Arme zu greifen.

Zu den Mythen, die sich um das Gelände ranken, gehören aber auch Theorien, denen zufolge sich dort die Filmstudios befänden, in denen die Mondlandung der Amerikaner gedreht wurde, die real nie stattgefunden habe.

Und was ist dran an solchen Gedankenspielchen?

Mit Sicherheit kann man nur sagen, dass über dem hermetisch abgeriegelten Gelände häufig seltsame Lichtphänomene zu beobachten sind – oder auch Flugobjekte, die sich nicht eindeutig identifizieren lassen. Ob es sich dabei aber wirklich um außerirdische Raumschiffe handelt, die zudem angeblich so schnell unterwegs sind, dass kein Mensch den Flug würde überleben können?

Wer schon glaubte, dass auf der Area 51 nicht alles mit rechten Dingen zugeht, sah sich in seinen Auffassungen bestätigt, als der Fernsehsender KLAS-TV aus Las Vegas am 6. November 1989 ein Interview mit einem gewissen Robert (»Bob«) Scott Lazar ausstrahlte.

Seinen Angaben zufolge war Lazar 1988/89 einige Monate lang in der Area 51 beschäftigt. Er habe als Physiker in der unterirdischen Abteilung »S 4« gearbeitet, sozusagen im Allerheiligsten der Anlage, die einem Labyrinth ähnele und mindestens neun unbekannte Flugobjekte verschiedener Bauart beherbergt habe, fliegende Untertassen. Lazars Aufgabe sei es gewesen, das Antriebssystem eines dieser Raumfahrzeuge zu ergründen – selbstverständlich unter allerstrengster Geheimhaltung.

Zu Beginn seiner Arbeit hätte man ihm Unterlagen vorgelegt, in denen es um Außerirdische ging. Ferner sollen sie Fotos von Alien-Autopsien beinhaltet haben. Auch sprach Lazar bei KLAS-TV über die verschiedenen UFO-Typen, die er zu sehen bekommen hatte. Einige seien mit einem mysteriösen chemischen »Element 115« betrieben worden. Durch dessen Beschuss mit Protonen entstehe Antimaterie, die auch für die Krümmung der Raumzeit sorge. Auf diese Weise könne das Tempo, das so ein UFO erreiche, locker die Lichtgeschwindigkeit überschreiten. In der Area 51 soll fast eine halbe Tonne von diesem Element gelagert haben, behauptete Lazar. Dabei reichten 223 Gramm schon, um eines der Transportmittel 30 Jahre lang anzutreiben.

Dass es sich nicht um irdische Technologie handeln konnte, wurde Lazar in Gänze klar, berichtete er, als er sich näher mit dem ihm zugeteilten UFO befasste. Es soll einen Durchmesser von mehr als 12 Metern gehabt haben. Die Außenhaut sei vollkommen glatt gewesen und habe vermutlich aus Metall bestanden.

Warum sich Lazar zu diesem Interview bereit erklärt hatte? Er fürchtete um sein Leben und wählte den Schritt in die Öffentlichkeit, um sich zu schützen. UFO-Forscher, die seine Vorgeschichte und Angaben über Studienzeit und vorherige Beschäftigungen recherchierten, stießen auf zahlreiche Ungereimtheiten. Andererseits: Vielleicht stimmen seine Angaben tatsächlich. Eine Reihe von Lügendetektortests hat Lazar jedenfalls erfolgreich bestanden. Handfeste Beweise sind das natürlich trotzdem nicht.

Gegenüber dem renommierten britischen UFO-Forscher Timothy Good bestand Lazar noch im Frühjahr 1990 auf seiner Behauptung, in der Abteilung S 4 der Groom-Lake-Basis habe es deutliche Hinweise auf außerirdische Technologien gegeben. Damals äußerte er: »Ich sage die Wahrheit – ich habe versucht, es zu beweisen. Was da oben vorgeht, könnte das wichtigste Ereignis der Geschichte sein. Sie sprechen über physikalische Kontakte und Beweise aus einem anderen System – einem anderen Planeten, einer anderen Intelligenz. Das muss das größte Ereignis in der Geschichte sein, Punkt. Und es ist real, es ist da.«

1991 gab Lazar in einem von ihm selbst produzierten Video an, in der Area 51 seien die Außerirdischen ein und aus gegangen. Sie stammten angeblich vom 30 Lichtjahre entfernten Doppelsternsystem Ceta Reticuli und waren maximal 1,20 Meter groß. Mandelförmige Augen hatten sie, große Köpfe und graue Haut und waren völlig unbehaart. Vor mehr als 10 000 Jahren seien sie schon einmal auf der Erde gewesen und hätten insgesamt 65-mal ins Genom der sich entwickelnden Menschheit eingegriffen.

Heute wird Bob Lazar nicht mehr so gern auf die Area 51 angesprochen. Doch es gibt womöglich noch andere Zeugen der dunklen Vorgänge rund um das geheime Gelände. Der Phänomene-Forscher Michael Hesemann jedenfalls dokumentierte in seiner Dokumentation »Geheimnisse der schwarzen Welt« zahlreiche Aussagen, die dies vermuten lassen. Demnach verfüge die Basis unterirdisch über bis zu 42 Stockwerke. Tief in der Erde befänden sich ganze Städte, von denen aus gelegentlich außerirdische UFOs senkrecht aufsteigen, um Probeflüge zu absolvieren. (Was ja, wenn man denn unbedingt will, die ungewöhnlichen Lichterscheinungen über der Basis erklären könnte.) Und die toten Aliens? Die würden wohl in zylindrischen Glascontainern aufbewahrt.

1995 meldete sich dann ein weiterer angeblicher Zeuge: Ein gewisser »Jarod-2« erklärte dem Area-51-Kenner Glenn Campbell gegenüber, neben der offiziellen US-Administration existiere eine »Schattenregierung«, die in Groom Lake außerirdische Antigravitations-UFOs verborgen halte. »Jarod-2« selbst will dieser Schattenregierung 30 Jahre lang angehört und auch persönlich in außerirdischen Flugsimulatoren gearbeitet haben. Zur Hand gegangen seien den Ingenieuren kleine graue Aliens.

Das Gebiet rund um die Area 51 ist längst zur gut besuchten Pilgerstätte für UFO-Fans aller Art geworden – spätestens seit Roland Emmerichs Kinohit *Independence Day* (1996), in dem die Erde von Aliens angegriffen wird und der Präsident in die Area 51 flieht, um von dort aus die Menschheit zu retten. Das Ganze ist mittlerweile ein Wirtschaftsfaktor, der die Landesregierung sogar veranlasste, eine Autobahn, die in der Nähe des »geheimen« Geländes verläuft, offiziell in »Extraterrestrial Highway« umzubenennen. Die Vermutung, dass die außerirdischen Technologien längst aus Nevada abgezogen wurden, die im Internet derzeit heftig diskutiert wird, ist daher nicht von der Hand zu weisen. Und vielleicht hört man demnächst ja tatsächlich Näheres über ein geheimes militärisches Gelände in Mexiko. *Top secret,* versteht sich.

26

DER GISEH-KRIMI

Zu den Höhepunkten jeder kulturell motivierten Ägypten-Reise gehört zweifellos der Besuch des Pyramidenfeldes von Giseh nahe bei Kairo. Dort ist nicht nur die (fachsprachlich: der) weltberühmte Sphinx zu bewundern; auch die Pyramiden, die sich hier dem faszinierten Betrachter präsentieren, gehören zu den imposantesten Bauwerken der Welt. Mit ursprünglich knapp 147 Meter Höhe übt wahrscheinlich die des Königs Cheops auf die meisten Besucher den größten Reiz aus. Die Archäologie datiert sie in die IV. Dynastie, 2670 bis 2500 vor unserer Zeitrechnung.

Mythen und Legenden aus dem arabischen Raum erzählen jedoch, sie sei noch viel, viel älter, habe bereits vor der Sintflut, also vor 10 000 Jahren und mehr, ihren Platz im Wüstensand behauptet. Zudem berge sie – unentdeckt bis heute – geheime Kammern, in denen unschätzbar großes Wissen versammelt sei (manche sprechen von der »Halle der Urkunden«).

Weder von einer so frühen Entstehungszeit noch von der Existenz bisher unentdeckter Räume im Inneren der

Cheopspyramide will die etablierte Archäologie etwas wissen. Das Bauwerk enthalte nur die drei bekannten Kammern. Basta.

Was das Alter betrifft: Der Geologe Dr. Robert M. Schoch von der Yale Universität und der Ägyptologe John Anthony West sind sich sicher, dass deutliche Erosionsspuren an der Sphinx, die nur wenige Hundert Meter von der Cheopspyramide entfernt ist, beweisen, dass die Figur mindestens doppelt so alt sein müsse. Diese Verwitterungen könnten, meinen sie, eigentlich nur von großen Mengen Regenwassers verursacht worden sein – in der Wüste Ägyptens! –, was viele automatisch an die Sintflut denken lässt, von der die Bibel berichtet.

Und die Anzahl der Kammern im Inneren der Cheopspyramide? Die Mumie des Pharaos wurde vermutlich nie gefunden, so behaupten einige Forscher. Könnte seine wahre Grabkammer also nicht noch im Verborgenen liegen? Ebenso wie die sagenumwitterten Halle und die geheimen Wissensschätze, die sie möglicherweise birgt? Neuere archäologische Forschungen haben bewiesen: In Giseh gibt es tatsächlich bislang unbekannte Hohlräume; zwar nicht in der Pyramide selbst, so doch vermutlich in der Nähe der Sphinx oder sogar unmittelbar unter ihr.

1999 gab Dr. Zahi Hawass, Ägyptologe und Generalsekretär der ägyptischen Altertümerverwaltung, bekannt, man habe unterhalb der Sphinx ein grob aus dem Fels gehauenes System von Kammern und Tunneln entdeckt, das auch einige Sarkophage enthalte. Um die Kammern des Wissens handelte es sich dabei allerdings nicht.

Grenzwissenschaftler vermuten sie nach wie vor in der

Cheopspyramide selbst. Und schon Anfang der Neunzigerjahre schien sich ein Beweis für diese These anzu-
bahnen.

Die Rede ist vom Upuaut-Projekt. So hieß ein kleiner,
mit allen technischen Finessen ausgestatteter Roboter, den
der deutsche Ingenieur Rudolf Gantenbrink nach allerlei
Vorbereitungen im Auftrag der ägyptischen Altertümerverwaltung und mit Genehmigung des Deutschen Archäologischen Instituts (DAI) in die Königinnenkammer der
Cheopspyramide verbrachte, um deren zwei ungewöhnliche »Belüftungsschächte« näher zu untersuchen. Dabei
handelte es sich um kleine Stollen im Ausmaß von 20 mal
20 Zentimetern.

Doch nach etwa 60 Metern ging die Fahrt nicht mehr
weiter: Der Roboter kam vor einem glatten Abschlussstein
zum Stehen, der den Tunnel versperrte. Das war zugleich
das Ende des Projekt.

Gantenbrink verweist allerdings auf einige interessante
Details, die der untersuchte Stollen aufwies. So sind etwa
deutliche Schleifspuren zu sehen, kleine Rillen am Boden
des Stollens, die den Eindruck erwecken, dort sei etwas
entlanggezogen worden. Weiter war deutlich zu sehen, dass
einige Abschnitte des Stollens glatt bearbeitete Steinblöcke
enthielten. Wie konnten sie dort hineingelangen?

Doch was die Gemüter am meisten erregte, auch beim
DAI, war besagter Endblock, der Abschlussstein. Er wurde
jetzt als »Tür« bezeichnet – doch wohin führte diese Tür?
Der Stein verfügt über zwei kupferne Beschläge. Was hatte
es damit auf sich? Professor Rainer Stadelmann, ehemali-
ger wissenschaftlicher Direktor des DAI in Kairo, erklärte,

diese »Verzierungen« seien symbolische »Hämmer« gewesen, mit denen der Pharao (bzw. seine Seele) den Abschlussblock zerschlagen sollte.

Sogleich wurden Spekulationen laut: Könnte es sein, dass unmittelbar hinter dieser »Tür« eine verborgene Kammer lag? Sicher wusste es niemand, aufgeschlossene Pyramidenforscher wollten es aber nicht ausschließen.

Nach seiner Entdeckung verwehrten die ägyptischen Behörden Gantenbrink weitere Nachforschungen in Giseh. Lange blieb es ruhig um die »Tür«.

Bis sich das Blatt im Frühherbst 2002 schlagartig wendete.

Man wolle, kündigte Dr. Zahi Hawass an, mit einem neu entwickelten Roboter, dem Pyramid Rover, in den Stollen fahren und den (wie man inzwischen wusste, nur 20 Zentimeter dicken) Stein durchbohren, um eine Kamera durch das Loch zu schieben. Geplant war, so der ägyptische Antikenverwalter, eine weltweite Live-Übertragung unter Federführung des TV-Senders der National Geographic Society. In Deutschland berichtete das ZDF am 17. September in einer »Nacht der Pyramiden« von halb vier Uhr morgens an. Es sollte eine archäologische Sensation werden.

Doch die Enttäuschung der Pyramiden-Fans war grenzenlos. Nicht nur, dass die Kamera des Roboters hinter dem Stein eine erneute Blockierung und keineswegs eine geheime Kammer entdeckte – für viele war die gesamte Sendung ein Witz, gelinde gesagt. »Sensationsmache«, »Medienflop«, »endgültig lächerlich gemacht« lauteten nur einige der Schlagzeilen, mit denen das Unternehmen anschließend in der Presse bedacht wurde.

Die gesamte 2-Stunden-Show war im Grunde nicht viel mehr als eine Selbstdarstellung Zawi Hawass', der im Übrigen noch sieben Jahre zuvor behauptet hatte, »das ist keine Tür, und dahinter ist auch nichts«. Während er jetzt von einem »wichtigen Fund« sprach.

Denkwürdig war auch das Ende der Sendung: Als in den letzten Minuten der Übertragung das eigentliche Ereignis – nämlich der Blick hinter den Stein – anstand, war schon alles wieder vorbei. Und die Moderatorin verabschiedete Hawass mit den Worten »Ich weiß, Sie haben es eilig«.

Ja, hatte er denn keine Zeit eingeplant für den Fall, dass sich hinter der Tür doch etwas befand? Mit einigem gesunden Menschenverstand betrachtet kann das doch nichts anderes bedeuten, als dass man den Ausgang des Unternehmens längst kannte. Chris Sondreal, der Produzent der Sendung, gab dann auch zu, dass der Roboter vorher bereits achtmal den Gang hochgeschickt worden war. Natürlich nur zum Training. Wer's glaubt …

Viel weiter als Gantenbrink 1993 ist man inzwischen also auch noch nicht. Und die Suche nach den vermeintlichen Geheimkammern kann weitergehen.

Japanische Wissenschaftler wollen unlängst nachgewiesen haben, dass 20 Prozent der Pyramide hohl seien. Da bliebe also genügend Raum für Kammern aller Art – aber auch für die Fantasie.

Andererseits: Vorausgesetzt, solche Hohlräume existieren wirklich – vielleicht sind sie auch nur der eigentümlichen Architektur der Pyramiden geschuldet. Dann allerdings bergen sie absolut nichts Mysteriöses, sondern nur abgestandene Luft.

So oder so, der Pyramiden-Krimi über die Suche nach den geheimen Kammern der Pharaonen wird weitergeschrieben werden, von wem auch immer. Das ist sicher.

27

NAZCA, DAS BILDERBUCH DER GÖTTER

Sie sind gigantisch, bis zu 2800 Jahre alt, »rätselhaft, geheimnisvoll und irgendwie auch unheimlich« (Erich von Däniken) – die Bodenzeichnungen der Ureinwohner Perus. Und was diese Geoglyphen für uns Heutige so unbegreiflich macht: Sie sind von derart gewaltiger Dimension, dass keiner ihrer Schöpfer sie in ihrer Gesamtheit je hat sehen können. Dies sollte dem Zeitalter des Flugverkehrs vorbehalten bleiben.

Sogenannte Scharrbilder finden sich nicht nur in Peru, sondern auch in anderen Teilen der Welt. Sie zeigen Motive aus der Natur, aber auch geometrische Strukturen von unglaublicher Präzision. Doch am berühmtesten sind zweifellos die auf der Hochebene von Nazca. Hier ist auf einer Fläche von etwa 500 Quadratkilometern das größte Bilderbuch der Götter aufgeschlagen.

Entdeckt – oder vielleicht sollte man besser sagen: wiederentdeckt – wurden die Nazca-Linien 1927 von dem peruanischen Archäologen Toribio Mejia Xesspe, der 13 Jahre später einen Artikel über die sonderbaren Bodenstrukturen verfasste. Vollends aus dem Winterschlaf der Geschichte gerissen wurden sie dann Anfang der Vierzigerjahre, als der Historiker Paul Kosok von New York aus mit einem Flugzeug über die Ebene flog und 1947 in *Natural History* von seinen Beobachtungen berichtete. Seither ist die Ebene von Nazca unter Archäologen bekannt.

Einer Frau vor allem ist es zu verdanken, dass wir heute schon einiges über die merkwürdigen Bilder und Zeichnungen wissen: der deutschen Geografin Dr. h.c. Maria Reiche (1903–1998). Seit sie 1939 über Paul Kosok von dem Phänomen erfuhr, widmete sie sich bis zu ihrem Tod der Erforschung der Nazca-Linien. Auf ihr unermüdliches Engagement geht auch zurück, dass sie seit 1994 offiziell zum Weltkulturerbe der Menschheit gehören.

Inzwischen ist Nazca zu einem Touristenmagneten geworden. Und das liegt nicht zuletzt an Erich von Däniken, der sich den Bodenzeichnungen im Zusammenhang seiner These, dass die Erde vor Jahrtausenden Besuch aus dem All erhalten habe, seit 1968 in zahlreichen Veröffentlichungen widmet. Auch der französische Schriftsteller und Prä-Astronautik-Interessierte Robert Charroux (eigtl.: Robert Grugeau, 1909–1978) trug schon früh zur wachsenden Berühmtheit der rätselhaften Linien bei. Deren »fantastische Ideen«, schreiben Dietrich Schulze und Viola Zetzsche in ihrer Maria-Reiche-Biografie 2005, »wirkten auf die Pampa wie das Licht eines Scheinwerfers«.

Und in diesem Licht zeigt sich wahrlich Beeindruckendes: Tausende von schnurgeraden Linien, Trapezen und Tiermotiven. Manche der Linien sind nicht einmal einen Meter breit. Doch dafür verlaufen sie kilometerweit schnurgerade durch die Landschaft, querfeldein über Berge und Hügel.

Die längste der uns bisher bekannten Linien, es sind knapp 2000, bringt es auf 23 Kilometer, was mehr als der Hälfte eines Marathonlaufes entspricht.

Interessant sind auch »las pistas«. Diese Pisten, anders kann man sie kaum nennen, sind zum Teil mehr als einen Kilometer lang und über 100 Meter breit. Viele dieser Pisten und Linien verlaufen parallel zueinander, andere kreuzen oder vereinigen sich an bestimmten Stellen, andere knicken ab und wachsen in der Breite gleichmäßig an. Vom Flugzeug aus ein verwirrendes, geradezu chaotisch anmutendes Bild. »Einige [der Pisten, LAF] könnte man für Flugplätze halten«, schrieb Maria Reiche 1968. Ähnliche Vermutungen äußerte auch Erich von Däniken (und mit ihm andere Vertreter der Prä-Astronautik) und erntete dafür nur Hohn und Spott. Könnten hier außerirdische Besucher gelandet sein und hinterließen eine Spur oder Piste, die von den Einheimischen dann in einem Kult kopiert wurden?, fragen sich viele.

Das Deutsche Archäologische Institut ist seit Jahren intensiv dabei, die Strukturen der Ebene zu vermessen, zu klassifizieren und zu fotografieren, heutzutage auch unter Zuhilfenahme spezieller Modellhubschrauber und GPS. Doch welchen Sinn die Bodenzeichnungen haben, ist immer noch nicht zur Zufriedenheit geklärt.

Neben den Linien und Pisten sind es vor allem die Tierdarstellungen, die faszinieren – Affen, Spinnen, Vögel und Fische im Riesenformat. Wie Maria Reiche herausgefunden hat, besteht jede dieser Zeichnungen aus einer einzigen Linie. Bislang sind uns etwa 70 dieser Tierbilder bekannt; das größte zeigt einen Kolibri von 250 Metern Länge. Aber auch andere Motive wurden bereits identifiziert, zum Beispiel eine Figur wie ein »Astronaut«, ein Baum und eine Spirale. Mal schauen, was da noch so alles entdeckt wird …

Doch die entscheidende Frage ist und bleibt: Was soll das alles? Welchen Sinn hatten diese mühevollen Arbeiten unserer südamerikanischen Vorfahren? (Denn wie gesagt: Scharrbilder dieser Art sind nicht auf Nazca beschränkt. Man findet sie auch in anderen Gebieten der Anden und bis hin nach Chile, ja selbst in den USA und in Russland.)

Maria Reiche vermutete, die Linien seien astronomisch zu deuten und stünden in Beziehung zu bestimmten Sternen und Planeten. Andere Vertreter dieser These halten die Tierfiguren sogar für exakte Entsprechungen der Sternbilder am Nachthimmel; so wäre die Spinne beispielsweise dem Orion zuzuordnen.

Und die Thesen der »Prä-Astronautiker«? Ihnen zufolge könnten die »Astronautengötter« vor Urzeiten auch einmal in der Ebene von Nazca gelandet sein. Die Spuren, die sie hinterlassen hatten, wurden dann später von den Indios kopiert und im Laufe der Zeit immer mehr erweitert. Vielleicht war es aber auch so, dass die erstaunten Ureinwohner die Fremden und ihre seltsamen technischen Geräte beobachteten und mit den Linien und Pisten, die sie in den Boden zeichneten, die Götter aus dem All zur Rückkehr auf die Erde bewegen wollten? Einige extreme Vertreter der »Alien-These« gehen sogar so weit zu behaupten, dass vor vielen Jahrtausenden Außerirdische aus dem Sternbild der Plejaden hier gelandet seien und bei dieser Gelegenheit gleich die Menschen erschufen.

In anderen Interpretationen gelten die Linien und Figuren als Sportplatz zur körperlichen Ertüchtigung. Diese

Vermutung äußerten jedenfalls der deutsche Patentanwalt Georg A. von Breunig und Dr. Hoimar von Ditfurth (1921–1989) in den Achtzigerjahren.

Helmuth Tributsch dagegen, der in einigen interessanten Büchern versuchte, Mythen und seltsame Hinterlassenschaften der Vergangenheit durch einen »Fata-Morgana-Kult« zu erklären, brachte auch die Linien von Nazca mit Luftspiegelungen in Zusammenhang.

Vielleicht hatten die Bodenzeichnungen aber auch irgendetwas mit dem Totenkult der Indios zu tun?

Oder markieren sie einfach Wasseradern in der Wüste? Dagegen spricht allerdings, dass sich in Chile auch Scharrbilder an Stellen finden, an denen kein Wassermangel herrscht.

Wahrscheinlich gibt es noch weit mehr Vermutungen und Spekulationen. Die Tatsache, dass Google zum Stichwort »Nazca« ganze 5 280 000 Treffer verzeichnet, spricht dafür. Außer Thesen nichts gewesen also?

Im Sommer 2007 hieß es jedenfalls wieder einmal: »Das Geheimnis von Nazca ist gelüftet« (*Frankfurter Allgemeine Zeitung online*, 14. Juli 2007). Zu diesem Zeitpunkt taten der peruanische Archäologe Johny Isla und Dr. Markus Reindel vom Deutschen Archäologischen Institut ihre Überzeugung kund, bei den Linien und Pisten handele es sich um religiöse Prozessionswege, auf denen die Menschen um Wasser beteten. Und die Figuren? Vermutlich »begehbare Fruchtbarkeitssymbole«.

Von Dänikens Thesen seien nun wohl widerlegt, jubelte die Journalistin Isabella Kroth tags darauf bei *Focus online*.

Er selbst, seit 1979 Ehrenbürger der Stadt Nazca, hält dagegen: »In der Gegend stimmt einfach etwas nicht.« Von Däniken bezieht sich dabei auf ein deutsch-peruanisches Forschungsprojekt seiner nach ihm benannten Stiftung, das dort anormale Magnetfelder und ein bis zu 17-mal erhöhtes Arsenvorkommen hat nachweisen können. Näheres berichtet er zum Beispiel in seinem 2007 erschienenen Buch *Falsch informiert!*. »In Nazca stimmt was nicht«, schlussfolgert von Däniken und fordert nähre Untersuchungen.

Ob das Rätsel von Nazca je entschlüsselt wird?

28

SPUREN DES UNTERGEGANGENEN MU IM PAZIFIK?

1985 organisierte Kihachiro Aratake Tauchreisen im äußersten Südwesten Japans. Ob er es heute noch tut, weiß ich gar nicht, doch für die Geschichte, die ich erzählen möchte, spielt es auch keine Rolle.

Wichtig ist nur, dass Aratake im Frühjahr 1985 vor der Küste der Insel Yonaguni auf der Suche nach einer Stelle war, an der er seinen Tauchkunden Hammerhaie zeigen konnte. In 30 Meter Tiefe präsentierte sich das Meer in seiner ganzen Pracht: herrliches Wasser, Fische in allen Farben und Formen, ausgedehnte Korallenbänke. Zwar sah er keinen Hammerhai …

… doch was war das?

Vor Aratake erstreckte sich ein Felsen von 200 Metern Länge, 150 Metern Breite und 25 Metern Höhe. Eigentlich noch nichts Besonderes, hätte es sich nicht um eine Struktur mit akkuraten Kanten, treppenartigen Simsen, rechten Winkeln, Plattformen, Stiegen und seltsame Terrassen gehandelt. Das konnte keine natürliche geologische Formation sein, oder etwa doch?

Was Kihachiro Aratake da in den Tiefen des Meeres gefunden hatte, ohne danach zu suchen, ist heute als Yonaguni-Monument bekannt. Manchmal spricht man auch von Unterwasserpyramiden – ein irreführender Begriff, wie ich finde. Denn der große längliche Monolith hat ganz und gar nichts Pyramidenähnliches.

In Japan und dann auch über die Landesgrenzen hinaus zog die Entdeckung weite Kreise. Sollte man etwa Spuren einer uralten Zivilisation gefunden haben? Konnte es sich gar um Relikte des mythischen Kontinentes Mu handeln, der, wie es die Legende will, einst im Pazifik versank?

Dieses »Atlantis des Stillen Ozeans« wurde vor allem durch das Buch *The lost Continet of Mu* (1926) von James Churchward (1851–1936) berühmt. »Der Garten Eden«, schreibt er über dieses »eigentliche Mutterland der Menschheit«, »lag nicht in Asien, sondern in einem seit Langem versunkenen Kontinent im Pazifik«. Mu, so Churchward, habe vor 50 000 Jahren 64 Millionen Einwohner gehabt. »Bis ihre Heimat durch schreckliche Erdbeben und Überschwemmungen vor etwa 12 000 Jahren in einem unbeschreiblichen Feuer- und Wassersturm vom Erdboden verschwand.« Der Archäologe hätte seine Freude an Aratakes Fund gehabt!

Das Yonaguni-Monument wurde in der Folgezeit erforscht, soweit es ging, und bald stellte sich heraus, dass es innerhalb eines Areals von etwa fünf Quadratkilometern weitere Formationen dieser Art gibt.

Angenommen, sie alle seien nicht natürlich entstanden, sondern – was der präzisen Formgestaltung nach durchaus möglich schien – von Menschenhand erschaffen, dürften sie, so wurde ermittelt, bis zu 12 000 Jahre alt sein. Und natürlich hätten sie nicht unter Wasser hergestellt werden können, sondern nur an der Luft und auf festem Boden. Das Ende der Eiszeit und der damit einhergehende Anstieg des Meeresspiegels hätten schließlich dazu geführt, dass sie im Ozean versanken.

Professor Masaaki Kimura, Meeresgeologe an der Universität Ryukyu, Okinawa, zufolge lag der Meeresspiegel vor dem Ende der letzten Eiszeit in dieser Region in der Tat 30 Meter tiefer, was bedeuten würde, dass das Yonaguni-Monument wirklich von einer uralten menschlichen Kultur zeugt. Das ist die These, die Kumura bis heute vertritt, allen Anfeindungen zum Trotz.

Wohl bemerkt: Der Meeresgeologe spricht hier von einer Epoche, die rund 12 000 Jahre zurückliegt. Und es gibt durchaus Stimmen, die die erste menschliche Zivilisation in diesen Zeitraum datieren, Colin Wilson zum Beispiel oder auch Graham Hancock, der Autor von *Die Spur der Götter*.

Zu Kimuras Kritikern gehört unter anderen der deutsche Geologe und Wissenschaftsjournalist Wolf Wichmann, der das Monument mehrfach selbst in Augenschein genommen hat. Er – und mit ihm auch der Geologe Professor Robert M. Schoch – ist überzeugt, die Strukturen von Yonaguni seien natürlichen Ursprungs. Schoch allerdings will eine »Bearbeitung« der Felsen durch den Menschen nicht kategorisch ausschließen. Und selbst Wichmann räumte 2003 in einem Interview mit *Spiegel online* ein, es könne durchaus sein, dass in der Vorzeit eine Jäger- und Sammlerkultur »vielleicht auch mal einige Steine abgebrochen hat«.

Noch im September 2008 erläuterte Wichmann mir

gegenüber jedoch, dass »die Prozesse, die die Formation unter Wasser gebildet haben, (...) weiterhin im Bereich der Steilküste ablaufen. Die Einzelformen und damit die gesamte Formation sind typisch für Kliffbildungen an Fels-küsten mit hoher Brandungs- und Strömungsenergie.«

Der Archäologe und Taucher Michael Arbuthnot wiede-rum sieht sich durch das Monument in seiner Vermutung bestätigt, dass die Inseln im Pazifik schon in weit vorge-schichtlicher Zeit besiedelt waren, und unterstützt damit die Thesen Professor Kimuras. »Wir haben da auch viele Teile des Monumentes, die es einem beim Betrachten schwer machen, an eine Formung durch natürliche Kräfte zu glau-ben«, so Arbuthnot. In jenen fernen Tagen sei der Meeres-spiegel so niedrig gewesen, dass die Menschen hätten ohne Weiteres von einer Insel zur anderen segeln können.

Was denn nun? Ist das Yonaguni-Monument natürlich ent-standen oder doch menschlichen Ursprungs? Bislang hat keine Expedition endgültige Sicherheit gebracht, auch nicht die immerhin dreiwöchige 1998, als sich Geologen, Archäologen und Anthropologen zusammen mit Kihachi-ro Aratake aufmachten, um in zahlreichen Tauchgängen das Rätsel im Pazifik ein für alle Mal zu lösen.

Von diesem Unternehmen hatte man sich endlich um-fassende Aufklärung versprochen. Doch leider Pusteku-chen. Die Beteiligten sind sich nicht einig. Manche wollen unter Wasser Anlegeplätze für Boote erkannt haben, andere sprechen schlicht von einer Laune der Natur – entstanden durch Strömungen und Abschleifungen. Einige Geologen weisen darauf hin, dass sich selbst ganz glatte Terrassen bzw. Stufen und auch rechte Winkel ganz natürlich herausbilden können. Und dann noch unter dem ständigen Einfluss von Wasser …

Uneinigkeit besteht aber selbst unter den Befürwortern der These vom anthropogenen Ursprung der Felsformationen. Ist das »Festland«, auf dem sie entstanden sein könnten, tatsächlich im Meer versunken, als am Ende der letzten Eiszeit der Wasserspiegel allmählich anstieg? Oder könnte nicht eher ein Erdbeben die Ursache gewesen sein – in dieser Gegend der Welt ja kein ganz ungewöhnliches Ereignis?

Die Diskussion ist also bis heute offen. Ungewöhnlich eigentlich – man sollte doch meinen, dass wenigstens Geologen in der Lage sein müssten zu beurteilen, ob ein Stein behauen wurde oder nicht.

29

ROSWELL UND DIE ALIENS

Was wäre die Hystoria Mystica ohne Roswell? Bei den meisten, die sich für die ungelösten Geheimnisse der Welt interessieren, vermute ich, genügt allein die Erwähnung des Namens dieser Stadt im Südosten New Mexicos, um vor dem inneren Auge einen Film abspulen zu lassen, der mit einem schweren Gewitter und dem Absturz einer fliegenden Untertasse beginnt. Und wie es bei den meisten wirklich guten Filmstoffen so ist, liegt auch in diesem Fall vieles im Dunkeln und bleibt der Fantasie überlassen.

Es fing alles ganz harmlos an.

1947 war William »Mac« Brazel Verwalter einer Farm nicht allzu weit von Roswell entfernt. Nach besagtem Unwetter stieg er am Morgen des 14. Juni auf sein Pferd, um sich zu versichern, dass nicht etwa ein Tier vom Blitz getroffen worden war. Mitten auf dem weitläufigen Gelände stieß er plötzlich auf unzählige kleine Trümmerteile, deren Herkunft er sich nicht erklären konnte. Nur so viel schien auf der Hand zu liegen: Hier musste irgendetwas abgestürzt sein. Ein Wetterballon vielleicht? Oder gar …

Drei Wochen später entschloss sich Mac Brazel, Sheriff George Wilcox in Roswell seinen Fund zu melden. Dieser wiederum sagte in der nahe gelegenen Air Base der Army beim 509. Bombergeschwader Bescheid.

Angeblich trafen noch am selben Nachmittag hochrangige Vertreter des Militärs an der Absturzstelle ein.

Was die Herren dort vorfanden? Vor allem viel folienartiges, silbern glänzendes Material, sonderbare »Stäbe« von ca. 1,25 Meter Länge »mit einer Art Hieroglyphen darauf, die niemand entziffern konnte« (so der Augenzeuge Major Jesse Marcel) und viele andere, nicht näher identifizierbare Gegenstände. Am Boden und mit Helikoptern wurde die ganze Region nach weiteren Trümmern durchsucht. Und der Clou: Von einem der Hubschrauber aus sollen ein UFO und daneben angeblich die Leichen von vier oder fünf nur etwa 1,20 Meter kleinen Aliens entdeckt worden sein.

Die Militärs sammelten einige der Fundstücke auf und verbrachten sie nach Roswell. Von dort aus sollen die Objekte zum Wright Field, einer Einrichtung der US-Air Force in Daytona, Ohio, geflogen worden sein.

Lieutenant Walter Haut, Presseoffizier der Militärbasis, wurde angewiesen, der Presse gegenüber telefonisch bekannt zu geben, auf einer Ranch nahe Roswell sei es der US-Army gelungen, eine »fliegende Untertasse« zu bergen.

Diese Mitteilung schlug ein wie eine Bombe. Zeitungen und Rundfunkanstalten nahmen die Meldung begierig auf: Nun seien »die vielen Gerüchte über fliegende Scheiben« Realität geworden.

Ein Mythos war geboren. Und der Film, der sich vor unserem Auge abspielt, geht weiter.

Denn bereits am 9. Juli 1947 ruderte die Army zurück. Die ganze Aufregung, hieß es auf einer eilig einberufenen Pressekonferenz, sei völlig unbegründet. Tags darauf zitierte der *Roswell Daily Record* Brigadegeneral Roger Maxwell Ramey, Kommandant der 8. US-Luftstreitkräfte, denen auch das 509. Bombergeschwader von Roswell unterstellt war, mit den Worten: »Die Scheibe ist ein Wetterballon.« Als Beweis hatte Ramey den Medienvertretern folienartige Stofffetzen und irgendwelche kleine Trümmerteilchen vorgelegt.

Und damit hätte unser Film sein Ende finden können, wenn auch kein rundum zufriedenstellendes. Aber eigentlich geht er erst jetzt so richtig los.

Denn für hartgesottene UFO-Forscher war das letzte Wort über den »Roswell-Zwischenfall« noch lange nicht gesprochen. Das gleichnamige Buch von Charles Berlitz und William L. Moore erschien zwar erst mehr als 30 Jahre später (genauer gesagt: 1979), seither aber ist Roswell fester Bestandteil der populären (UFO-)Kultur.

Deren Kernthese: Das US-Militär habe in jenem Sommer 1947 tatsächlich ein außerirdisches Raumschiff gefunden, dann aber alles versucht, um dieses Ereignis wieder zu vertuschen. Und »wir« werden seit Jahrzehnten an der Nase herumgeführt.

Immer neue Veröffentlichungen warteten mit immer neuen Zeugenaussagen auf. So soll beispielsweise Walter G. Haut, jener Presseoffizier, der seinerzeit die Medien über den UFO-Fund unterrichtet hatte, kurz vor seinem Tod im Dezember 2005 noch einmal bestätigt haben, dass es sich tatsächlich um ein unbekanntes Flugobjekt außerirdischer Herkunft gehandelt habe. Bereits drei Jahre zuvor, am 26. Dezember 2002, hatte er eine notariell beglaubigte eidesstattliche Erklärung abgegeben, der zufolge er das Flugobjekt und die Leichen der Aliens mit eigenen Augen gesehen habe.

Dies und andere Erkenntnisse veröffentlichten Donald R. Schmitt und Thomas J. Carey 2007 in ihrem Enthüllungsbuch *Witness to Roswell* – gerade rechzeitig zum groß gefeierten 60-jährigen Jubiläum.

Aber auch andere sind überzeugt, dass es seinerzeit keinesfalls ein Wetterballon war, der über der Farm abstürzte. So bestätigte mir etwa Dr. Edgar Mitchell von der Apollo-14-Mission der NASA bei einem Treffen im Oktober 2005:

»Was in Roswell passierte, ist die Wahrheit (…) Alte Freunde, die die Geschehnisse damals mit eigenen Augen miterlebten und heute längst tot sind, haben mir die Wahrheit erzählt. Eine staatliche Geheimorganisation zur Geheimhaltung dieser Zwischenfälle arbeitet auch heute noch erfolgreich an der Verschleierung dieses wichtigsten Ereignisses in der Geschichte der Menschheit.«

(Dr. Mitchell vermutet übrigens, dass viele der heutigen UFOs durchaus irdischer Natur sind. Allerdings seien sie mithilfe extraterrestrischer Technologien konstruiert worden. Das würde bedeuten, dass insgeheim außerirdisches

Know-how in militärische oder auch zivile Entwicklungen eingeflossen sein könnte. Aber das nur so nebenbei.)

Aussagen des ehemaligen NASA-Wissenschaftsoffiziers Clark McClelland zufolge soll seinerzeit auch Raketen-Pionier Dr. Wernher M. M. Freiherr von Braun (1912–1977) das Roswell-UFO gesehen und untersucht haben. McClelland habe sich am 15. Juli 1969, dem Vortag der Apollo-11-Mission, mit von Braun getroffen. Dabei sei das Gespräch auch auf die Alien-Leichen gekommen, und von Braun habe erklärt, er sei damals zur Absturzstelle gebracht worden und habe sowohl das Wrack als auch die Leichen selbst gesehen. Angeblich beschrieb er sie McClelland gegenüber mit den Worten:

»Kleine, gebrechlich wirkende Wesen mit großen Köpfen und riesigen Augen (...) Ihre Haut war gräulich und reptilienartig, von ähnlicher Beschaffenheit wie die Haut von Klapperschlangen.«

Was den Flugkörper selbst betrifft, hätte sich von Braun seine Konstruktion nicht erklären können. Sie sei ihm völlig rätselhaft gewesen, das Material aluminiumartig, sehr dünn und leicht, aber extrem stabil.

1982 erhielt der Roswell-Mythos neue Nahrung, als die legendären »Majic 12«-Dokumente auftauchten. Angeblich stammen die »streng geheimen« Papiere aus dem Jahr 1952 und stellen eine Zusammenfassung des Forschungsstandes in Sachen Roswell-UFO für den Präsidenten Dwight D. Eisenhower dar. Aus den Unterlagen soll hervorgehen, dass

Präsident Harry S. Truman (1884–1972), aktiver Freimaurer, die geheime Forschergruppe nach dem Roswell-Vorfall gegründet habe. Zu diesen »Majic 12«, den Magischen Zwölf, soll auch Albert Einstein gehört haben. Als Verfasser der seltsamen Papiere wird Admiral Roscoe H. Hillenkoetter, erster Direktor der CIA, angegeben.

Verschwörungstheoretiker fühlten sich in ihren düsteren Vermutungen bestätigt – »wo viel Rauch«, dachten sie wohl, »da auch viel Feuer«. Kritiker bezweifelten die Echtheit der Dokumente. Das FBI, auf dessen Webseite die Papiere zum Download stehen, hält sie ebenfalls für gefälscht.

Doch zurück nach Roswell. Dort gab es einen Bestattungsunternehmer, Glenn Dennis, der mit Presseoffizier Walter Haut befreundet war. 1989 wandte auch er sich an die Medien. Wie er sagte, hätten sich in jenem Sommer 1947 Vertreter der Air Base bei ihm erkundigt, ob er Kindersärge auf Lager habe. Und ob er vielleicht wisse, wie man Leichen konserviert. Was aber für den weiteren Verlauf der Geschichte – und des Films in unseren Köpfen – viel wichtiger war: Auf dem Gelände der Air Base will Dennis eine Krankenschwester mit Namen Naomi Maria Selff getroffen haben, die der Autopsie der außerirdischen Leichen beigewohnt haben soll.

Angeblich war sie es, die die Skizze der Aliens anfertigte, die wir heute aus so gut wie allen Büchern kennen, die sich mit dem Thema Roswell beschäftigen. Das Problem ist bloß: Von dieser Frau fehlt jede Spur. Bis auf den heutigen Tag ist es trotz intensivster Bemühungen keinem UFO-Forscher gelungen, ihre Identität zu bestätigen.

Doch Seltsames über Alien-Leichen berichtete auch ein gewisser »Dr. Chris« (Pseudonym) dem UFO-Forscher Andreas von Rétyi: Im April 1977 habe er mit einer Gruppe von internationalen Wissenschaftlern am *Jet Propulsion Laboratory* der NASA in Pasadena nicht nur Wrackteile von UFOs untersucht, sondern auch die sterblichen Überreste der Außerirdischen. »Dr. Chris« ist polnischer Biophysiker und Ingenieur, der nach Meinung von Andreas von Rétyi »es gar nicht nötig hat, durch die Erfindung solcher Geschichten Aufmerksamkeit auf sich zu lenken«, wie von Rétyi es Timothy Good im Sommer 1995 mitteilte. Er hält »Dr. Chris« für glaubwürdig.

Immer mehr Bücher über Roswell erschienen, immer mehr angebliche Augenzeugen meldeten sich zu Wort. Und die Behörden sahen sich gezwungen zu reagieren.

Als die Regierung der USA auf einer Pressekonferenz 1995 der Öffentlichkeit mitteilte, dass die Geschichte von 1947 mit dem Wetterballon eine Lüge gewesen sei, wurden die UFOlogen hellhörig.

Bei dem vorgeblichen Wetterballon, der 1947 über der Wüste bei Roswell geplatzt sei, habe es sich in Wahrheit um einen Spionageballon des streng geheimen Projekts »Mogul« gehandelt, mit dem die USA zu Beginn des Kalten Krieges versucht hatten, eventuellen Atomtests der UdSSR auf die Spur zu kommen.

Nun, unter UFO-Forschern war diese Erklärung ebenso heftig umstritten wie vordem die Interpretation des abgestürzten Flugobjekts als Wetterballon.

Ein Jahr später sahen sich die US-Behörden offenbar auch genötigt, eine Erklärung für die Leichen von Roswell nachzureichen. Im Auftrag der Air Force verfasste Captain James McAndrew einen Abschlussbericht unter dem Titel *Roswell Report: Case Closed*, in dem es heißt, natürlich habe es sich keineswegs um Außerirdische gehandelt, sondern lediglich um Crashtest-Dummies, die zwischen 1954 und 1959 über diesem Gebiet abgeworfen worden seien. Im Laufe der Zeit hätten die Zeugen des Roswell-Zwischenfalls das dann irgendwie durcheinandergebracht.

In diesem Bericht bot McAndrew zudem eine »Erklärung« für die Aussagen an, es sei auch ein lebender Alien gesehen worden. In Wirklichkeit wäre es bloß ein gewisser Captain Dan D. Flugham gewesen, der nach einem Ballonunfall stark geschwollene Augen gehabt hätte.

Na ja.

1995 war auch das Jahr, in dem erstmals ein Streifen gezeigt wurde, der es seither als »Santilli-Film« zu einer gewissen Berühmtheit gebracht hat. Ray Santilli, ein Produzent aus London, erklärte, er habe das Dokument von jemandem erhalten, der ehemals als Kameramann beim US-Militär tätig war. Zu sehen sind in diesem Film Leute in Schutzanzügen, die eine menschenähnliche Gestalt obduzieren. Die Autopsie eines der Roswell-Aliens?

Hätte sein können.

Aber ... Im Frühling 2006 gab Ray Santilli zu, den Film selbst gedreht und auch einen der obduzierenden Ärzte gespielt zu haben. Allerdings sei er tatsächlich im Besitz eines »echten« Autopsie-Films gewesen. Den hätten er und ein Kollege Anfang der Neunzigerjahre gefunden. Das Material sei jedoch so stark zersetzt gewesen, dass er sich entschieden habe, die Szenen nachzustellen. Tja.

Manche Leute meinen, das UFO von damals befinde sich mittlerweile zusammen mit anderen in der geheimnisumwitterten Area 51 in Nevada. Aber auch Roswell lebt heute noch ganz gut von den UFO-Touristen aus aller Welt.

Der Mythos lebt also weiter. Und auch der Film in unseren Köpfen wird so schnell nicht zum Ende kommen.

30

DAS TUNGUSKA-EREIGNIS

In den Weiten der sibirischen Taiga fließt ein Fluss, dessen merkwürdigen Namen – Steinerne Tunguska (Podka-
mennaya Tunguska) – wir wahrscheinlich nie gehört hätten, wäre in seiner Nähe nicht vor 100 Jahren die Welt
untergegangen.

Beinahe so habe es sich jedenfalls angefühlt, berichteten
übereinstimmend Menschen, die von Weitem Zeugen des
Ereignisses wurden.

Was war geschehen?

Am 30. Juni 1908, 7.14 Uhr Ortszeit raste mit unglaublicher Geschwindigkeit ein sonnenhelles Objekt auf die
Erde zu und explodierte mit unaussprechlicher Wucht.
Die entstehende Druckwelle umrundete zweimal den Erd-
ball und war – diesen traurigen Vergleich können wir
heute treffen – gewaltiger als bei den Atombomben, die
im Sommer 1945 über Nagasaki und Hiroshima abgeworfen wurden.

Auf einem Gebiet von über 2000 Quadratkilometern
zerstörte die Katastrophe eine Unzahl von Bäumen (nach
Schätzungen der Zeitschrift *Nature* aus dem Jahr 2006 bis

zu 60 Millionen), sie verbrannten oder knickten um wie die viel zitierten Streichhölzer.

In einer Entfernung von 900 Kilometern, am südlichen Baikalsee in Irkutsk, kamen die Seismografen eine ganze Stunde lang nicht zur Ruhe.

Und wieder stellt sich die Frage: Was war geschehen?

Die betrübliche Antwort kann auch heute, nach 100 Jahren, nur lauten: Wir wissen es nicht. Jedenfalls nicht mit Sicherheit.

Die meisten Astronomen vermuten allerdings mittlerweile, dass es seinerzeit ein Steinasteroid war, der über der Taiga explodierte. Er muss von relativ geringer Dichte gewesen sein und einen Durchmesser von 50 bis 80 Metern gehabt haben. Explodiert sei er demnach wenige Kilometer von der Erde entfernt aufgrund der Reibung in der Atmosphäre.

Doch eigentlich kann er sich ja nicht vollends in Luft aufgelöst haben. Müsste nicht irgendwo ein Einschlagkrater zu finden sein?

Bereits in den Zwanzigerjahren des vorigen Jahrhunderts unternahm der Geologe Leonid Alexejewitsch Kulik (1883 bis 1942) Exkursionen in die Taiga, um das betroffene Gebiet näher zu untersuchen. Seine Erkenntnisse – 1938 veranlasste er z. B. die ersten Luftaufnahmen der Gegend – sind auch heute noch von Bedeutung, einen Einschlagskrater jedoch fand er nicht …

… im Unterschied möglicherweise zu einer Forschergruppe vom *Istituto di Scienze Marine* in Bologna unter der Leitung von Luca Gasperini.

Im Mittelpunkt ihres Interesses liegt der Tscheko-See, ein kegelförmiges Gewässer von 50 Metern Tiefe und 400 Metern Länge, das etwa acht Kilometer nördlich vom vermuteten Zentrum der Tugunska-Explosion liegt und das 20 Jahre nach der Katastrophe erstmals erwähnt wurde. An dieser Stelle könne durchaus ein Fragment des Asteroiden eingeschlagen sein, teilten sie Mitte Juli 2007 im Online-Magazin *Terra Nova* (Vol. 19, Nr. 4) mit.

Ein handfester Beweis für diese Vermutung liegt zwar noch nicht vor. Nach Angaben von Gasperini hätten Schallmessungen in zehn Metern Tiefe unter dem Grund des Sees jedoch deutliche Hinweise auf Verdichtungen des Erdreiches ergeben. Dabei könne es sich entweder um das Bruchstück eines Asteroiden handeln oder um Sedimentverdichtungen aufgrund des Einschlags. Wie mir mitgeteilt wurde, plant die Universität von Bologna in nächster Zeit weitere Untersuchungen, u. a. auch Probebohrungen. Vielleicht wissen wir also bald mehr.

Unter Naturwissenschaftlern wird jedoch auch eine andere Auffassung des Tunguska-Ereignisses diskutiert. 2002 äußerte der Geologe Wladimier Epifanov vom Forschungsinstitut für Geologie, Geophysik und Mineralogie in Nowosibirsk gegenüber der russischen wissenschaftlichen Presseagentur Informanauka, die Asteroiden-These sei falsch. Vieles spreche dafür, dass die Explosion »von unten« gekommen sei. Seines Erachtens hätte sich im Erdreich dort eine brisante Mischung aus Erdgas, Öl und Gaskondensaten geballt. Schon ein kleines Erdbeben hätte gereicht, um das unter Druck stehende Gemisch in die Luft gehen zu lassen – mit den bekannten verheerenden Folgen. Könnte durchaus auch sein, hört sich jedenfalls logisch an, finde ich.

Aber natürlich sind nicht nur die vermeintlich exakten Wissenschaften mit dem Tunguska-Ereignis befasst. Um sich davon zu überzeugen, reicht ein kurzer Blick in die Tiefen des Internets. Dort kursieren angeblich an die 120 Theorien. Und was hätten wir da nicht alles für Spekulationen:
• Den Absturz eines Raumschiffes außerirdischer Herkunft
• Die Explosion irgendwelcher Antimaterie
• Die kurzzeitige Öffnung eines winzigen Schwarzen Loches
• Die Explosion einer Atombombe (durch Zeitverschiebung ins Jahr 1908 gelangt)
• Die drastische »Botschaft« von Aliens, die den Ausbruch eines Vulkanes als Signal von der Erde missverstanden.
  Und und und.

Bereits 1946 vertrat der russische Schriftsteller Oberst Alexander Petrovich Kasanzew (1906 – 2002) in der sowjetischen Zeitschrift *Wokrug sweta* (*Vokrug Sveta*) die These, über der Steinernen Tunguska könne ein atombetriebenes Raumschiff explodiert sein. Der Artikel von Kasanzew erregte in der UdSSR enormes Aufsehen. Zahlreiche Pro- und Kontra-Diskussionen folgten. Auch Dr. Felix Zigel, Vater der sowjetischen UFOlogie, schloss sich der These an.
  Und noch Jahre später sagte Kasanzew dem österreichischen Phänomene-Forscher und Schriftsteller Peter Kassa gegenüber:

»[Es war] gewiss keine Bombe, wie man zunächst vielleicht hätte vermuten können, sondern ganz offensichtlich die Havarie eines bemannten Flugkörpers außerirdischer Herkunft, dessen radioaktiver Treibstoff in einer bestimmten Höhe über dem Epizentrum aus uns unbekannten Ursachen explodierte.«

Ähnliche Thesen werden bis auf den heutigen Tag vertreten und diskutiert. Jüngst etwa in dem Buch *The Tunguska Mystery* (2008) von Dr. Vladimir V. Rubtsov vom *Research Institut on Anomalous Phenomena* in Kiew.

In der grenzwissenschaftlichen Erklärungwelt spielt auch ein seltsames Metallstück eine gewisse Rolle, das angeblich 1976 von zwei Anglern nahe dem Fluss Waschka gefunden wurde. Wenn man es gegen einen Stein schlug, soll es Funken gesprüht haben. In drei Stücke zu je 1,5 Kilogramm zersägt wurde das Objekt an der Moskauer Akademie der Wissenschaften untersucht. Demnach bestand es aus 67 Prozent Cerium, 10,9 Prozent reinem Lanthan, 8,78 Prozent Neodyum und einer ganzen Palette von verschiedensten Beimengungen, nämlich: Eisen, Magnesium, Uran und Molybdän.

Aus der Tatsache, dass Lanthan auf der Erde nur in gebundener Form vorkommt, schloss man, dass es sich möglicherweise um ein Objekt extraterrestrischer Herkunft handelte. Überreste eines UFOs?

Dr. Wladimir Fomenko, Kandidat der technischen Wissenschaften und Mitglied einer Kommission für anormale Erscheinungen, bestätigte Peter Krassa gegenüber jedenfalls noch 1986, seines Wissens gebe es keine Möglichkeit, ein solches Metallobjekt herzustellen.

Am 13. August 2004 berichtete der *Spiegel* über eine weitere Lösungsmöglichkeit des »größten kosmischen Rätsels des 20. Jahrhunderts«. Dabei bezog sich das Nachrichtenmagazin auf die Verlautbarungen Juri Lawbins, des Leiters einer Expedition unter dem Titel Tunguska Space Phenomenon, zu der Wissenschaftler im Juli desselben Jahres aufgebrochen waren.

In Moskau gab Lawbin bekannt, seiner Auffassung nach sei 1908 ein Komet von einer Milliarde Tonnen Gewicht auf die Erde zugerast, der beim Einschlag die gesamte Menschheit vernichtet hätte. Doch im letzten Augenblick sei die kosmische Bombe in zehn Kilometern Höhe abgeschossen worden. Und zwar von Außerirdischen in einem 25 Quadratkilometer großen UFO. Die Aliens selbst seien bei dieser uneigennützigen Rettungsaktion unseres Planeten jedoch leider ums Leben gekommen. »Ich bin mir sicher, dass wir durch eine hoch entwickelte Zivilisation gerettet wurden«, sagte Lawbin. Und der Moskauer Newspage *Mosnews* gegenüber gab er an, es seien sogar Überreste des UFOs gefunden worden.

Von der sogenannten wissenschaftlichen Community wurden Lawbin und das gesamte Unternehmen Tunguska Space Phenomenon nicht im Geringsten ernst genommen. Aber das wundert ja wohl niemanden, oder?

31

ATLANTIS UNTER PALMEN: DIE BIMINI-FRAGE

Ich war leider noch nie auf den Bahamas. Aber die Vorstellung, dass vor den Küsten der beiden Bimini-Inseln die Überreste einer altamerikanischen Kultur – vielleicht sogar die von Atlantis – im Meer schlummern könnten, übt natürlich auch auf mich einen ganz besonderen Reiz aus.

Seit den Dreißigerjahren des letzten Jahrhunderts schon kursierten Gerüchte, in den seichten Gewässern rund um die Bahamas könnten Straßen, Tempel, Reste der Grundmauern von Gebäuden und Straßen verborgen liegen.

Im Sommer 1968 nahmen diese Ondits Gestalt an. Vor der Insel Andros (etwa 240 Kilometer östlich von Bimini) fanden zwei Piloten, Robert Brush und Trigg Adams, tatsächlich stehende, möglicherweise von Menschenhand gehauene Steinblöcke. Dreiecke, Rechtecke mit 100 Metern Kantenlänge, gerade Mauern und Gebilde und natürlich die berühmte »Straße von Bimini« (800 Meter vor Nordbimini am Paradise Point) mit ihren rechteckigen großen Gesteinsblöcken.

Entdeckt hatte sie Dr. Manson Valentine. Er war es auch, der sie so berühmt machte. Sogar Steinsäulen von 15 Metern Höhe und seltsame »Zahnräder« in ihrer Nähe wurden angeblich zutage gefördert.

Atlantis in der Karibik? Die Erfüllung einer Prophezeiung?

In einem der vorherigen Kapitel war bereits von dem »schlafenden Seher« Edgar Cayce (1877–1945) die Rede, der jahrelang in Trance zahlreiche »Durchsagen« empfangen haben soll. Am 2. Dezember 1933 sagte er voraus, man werde im Meer bei den Biminis Teile des sagenhaften Inselreiches Atlantis finden. Dies würde 1968/69 der Fall sein, fügte er sieben Jahre später hinzu. War es nun so weit? Hatte sich Cayce' Prophezeiung bewahrheitet?

Wie dem auch sei, die Neugier auf die rätselhaften Steinformationen rund um die Bahamas war geweckt. Das größte Interesse erregt auch heute noch die sogenannte Bimini Road, das »Straßenpflaster« im Schlick der Karibik. Die in zwei Reihen angeordneten Wege bestehen aus Steinblöcken, die zwischen drei und sechs Meter Kantenlänge haben. Sie zeigen sich so eben und glatt, dass sich der Eindruck, sie müssten von Menschenhand verlegt sein, ganz einfach aufdrängt. Da kann doch nur eine uralte Kultur am Werk gewesen sein, oder etwa nicht?

Skeptiker wenden ein, diese angeblichen Straßen seien nichts als versteinerte Küstenlinien, wie sie an den Inseln häufiger auftreten. Angenommen, das stimmt – und einiges spricht durchaus dafür –, bleibt immer noch die Frage: Sind auch die anderen gefundenen Strukturen, etwa die zwischen dem 12. Juli und 29. November von Pino Turolla, einem Taucher, entdeckten Steinkreise, die entfernt an Stonehenge und andere steinzeitliche Anlagen erinnern, rein natürlichen Ursprungs?

Oder auch die Pyramiden, die angeblich bei den Berry Islands, die ebenfalls zu den Bahamas gehören, entdeckt wurden und sogar mit Sonaren vermessen worden sein sollen. Die erste Meldung dieser Art ging im Jahr 1970 durch die Presse, als ein gewisser Ray Brown berichtete, er sei auf eine Pyramide gestoßen, deren Spitze nur zwölf Meter unter dem Wasserspiegel liege.

Er sollte nicht der Einzige bleiben, der solche merkwürdigen Dinge von sich gab. 1977 war eine Fischfangexpedition von Kapitän Don Henry in den Gewässern der Cay Sal Bank südlich der Florida Keys unterwegs, also auch ganz in der Nähe der Bahamas. Sonarmessungen, die von Bord aus durchgeführt wurden, wiesen auf eine pyramidenähnliche Struktur in 200 Meter Tiefe hin. Das seltsame Objekt hatte eine Höhe von rund 140 Metern und eine Kantenlänge von 150 Metern, wäre demnach also beinahe so groß wie die Cheopspyramide von Giseh. Mehrfach wurde von den Fischern die Stelle überfahren und immer zeigte das Sonar eindeutig eine sehr regelmäßige Erhebung in Form einer Pyramide auf dem Grund. Ein Vulkankegel? Aber sollte sich die Natur hier wirklich einen so cleveren Witz erlaubt haben?

Für viele Atlantis-Autoren sind all diese Formationen Beweis für das Wirken einer frühen Zivilisation, vielleicht einer Kolonie des sagenhaften Inselreichs. Und tatsächlich haben Datierungsversuche mithilfe des Radiokarbonverfahrens ergeben, dass einige der Gesteinsformationen 10 000 bis 12 000 Jahre alt sind. Auch lagen, wie man weiß, große Teile der Bahama-Bänke bis zum Ende der letzten Eiszeit trocken. Erst danach stieg der Meeresspiegel und überflutete die heute Rätsel aufgebenden Strukturen.

Die Frage, ob es sich um natürliche oder von Menschenhand entstandene Strukturen handelt, ist damit allerdings immer noch nicht geklärt.

In *Von Atlantis zu den Sternen* (1978) berichtet Dr. David Zink von seinen Forschungsreisen in die Karibik und zu den Bimini-Funden. Für ihn liegt der Zusammenhang mit Atlantis auf der Hand. Zink, der sich zur Unterstützung seiner Arbeiten auch sogenannter Medien bediente, gehörte zu den Ersten, die auf »Strahlungen« im fraglichen Gebiet hinwiesen, die bereits Edgar Cayce erwähnt hatte.

Cayce sprach davon, dass die Atlanter im Besitz seltsamer Kristalle gewesen seien, Energiequellen, auf denen der hohe Entwicklungsstand ihrer Kultur beruhte. Diese Idee wurde von vielen unserer heutigen Esoteriker und UFOlogen übernommen. Ihnen zufolge könnten diese Kristalle auch heute noch aktiv und beispielsweise für das Verschwinden von Menschen und Material im Bermudadreieck verantwortlich sein. Man muss sich das wohl so vorstellen, dass auf dem Meeresboden ein hocheffizienter Generator liegen könnte, der das reibungslose Funktionieren von Schiffen oder auch Flugzeugen stört und sie dadurch irgendwie auslöscht.

Einen anderen Ansatz vertritt Pierre Carnac (Pseudonym), der in *Geschichte beginnt in Bimini* (1978) die These aufstellt, dass die großen Steinanlagen des frühen Europas, die sich von Schottland bis Spanien erstrecken, ihren Ursprung in der Karibik hätten. Die Megalithkultur, von der Carnac spricht, wurde vor ihm häufig mit Atlantis in Verbindung gebracht, nicht zuletzt, weil sich ihre Zeugnisse an Europas Küsten konzentrieren und zum Teil 5000, ja bis zu 8000 Jahre alt sind. Und tatsächlich finden sich sogar im Nordosten Amerikas solche Dolmen, Steinsetzungen, die eigentlich als typisch für die Steinzeit auf unserem Kontinent gelten. Und da ist die Frage nach einem möglichen Zusammenhang natürlich legitim.

Einen interessanten Vorschlag zur Lösung der »Bimini-Frage« unterbreitet auch der britische Autor und ehemalige U-Boot-Kommandant der Royal Navy, Rowan Gavin Paton Menzies. Seines Erachtens war es nicht Kolumbus, der Amerika entdeckte. Vor ihm – im Jahr 1421 – seien im Auftrag des Kaisers Zhu Di (1360 bis 1424) bereits chinesische Seefahrer in der Neuen Welt eingetroffen.

Demnach könnten die Bimini-Formationen zwar von Menschenhand geschaffene Artefakte sein, sie wären aber nur ein gutes halbes Jahrtausend alt. Ob nun aber damit des Pudels Kern getroffen wurde? Zweifel müssen erlaubt bleiben.

TEIL IV

RÄTSEL ÜBERALL ...

32

1555: RAKETEN IN SIEBENBÜRGEN

Quizfrage: Angenommen, das Lebenswerk eines Mannes lässt sich mit Entwicklungen auf folgenden Gebieten zusammenfassen:
*   »Mehrstufen- und Bündelrakete«
*   Anordnung der Treibstoffsätze bei Stufenraketen
*   Verwendung unterschiedlicher Treibstoffgemische je nach Raketentyp, Leistungsstärke, Einsatzbereich und Formgestaltung
*   Verwendung von flüssigem Treibstoff
*   Deltaförmige Stabilisierungsflossen
*   Vorwegnahme der Idee des modernen Raumschiffes« (zit. n. www.sibinet.de).
    Wann und wo könnte dieser Mann gelebt haben?

Mögliche Antworten:
a. Im 20. Jahrhundert. Aus Deutschland kommend, forschte er in den Vereinigten Staaten.
b. In China, im 13. Jahrhundert.
c. In Hermannstadt, Siebenbürgen, in der zweiten Hälfte des 16. Jahrhunderts.

Auswertung:

a. Naheliegend, stimmt aber nicht ganz.

b. Schon besser, tatsächlich fand der erste dokumentierte Start einer Rakete 1266 in China statt. Angetrieben wurde sie allerdings von Schwarzpulver. Weitergehende Entwicklungen wie die oben genannten sind nicht überliefert.

c. Glückwunsch! In der Tat stammen all die, wie es uns anmutet, hochmodernen Überlegungen zur Raketentechnologie aus dem 16. Jahrhundert. Man glaubt es ja kaum.

Und zugegeben, als ich mich mit dem 1970 auf Deutsch erschienenen Buch *Unbekannt. Geheimnisvoll. Phantastisch* von Robert Charroux (1909–1978) befasste und zum ersten Mal davon hörte, musste ich den Abschnitt auch zweimal lesen, weil ich es kaum fassen konnte. Charroux schreibt:

»So unwahrscheinlich es klingen mag, eine dreistufige Rakete, die mit festen Treibstoffen betrieben wurde und genau wie die Modelle von Kap Kennedy funktionierte, hatte man bereits im Jahre 1529 in all ihren technischen Einzelheiten erfunden. Einige Jahre später, genau gesagt 1555, wurde sie im rumänischen Hermannstadt (dem heutigen Sibiu) gezündet – sie erhob sich planmäßig in den Weltraum.«

Was sich so fantastisch anhört, hat einen sehr realen Hintergrund. Und natürlich lässt sich auch die Frage nach dem Urheber dieser unglaublichen Erfindung beantworten.

Der frühe Raketenforscher, von dem wir sprechen, heißt Conrad Haas.

1961 wurde im Staatsarchiv von Hermannstadt/Sibiu unter der Signatur »Pars Archivi Civit. Cibeniensis/Varia II 374« eine Handschrift gefunden, die mittlerweile als *Kunstbuch* bekannt ist. Darin gibt Haas auch einige Informationen über sein Leben preis. Demnach wurde er wahrscheinlich 1509 im süddeutschen Raum geboren und ging mit der österreichischen Armee nach Hermannstadt, um dort als Zeugwart und Büchsenmeister tätig zu sein. Haas starb 1579.

Aus seinen Aufzeichnungen geht unter anderem hervor, dass Haas tatsächlich 1529 eine zweistufige Rakete erfand.

Weiter heißt es in dem erstaunlichen Manuskript, dass auch dreistufige Feststoffraketen mit einem »Häuschen« an der Spitze geplant waren, in dem Menschen in den Himmel geschossen werden sollten. Dieses an moderne Raketen erinnernde Projekt wurde jedoch nie realisiert.

Haas' Raketenmodelle beruhten auf festem Treibstoff, einer speziellen Mischung verschiedener pulverförmiger Ingredienzien. Er experimentierte jedoch auch mit flüssigen Zusatzstoffen, wie Hans Barth, sein Biograf, notiert:

»Nochmals nimm ein wenig gestoßenes Pulver und gieß Branntenwein darin, soviel dass es sich lasse zu einem Teiglein machen. Nimm dann solch und streich das Kämmerlein samt dem Löchlein auswendig auf der Rakete voll.«

Nach zahlreichen Versuchen ergab sich schließlich ein Raketentyp, der drei nacheinander zündende Antriebsstufen hatte. Um das Problem der Stabilität während des Fluges zu lösen, wurde dieser Flugkörper zusätzlich mit Deltaflügeln ausgestattet.

Und wenn das einer Rakete unserer Zeit nicht schon sehr nahekommt … 400 Jahre vor dem Beginn der modernen Raumfahrt!

Als eigentlichen Erfinder der Raketentechnologie gilt es also Conrad Haas zu feiern.

Vor allem eines lehrt uns seine Geschichte: dass wir Heutigen uns nie überschätzen sollten. Nicht alles, was wir in unserer Hybris für eine Erfindung unserer Tage halten, ist auch wirklich auf unserem Mist gewachsen.

33

WENN ES TIERE REGNET

»It's raining men«, sangen die Weather Girls Anfang der Achtziger. Und auch heute noch kommt immer wieder Begeisterung auf – vor allem unter Frauen –, wenn dieser Song auf einer Party gespielt wird. *Halleluja!* Dass es Männer regnen könnte, ist für Viele offenbar eine ausgesprochen verlockende Vorstellung.

Aber im Englischen scheint es überhaupt so allerlei zu regnen, vor allem natürlich die berühmten Katzen und Hunde, von denen die Briten sprechen, wenn es, wie wir sagen würden, in Strömen gießt.

It's raining cats and dogs – nur eine Redensart? Oder kann es wirklich Tiere regnen?

Es sieht ganz danach aus. Frösche und Kröten, Würmer, Schnecken, Ameisen, Schlangen … alles Mögliche (oder auch Unmögliche) scheint schon in Mengen vom Himmel gefallen sein. Vor allem aber Fische.

Die erste mir bekannte Erwähnung eines Fischregens stammt aus dem *Deipnosophistai* (dt.: »Gastmahl der Gelehrten«) von Athenaios und damit aus dem 2. nachchristlichen Jahrhundert.

Besonders reiche Ausbeute auf der Suche nach Nieder-
schlägen der besonderen Art liefern jedoch die Werke von
Charles H. Fort (1874–1932), der jahrzehntelang alles an
merkwürdigen Phänomen zusammentrug, was er in Archi-
ven, Bibliotheken und der Zeitung finden konnte. Zahlreiche
dieser außergewöhnlichen Ereignisse stellte er (mit Quel-
lenangabe) in vier Büchern zusammen – eine einmalige
Sammlung des Seltsamen, Bizarren und Mysteriösen. Fort gilt
daher auch als erster Erforscher »unerklärlicher« Phänomene – ja, man spricht diesbezüglich sogar von »Forteana«.

In *Das Buch der Verdammten* (1919) referiert Fort zahlreiche zum Teil sehr kuriose Regen-Fälle. Hier nur einige
davon:

Times, 10. März 1859. Ein gewisser V. Griffith berichtet, es
sei ein so starker Schauer von Fischen niedergegangen, dass
ganze Dächer davon bedeckt wurden.

Im *Report of the British Association* (1859, Nr. 158) heißt es:
»Die Beweise für den Niederschlag von Fischen waren in
diesem Fall nicht von der Hand zu weisen.« Die Tierchen
wurden als Stichlinge identifiziert.

Nature, September 1918. Meldung über einen zehnminü-
tigen Fischregen, der sich am 24. August 1918 in Hindon bei
Sunderland – nicht allzu weit vom Meer entfernt – über ein
Gebiet von 60 mal 30 Metern ergoss. Als sie unmittelbar
danach aufgesammelt wurden, waren alle Fische schon tot,
»steif und hart«, wie es hieß.

1861. Bericht des französischen Naturforschers François
de Castelnau an die Akademie der Wissenschaften in Paris betreffend ein Vorkommnis vom 22. Februar des Jahres.
Schauplatz Singapur:

»Um 10 Uhr kam die Sonne heraus. Von meinem Fenster aus sah ich viele Mamaien und Chinesen, die aus den kleinen Tümpeln, die der Regen überall hinterlassen hatte, Fische holten und ihre Körbe füllten. Ich fragte sie, woher die Fische gekommen seien. Sie antworteten mir, sie seien vom Himmel gefallen. Drei Tage später fanden wir in den mittlerweile ausgetrockneten Pfützen viele tote Fische.«

Wie eingangs gesagt, Flossentiere scheint es am häufigsten zu regnen.

Aber auch Frösche kommen manchmal vom Himmel herab. So zum Beispiel in der Sahara (Marokko), wie die Londoner *Sunday Times* im Dezember 1977 meldete.

Eine regelrechte Frosch-Invasion von oben muss die Ortschaft Penn in der südenglischen Grafschaft Buckinghamshire 1969 erlebt haben. Eine Augenzeugin gegenüber dem *Sunday Express*:

»Ich entsinne mich noch genau, dass wir auf eine Abendgesellschaft gehen wollten, als plötzlich ein Gewitter losbrach, bei dem es Frösche regnete. Türen und Fenster standen offen, und von überall her drangen kleine Frösche ein und bedeckten zu Tausenden den Fußboden – unmöglich, sie alle zu vertreiben. Sie kamen ebenso schnell wieder hereingehüpft, wie wir sie hinausjagten, sodass wir mit großer Verspätung auf der Party erschienen. Zum Glück fand ich, als wir dann endlich eintrudelten, ein paar von ihnen an meinem Hosenbein – als Beweis.«

Übrigens: Auch gefrorene Enten, die vom Himmel stürzen, sind dokumentiert. 1933 in Massachusetts. Aber Enten können ja wenigstens fliegen, wenn auch, soweit ich weiß, nur zu Lebzeiten.

Interessant ist natürlich die Frage, wie es zu solchen Zwischenfällen kommen kann.

Gemeinhin heißt es, sie seien auf Wirbelstürme und Windhosen zurückzuführen. Die Stürme rissen die Tiere in die Höhe und würden sie weit forttragen, bis sie woanders wieder zu Boden fallen. Diese Erklärung ist logisch nachvollziehbar und trifft den Sachverhalt in vielen Fällen bestimmt.

Allerdings: Wie kommt es dann, dass es meistens nur eine einzige Tierart »regnet«, bestimmte Fische oder z. B. auch eine bestimmte Schneckengattung? Ein Wirbelsturm über einem flachen Gewässer würde doch, sollte man meinen, alle möglichen Lebewesen (und natürlich auch Schlamm oder Pflanzen) mit sich reißen und woanders niedergehen lassen. Wenn es Tiere regnet, ist das jedoch praktisch nie der Fall.

Sehr merkwürdig – und (noch) nicht erklärlich.

Auf den ersten Blick weniger rätselhaft ist das Phänomen des »Blutregens« – rötliche Niederschläge, wie sie in vielen Regionen immer mal wieder beobachtet werden. Im Mittelalter sah man darin noch Zeichen Gottes. Heute wissen wir, dass es sich um ein ganz natürliches Phänomen handelt: Die Farbe der Niederschläge entsteht durch rötliche Wüstensande, die der Wind mitunter Tausende von Kilometern weit trägt.

Doch auch richtiges Blut soll es schon geregnet haben – zuletzt erst im Juli 2008 im kolumbianischen La Sierra. Wie die katholische Webzeitung *kath.net* am 3. August berichtete, untersuchte eine Biologin die Flüssigkeit, die dort vom Himmel gekommen war, und identifizierte sie eindeutig als Blut. Die Bewohner La Sierras sprachen von einem Wunder, wie Gemeindepfarrer Jhony Milton Cordoby bestätigte. Skeptischer war da schon Bischof Fidel Leon Cadavid. »Unerklärliche Dinge passieren eben«, gab er der Lokalzeitung *El Tiempo* gegenüber zu Protokoll. Man müsse daraus nicht gleich irgendwelche Thesen ableiten.

Manchmal fallen auch Eisklumpen vom Himmel. Was sollte daran so ungewöhnlich sein, fragt man sich im ersten Moment. Am Rumpf eines Flugzeuges bildet sich Eis, es bricht ab und stürzt auf den Boden. Alles klar, oder?

Nicht unbedingt. Denn unnatürlich große Eisklumpen kamen offenbar auch schon vor Erfindung der Fliegerei vom Himmel. Arthur C. Clarke in *Geheimnisvolle Welten* jedenfalls erwähnt einen Zwischenfall, von dem 1847 (als Otto Lilienthal noch nicht einmal in den Windeln lag) das Landgut eines gewissen Mr. Moffats in Schottland betroffen war: »Nach einem der lautesten Donnerschläge, die man je in der Gegend vernommen hat«, schreibt er, »fiel ein großer, unregelmäßig geformter Eisbrocken von schätzungsweise knapp sechs Meter Umfang und entsprechender Dicke beim Gutshaus nieder.« Und das, obwohl weit und breit nichts auf Hagel oder Schnee hinwies.

Apropos Hagel. Am 26. Mai 1907, berichtete *English Mechanic* (allerdings erst mehr als ein Jahr später, nämlich am

12. Juni 1908), wurden die Vogesen von einem schweren Gewitter mit Hagelschlag heimgesucht, was an sich noch nicht erwähnenswert wäre. Doch in der Ortschaft Remiremont scheint etwas ganz Außerordentliches vom Himmel gekommen zu sein.

Als der Gemeindepfarrer Abbé Gueniot nach dem Unwetter vor die Tür trat, um nach dem Rechten zu sehen, fand er – auch das noch nicht weiter verwunderlich – zahllose Hagelkörner. Einige von ihnen hob er auf – und dann verschlug es ihm den Atem. Wie ins Eis geschnitzt war dort das Bild einer Frau in einem langen Kleid zu sehen. Die Mutter Gottes. Die Hagelkörner waren annähernd kugelförmig und ringsherum wie mit einem Rand versehen, als seien sie in einer zweiteiligen Verschalung gegossen worden.

Wenn das kein Wunder war!

Der Bischoff von St.-Dié-des-Vosges wurde über den Vorfall unterrichtet und veranlasste eine eingehende Untersuchung. Auf Anfrage bezeugten 107 Bürger der Ortschaft, dass sie den Hagel mit eigenen Augen hatten niedergehen sehen. Sonst ergab die Untersuchung kaum etwas – außer vielleicht der Tatsache, dass der Hagel nur auf einem Gebiet von einem Kilometer Breite und einigen Kilometern Länge gefallen war.

Klarheit in dieser Angelegenheit bestand nur bei Abbé Gueniot: Für ihn war der Marien-Hagel zweifelsfrei ein Zeichen des Himmels. Eine Protesterklärung Gottes. Denn genau eine Woche zuvor hatte der Gemeinderat von St. Dié geplante Feierlichkeiten zu Ehren der Mutter Gottes untersagt.

Um aber abschließend noch einmal auf die Ausgangsfrage zurückzukommen: Es hat, wie wir gesehen haben, schon so allerlei geregnet – Katzen, Hunde und Männer allerdings noch nicht.

Aber man weiß ja nie …

34

DER BIBELCODE

Wie alle heiligen Bücher unserer Kulturwelten ist auch die Bibel eine komplizierte, vielschichtige Schrift, die inhaltlich die unterschiedlichsten Lesarten zulässt und immer wieder Rätsel aufgibt. Die jüdische und christliche Exegese der Schriften kann daher schon auf eine mehrhundertjährige Geschichte zurückblicken.

Die inhaltlichen Interpretationen weichen dabei zum Teil erheblich voneinander ab. Doch davon abgesehen wird auch schon lange immer mal wieder der Versuch unternommen, »zwischen den Zeilen« zu lesen und der heiligen Schrift geheime Botschaften zu entlocken, die hinter dem eigentlichen Text verborgen sein könnten.

Diese Tradition geht auf die jüdische Kabbala zurück, eine mystischen Strömung, in der Zahlen eine bedeutende Rolle spielen. Jeden Buchstaben der hebräischen Bibel habe Gott als Symbol benutzt, um eine höhere Wahrheit zu offenbaren, die sich freilich nicht jedem erschließe.

Für den spanischen Rabbi Bachya Ben Asher im 13. Jahrhundert war es die Zahl 42, die den Schlüssel zum vermuteten Subtext der Tora (der fünf Bücher Moses) barg. Er nahm den ersten Buchstaben der Genesis als Ausgangspunkt und zählte jeden 42. der folgenden aus, sodass sie, nacheinander gelesen, die gesuchte Botschaft Gottes ergaben.

Nach einer ganz ähnlichen Methode, jetzt allerdings computergestützt, gingen 1994 der Physiker Doron Witztum, Yoav Rosenberg und Dr. Eliyahu Rips von der Jerusalemer Hebrew Universität vor. In einem Artikel für *Statistical Science* fassten sie ihre Arbeitsergebnisse zusammen. Demnach ergaben sich unter Auslassung immer derselben Anzahl von Buchstaben und ohne Berücksichtigung der Leerzeichen zwischen den Worten im hebräischen Text der Genesis (1. Buch Mose) die Namen von 34 berühmten jüdischen Rabbis nebst Geburts- und Sterbedaten. Statistisch gesehen, so die Autoren, könne es sich dabei keinesfalls um einen Zufall handeln.

Enthält das Alte Testament also wirklich einen Geheimcode?

Und könnte es vielleicht sogar sein, dass dessen Entschlüsselung auch auf wichtige Daten und Fakten der künftigen Geschichte hinweist?

Der amerikanische Journalist (und bekennende Atheist) Michael Drosnin ist fest davon überzeugt. Mit seinem 1997 erschienenen Buch *Der Bibel Code* machte er das Thema unter Laien schlagartig bekannt. Auch Drosnin nahm den hebräischen Tora-Text und ließ die Zwischenräume zwischen den Wörtern weg, um einen durchgehenden Buchstabenblock zu erhalten. In diesem will er nun »Botschaften« gefunden haben, also bestimmte Worte, in deren Nähe sich andere Worte befinden, die damit in Verbindung stehen sollen. Die Wörter selbst können dabei von links nach rechts, quer oder von oben nach unten gelesen werden – ganz nach Gusto.

Dem vermeintlichen Geheimcode der Tora meint Drosnin mithilfe eines bestimmten mathematischen Verfahrens so allerlei entlockt zu haben, nicht zuletzt einen bevorstehenden Weltuntergang. Und im unvermeidlichen Folgeband seines Bestsellers (*Der Bibel Code II*, 2002) meinte er die Menschheit vor einem atomaren Overkill warnen zu müssen, der 2006 ins Haus stünde. Der ist ja nun glücklicherweise nicht eingetroffen.

Drosnin behauptet übrigens, den Geheimcode der Tora in Zusammenarbeit mit Dr. Rips (einem der Verfasser jenes erwähnten Artikels über die statistische Häufung bestimmter Worte) erarbeitet zu haben; dieser jedoch leugnet das und distanziert sich entschieden von Drosnins Veröffentlichungen.

In denen behauptet er unter anderem, die geheime Botschaft der Heiligen Schrift enthalte Worte wie »Clinton« oder »Holocaust« und spreche von der Schreckensherrschaft der Nazis. Drosnin will auch die Ermordung Jizchak Rabins am 4. November 1995 aus dem Text herausgelesen (und den israelischen Ministerpräsidenten vergebens gewarnt) haben.

Drosnins Methoden sind – freundlich ausgedrückt – umstritten. Kritiker werfen ihm vor, man könne auf seine Weise so gut wie alles in den Tora-Text hineininterpretieren. Aber auch alles Mögliche aus jedem anderen Buch herauslesen.

Auf Angriffe dieser Art reagierte der Autor des *Bibel Codes*, indem er seine Widersacher aufforderte, mithilfe seines Codes doch einmal in *Moby Dick* von Herman Melville nach verborgenen Botschaften zu suchen.

Der Mathematiker Professor Brendan McKay von der Nationaluniversität Australiens nahm die Herausforderung an. Und siehe da: Er fand die Mordanschläge auf Personen wie Martin Luther King, Indira Gandhi, John F. Kennedy, Abraham Lincoln, Leo Trotzki und andere in dem Klassiker der Weltliteratur »vorhergesagt«. »Codiert« waren darin auch der Unfalltod Lady Diana Spencers und … die Ermordung Rabins.

Selbst der Name Michael Drosnin fand sich im »Moby-Dick-Code« – in unmittelbarer Nähe zu dem Wort »Lügner« (liar). Und das, obwohl englische Texte bedeutend schwerer zu »entschlüsseln« sind als das Hebräische, dessen Schrift nur aus Konsonanten besteht und auf Vokale ganz verzichtet.

Die Suche nach Codierungen beschränkt sich übrigens nicht auf *Moby Dick*. In der englischen Übersetzung von Tolstois *Krieg und Frieden* zum Beispiel fand der Physiker Dave Thomas mit Drosnins Methoden Worte wie »Nazi«, »Hitler«, aber sogar auch den Satz »Guilty Lee Oswald shot Kennedy, both died« (»der schuldige Lee Oswald erschoss Kennedy, beide starben«).

Diese Resultate allein würden als Widerlegung der Thesen Michael Drosnins ja eigentlich schon genügen.

Aber man könnte auch noch einen Schritt weitergehen und sich die Frage stellen, welchen Wortlaut der Tora man denn eigentlich nehmen müsste, um ihren »geheimen Botschaften«, so sie denn welche enthält, einigermaßen verlässlich auf die Spur zu kommen. Denn so etwas wie einen zusammenhängenden Urtext gibt es schlicht und ergreifend nicht, wie spätestens seit dem Fund der Qumranrollen bekannt ist. Alle Texte der Bibel sind im Laufe von Jahrhunderten entstanden und haben mehr als einen Autor. Die fünf Bücher Mose bilden da keine Ausnahme.

Und so ist Michael Drosnins »Bibelcode« nicht mehr als ein Orakel ... wenn auch ein besonders reizvolles.

35

DIE SUCHE
NACH DER ARCHE NOAH

Im ersten Teil dieses Buches bin ich Sagen, Mythen und Überlieferungen nachgegangen und habe mich in diesem Zusammenhang auch mit der Sintflut befasst, von der die Bibel spricht. Die dort erzählte Geschichte wäre das Todesurteil für die gesamte Menschheit gewesen, hätte Gott nicht beschlossen, einen Mann und seine siebenköpfige Familie zu retten. Noah hieß er und bekam bekanntlich den Auftrag, ein Schiff zu bauen, die berühmte Arche, auf der er und seine Angehörigen nebst Vertretern vieler Tierarten sicher überlebten. Mit diesem Schiff möchte ich mich jetzt näher beschäftigen.

Die Arche Noah ist ein Mythos, doch wir wissen erstaunlich viel über das Schiff. Schon was die Bauanleitung betrifft, gibt sich die Bibel relativ präzise. Und sie gibt sogar genaue Hinweise auf den Ort, an dem sie schließlich gelandet sein soll. Hat dieser Mythos vielleicht einen realen Kern?

Viele Unerschütterliche sind fest davon überzeugt, dass es dieses Schiff tatsächlich gab, vor allem natürlich alle diejenigen, die die Bibel Buchstabe für Buchstabe beim Wort nehmen.

Laut 1. Buch Mose 6, 14–16 gab Gott Noah den Befehl:

»Mache dir einen Kasten von Tannenholz und mache Kammern darin und verpiche ihn mit Pech innen und außen. Und mache ihn so: Dreihundert Ellen sei die Länge, fünfzig Ellen die Breite und dreißig Ellen die Höhe. Ein Fenster sollst du daran machen obenan, eine Elle groß. Die Tür sollst du mitten in seine Seite setzen. Und er soll drei Stockwerke haben, eines unten, das zweite in der Mitte, das dritte oben.«

Demnach wäre das Schiff, von dem wir sprechen, eigentlich nur ein »Kasten« gewesen – nichts anderes bedeutet das Wort Arche.

Und sehr groß muss es gewesen sein. Es gibt zwar keine einheitliche Umrechnung der Längeneinheit Elle, zumeist wird aber davon ausgegangen, dass sie ungefähr einem halben Meter entsprach. Also könnte der Kasten 150 Meter lang, 25 Meter breit und 15 Meter hoch gewesen sein. (Zum Vergleich: Die Titanic maß ungefähr 268 x 28 x 56 Meter.) Und die Ladefläche aller drei Stockwerke zusammen hätte über 11 000 Quadratmeter betragen. Soweit das erste Buch Mose.

Da dem biblischen Sintflut-Bericht jedoch, woran kaum Zweifel bestehen dürften, die Erzählung aus dem weit älteren Gilgamesch-Epos zugrunde liegt, kann man auch die Größenangaben zurate ziehen, die dort genannt werden.

Aus der XI. Tafel geht hervor, dass es sich bei dem Rettung verheißenden Kasten auch um ein würfelförmiges Objekt mit 60 Metern Kantenlänge und sieben Stockwerken gehandelt haben könnte, in dem es 63 »Kammern« gab, von denen jede stattliche 400 Quadratmeter maß. Das ergäbe insgesamt einen Rauminhalt von 216 000 Kubikmetern!

Für Noah (bzw. in der babylonischen Erzählung Utana-pischtim oder auch Ziusudra) und seine Angehörigen zweifellos Platz genug. Aber dann wären da ja auch noch all die Tiere …

Wie viele es wohl gewesen sein mögen?

Dem Gilgamesch-Epos zufolge sollte »allerlei Lebendes« mit an Bord gebracht werden, »Samen all dessen, das atmet«. Die Bibel (1. Buch Mose, 6, 19–20) geht da schon etwas mehr ins Detail. Demnach sagte Gott zu Noah:

»Und du sollst in die Arche bringen von allen Tieren, von allem Fleisch, je ein Paar, Männchen und Weibchen, dass sie leben bleiben mit dir. Von den Vögeln nach ihrer Art, von dem Vieh nach seiner Art und von allem Gewürm auf Erden nach seiner Art: von den allen soll je ein Paar zu dir hinein-gehen, dass sie leben bleiben.«

Im folgenden Kapitel (7, 2–4) wird diese Angabe präzisiert:

»Von allen reinen Tieren nimm zu dir je sieben, das Männ-chen und sein Weibchen, von den unreinen Tieren aber je ein Paar, das Männchen und sein Weibchen. Desgleichen von den Vögeln je sieben …«

Aus dem 5. Buch Mose (dem sog. Deuteronium) geht hervor, welche Tiere als rein zu betrachten sind (zehn Arten) und welche als unrein (24 Arten). Rechnerisch ergibt sich daraus, dass es, abgesehen von den Vögeln, 118 Tiere waren, die mit an Bord der Arche gingen. Ein bisschen eng könnte es also schon geworden sein, denn man darf ja nicht vergessen, dass Noah auch Lebensmittel für alle dabeihatte (1. Mose 6, 21).

Die Sintflut soll, so 1. Mose 7, 24, »hundertundfünfzig Tage« gedauert haben. Und dann? »Am siebzehnten Tag des siebenten Monats ließ sich die Arche nieder auf das Gebirge Ararat.« (8, 4)

Und dort, im ostanatolischen Ararathochland nahe der armenischen und der iranischen Grenze, also auf türkischem Staatsgebiet, wird sie nun schon seit Jahrhunderten gesucht.

Dass Noahs Kasten tatsächlich dort landete, ist fester Bestandteil der Glaubenslehre der (eigenständigen) armenischen Kirche. Der Legende nach suchte schon im 4. Jahrhundert ein frommer Mönch mit Namen Jakob auf dem Ararat nach dem Schiff und begegnete einem Engel, der ihm eine Planke zum Geschenk machte. Dieses Holzstück wird im armenischen Kloster Etschmiadsin, dem Sitz des Oberhaupts dieser Kirche, auch heute noch verehrt. Auf seine Authentizität hin überprüft wurde es meines Wissens allerdings nie.

Anders als das anderthalb Meter lange Stück einer bearbeiteten Holzplanke, das der Franzose Raphael Navarra am 6. Mai 1955 in einer sehr schwer erreichbaren Gletscherhöhle des Ararat fand und unter Lebensgefahr barg. Mithilfe der C^{14}-Methode wurde es am Prähistorischen Institut der Universität von Bordeaux datiert. Demnach könnte es bis zu 4900 Jahre alt sein. Nun, die Region rund um den Ararat ist uraltes Kulturland und war schon in der Steinzeit besiedelt. Und ob es sich bei dem Stück Holz tatsächlich um einen Rest der Arche Noah handelt, ist nicht zuletzt deshalb fraglich, weil ja niemand weiß, wann die große Flut, von der die Bibel spricht, überhaupt stattgefunden hat – wenn es sie denn gab.

Ein Jahr nach Navarras Fund entstand ein Foto, das die Herzen der »Archelogen« höher schlagen ließ. Es zeigt in einem Seitental des Berges in 1300 Meter Höhe zweifelsfrei etwas, das sehr stark an den Rumpf eines Schiffes erinnert. 1960 wurde es in der amerikanischen Zeitschrift *Life* unter der Überschrift »Noahs Arche?« veröffentlicht.

War bereits vorher verschiedentlich nach ihren Spuren gefahndet worden, ging die Suche jetzt erst richtig los – und sie sollte auch in der folgenden Zeit nicht aufhören.

Der Ararat gehört aufgrund seiner geopolitischen Lage nicht zu den einfachsten Expeditionszielen, doch das hält jetzt schon jahrzehntelang Viele nicht davon ab, der biblischen Erzählung vor Ort nachzuspüren. Der prominenteste dieser Suchenden war wahrscheinlich der tief religiöse frühere NASA-Astronaut James Irvin (Apollo 15), der den Berg sechsmal bestieg und bis zu seinem Tod 1991 fest davon überzeugt war, dass sich die Reste der Arche an der fraglichen Stelle finden ließen – vom All aus meinte er sie mit eigenen Augen gesehen zu haben.

Davon, dass es sich bei dem Motiv auf dem Foto um nichts anderes handeln konnte als um erhaltene Teile von Noahs Kasten, war auch der engagierte Hobby-Archäologe Ron Wyatt (1933–1999) fest überzeugt. Mithilfe von Geologen und deren technischem Equipment meinte er sogar Balken des Schiffes, Kammern für die Tiere und Metallreste der Nägel, die die Planken zusammengehalten hatten, nachweisen zu können.

Eindeutige Beweise, dass es sich bei der bootsförmigen Formation um ein von Menschenhand (und möglicherweise in göttlichem Auftrag) hergestelltes Objekt handelt, fehlen jedoch bis heute. Auch Bohrungen mit schweren Gerätschaften, für die eigens eine Piste zum Fundort gebaut wurde, erbrachten keine eindeutigen Resultate. Ebenso wenig zielführend waren magnetometrische bzw. seismische Messungen und Radaruntersuchungen. Die Wahrscheinlichkeit, dass es sich bei der vermeintlichen Arche nur um Schlamm und Geröll handelt, die sich in der Form eines Bootes um einen Felsen gelegt haben, ist also groß, wie auch der türkische Geologe Murat Avci im *Bulletin of Engineering Geology and the Environment* 2007 bestätigte.

Gleich wie, die fragliche Stelle wurde 1987 von der türkischen Regierung zur offiziellen archäologischen Fundstätte ernannt und zum Nationalpark erklärt.

Und ob es die Arche nun real gab oder nicht, und ob man Reste von ihr je finden und eindeutig wird identifizieren können – das Wichtigste bleibt: Noahs Schiff gilt als Symbol der Mahnung und der Hoffnung. Und so ist es nur folgerichtig, dass Greenpeace anlässlich des G8-Gipfels in Heiligendamm 2007 das Schiff auf dem Ararat nachbaute … »um eine Klima-Katastrophe biblischen Ausmaßes zu verhindern«.

36

DER LEGENDÄRE SCHREIN GOTTES

Kann man nach etwas suchen, das möglicherweise gar nicht existiert? Vielleicht auch nie existiert hat? Weil es nämlich eher ein Symbol ist als ein heiliges Möbel?

O ja, man kann … und muss dafür nicht einmal Indiana Jones heißen.

Die Rede ist natürlich von der sagenumwobenen »Bundeslade«, angefertigt im Auftrag Gottes als Zeichen seiner Verbundenheit mit dem Volk der Israeliten.

Dem 2. Buch Mose zufolge (25, 10 – 22 und 37, 1–9) handelte es sich um eine innen und außen vergoldete Truhe von umgerechnet 1,30 Metern Länge, die 80 Zentimeter breit und ebenso hoch war. Ihr kostbarer Inhalt: die Steintafeln mit den Zehn Geboten. (An der Frage, ob darin auch noch anderes verwahrt wurde, ein Krug Manna zum Beispiel, scheiden sich die Geister.) Auf dem Weg ins gelobte Land wurde sie an ebenfalls vergoldeten Stangen getragen.

Auf der Truhe standen – so Gottes Wille – zwei »Cherubim«, goldene Flügelwesen. Von dort aus wollte er mit Moses sprechen:

»Dort will ich dir begegnen und mit dir von der Versöh-
nungsplatte herab zwischen den beiden Cherubim, die auf
der Gesetzeslade sind, alles reden, was ich dir an die Israeliten auftragen werde.«

2. Mose 25, 22

Im Neuen Testament (Heb. 9, 4) gibt es einen Hinweis darauf, dass die Lade zum Beispiel auch einen Krug mit Manna
enthalten habe. Dieses Manna – »Himmelsbrot« – war eine
nicht näher definierbare Speise, die die Kinder Israels während ihres Auszugs aus Ägypten 40 Jahre lang bei Kräften
hielt. Das Nahrungsmittel könnte nach Ansicht einiger Vertreter der Prä-Astronautik-Thesen mithilfe einer außerirdischen Gerätschaft hergestellt worden sein.

Apropos. Den Apokryphen der Bibel (Texte, die nicht
Eingang in den biblischen Kanon fanden), aber auch den
Büchern Mose selbst sind Informationen über die Bundeslade zu entnehmen, die ziemlich unheimlich anmuten. An
manchen Stellen wirkt es so, als wären ihr regelrecht »magische Kräfte« zugesprochen worden.

Die unbefugte Berührung der heiligen Truhe war töd-
lich, wie aus 1 Sam. 6, 7 hervorgeht: Als z.B. König David
die Lade nach Jerusalem zurückholen wollte, brachen die
Rinder aus, die den Wagen mit dem Schrein zogen. Um die
Lade zu schützen, fasste Usa, der Wagenlenker und kein
Priester war, die Lade an:

»Da entbrannte der Zorn des Herrn gegen Usa, und Gott erschlug ihn auf der Stelle wegen dieser Vermessenheit, sodass er neben der Lade Gottes starb.«

2 Sam. 6, 7

Und das war nicht der einzige Vorfall dieser Art.

Als Nadab und Abihu, Neffen Moses, der Bundeslade heimlich ein Opfer darbringen wollten, überlebten sie es auch nicht. Wie im 10. Kapitel des 3. Buches Mose beschrieben ging Feuer von dem heiligen Schrein aus. Und die beiden Männer waren auf der Stelle tot.

Es gibt Forscher, die in der Bundeslade ein Elektrogerät sehen. 1969 beispielsweise stellte sich Robert Charroux die Frage: »Die Bundeslade: ein elektrischer Kondensator?« Demnach könnten Usa, Nadab und Abihu einem Stromstoß zum Opfer gefallen sein, den die Lade ihnen versetzte. Unter Bezugnahme auf den biblischen Text scheint Charroux Mose jedenfalls so einiges zuzutrauen. Und tatsächlich: Der Apostelgeschichte zufolge war er ein »Eingeweihter« und verfügte über viel höheres Wissen:

»Mose wurde in aller Weisheit der Ägypter unterwiesen und war mächtig in Wort und Tat.«

Apg. 7, 22

Charroux mutmaßte, dass die Bundeslade »500–700 Volt starke elektrische Schläge austeilen« konnte. Na gut, das ist sicherlich übertrieben. Dass sich allerdings die mit Gold beschichtete Truhe, die ja während des Exodus in Tüchern

258

aufbewahrt wurde, unter bestimmten Bedingungen statisch auflud, kann aufgrund von Nachbauten als erwiesen gelten. Die dabei entstehende Spannung war jedoch sehr gering.

Die Bundeslade gilt sowohl bei Juden als auch bei Christen als das heiligste Symbol für die Verbindung Gottes mit den Menschen. Mithin ist sie in mehr als einer Hinsicht kostbar. Kein Wunder, dass auch heute noch nach ihr gesucht wird – in Jerusalem, in Äthiopien (die dortige Kirche meint sie längst gefunden zu haben), aber z. B. auch in Frankreich oder auf Oak Island, der kanadischen »Schatzinsel«.

Ihre Spur scheint sich bereits im 6. vorchristlichen Jahrhundert zu verlieren. Die meisten Bibelforscher glauben jedenfalls, dass sie gestohlen – oder gar zerstört – wurde, als der babylonische Herrscher Nebukadnezar II. (ca. 640 bis 562 vor Christus) Jerusalem eroberte und den Tempel plündern ließ.

Abenteurer und Schatzsucher auf der ganzen Welt sind davon nicht überzeugt.

Manche vermuten, die Lade – und andere Schätze aus alttestamentarischer Zeit – habe sich auch nach dieser Zeit noch lange im Inneren des Tempelberges im Südosten der Altstadt Jerusalems befunden, möglicherweise bis der legendäre Templerorden sie Anfang des 12. Jahrhunderts aufspürte und fortbrachte.

Ebenfalls im Tempelberg suchte der Brite Montagu Brownlow Parker im Jahr 1911 nach der Lade. Am 17. April bestach er einen der Wächter der al-Aqsa-Moschee und fing an zu graben. Streng verboten – und leider auch vergebens.

Andere glauben dem Text des zweiten Buches der Makkabäer (2, 5–7), einem der erwähnten Apokryphen des Alten Testaments, entnehmen zu können, dass der Prophet Jeremia die Lade und andere Heiligtümer im für Juden, Christen und Mohammedaner gleichermaßen heiligen Berg Nebo versteckt habe, 80 Kilometer östlich von Jerusalem auf jordanischem Boden.

Und dann wäre da natürlich auch noch Äthiopien. Das Nationalepos des Landes, das Kebra Negest, spricht davon, dass Menelik, Sohn Makedas, der Königin von Saba, und König Salomons, die Lade in Jerusalem entwendet und in die Stadt Aksum gebracht habe. Dort sei sie bis heute sicher verwahrt.

Aber auch das kann natürlich ein Mythos sein.

Genau genommen wissen wir also recht wenig über eines der großen Heiligtümer der Menschheit. Wir wissen weder, ob es in körperlicher Form je existiert hat, noch was aus ihm geworden ist. Einen Hinweis jedoch gibt die Bibel noch, und der führt vielleicht weiter, wenn auch anders, als man sich das vielleicht vorstellt. Denn bei Jeremia 3, 16 heißt es:

»Und es soll geschehen, wenn ihr zahlreich geworden seid und euch ausgebreitet habt im Lande, so soll man, spricht der HERR, in jenen Tagen nicht mehr reden von der Bundeslade des HERRN, ihrer nicht mehr gedenken oder nach ihr fragen und sie nicht mehr vermissen; auch wird sie nicht wieder gemacht werden.«

37

DAS RÄTSEL DER USOS

Es war am 27. Januar 1962 in der fernen Antarktis in der Admiralty Bay. In diesen Tagen waren dort einige Schiffe der US-Marine in geheimer Mission unterwegs. Zu diesem Verband gehörte auch ein Eisbrecher, dessen Besatzung eine ungewöhnliche Beobachtung machte. Plötzlich durchdrang ein Grummeln die Stille und kurz darauf raste ein rund zehn Meter großes Objekt durch die sieben Meter dicke Eisdecke in den Himmel. Es ähnelte einem U-Boot, schimmerte silbern und flog mit unglaublicher Geschwindigkeit davon. Dabei riss es ein riesiges Loch in die Eisdecke und rief eine 30 Meter hohe Wasserfontäne hervor. Von Wissenschaftlern an Bord des Eisbrechers wurde der Vorfall bestätigt.

Er ist der Referenzpunkt der USO-Forschung.

Und nein, das ist *kein* Druckfehler.

UFOs, unbekannte Flugobjekte, wurden in diesem Buch ja schon häufiger erwähnt. Da die Erde jedoch zu siebzig Prozent von Wasser bedeckt ist, würde es Wunder nehmen, wenn es nicht auch unbekannte Unterseeobjekte gebe. Und genauso ist es: Man nennt sie USOs, nach dem englischen »Unknown Submarine Objects«, oder auch »Phantom-U-Boote«.

Küstenbewohner oder auch Seeleute berichten häufig, sie hätten irgendwelche seltsamen Objekte ins Meer stürzen oder auch aus dem Wasser aufsteigen sehen. Und es soll auch beobachtet worden sein, dass so ein USO – erkennbar an der Beleuchtung – unterhalb der Wasseroberfläche unterwegs war. Selbst Sonarkontakt zu diesen Phantomen wurde angeblich schon hergestellt.

Aber es muss gar nicht das Meer sein. Aus Skandinavien z. B. sind auch Fälle bekannt, bei denen ein USO in einen See oder einen Fluss stürzte und verschwand.

USO-Sichtungen scheinen in Nordeuropa besonders verbreitet zu sein. Ende des Zweiten Weltkrieges, aber auch noch in den Jahren danach wurden die Seen dort offenbar häufiger von solchen »Geisterraketen«, wie man sie damals nannte, heimgesucht. (Im Sommer 1946 wurden Tausende Augenzeugen eines solchen Vorfalls.) Als Ursache vermutete man damals russische Waffentests. Nur: Warum fanden sich auf dem Festland keine Hinweise darauf?

Auch in neuerer Zeit kam es in Skandinavien mehrfach zu Abstürzen über Wasser. Beispielsweise in Schweden 1968, als man im Uppramensee ein 20 mal 30 Meter großes Loch in der einen Meter dicken Eisschicht fand.

Die norwegische Marine hat eine Reihe von Berichten über Phantom-U-Boote veröffentlicht. In fast der Hälfte dieser Fälle (rechnerisch 42,8 Prozent) sei das gesichtete Objekt nicht zweifelsfrei zu identifizieren gewesen.

In nordeuropäischen Gewässern wurden unbekannte Objekte in den letzten Jahrzehnten häufiger beobachtet. So etwa am 1. Juni 1958. Nach Zeugenaussagen stürzte um 11.58 Uhr eine Maschine mit Deltaflügeln, die einem Jet mit zwei Triebwerken geähnelt haben soll, in den Alta Fjord und versank. Daraufhin schickte die norwegische Marine die Fregatte KNM Arendal, das U-Boot KNM Sarpen und Taucher in das Absturzgebiet. Gefunden wurde nichts. Doch der Arendal gelang es, Sonarkontakt zu einem Fahrzeug unbekannter Herkunft zu bekommen. Ein Flugzeug oder eine Rakete konnte hier also wahrscheinlich nicht abgestürzt sein, da sich das Objekt unter Wasser bewegt haben soll.

Am 27. April 1983 kam es im Hunes Fjord, im Hardanger Fjord und in den umliegenden Gewässern zu einer richtiggehenden Jagd auf ein USO. Nachdem Zeugen etwas gesehen und gemeldet hatten, was aussah wie ein U-Boot, rückte die Marine mit der Korvette KNM Sleipner, zwei U-Booten und einem Flugzeug mit Anti-U-Boot-Raketen am Ort der Sichtung an. Einen Tag später wurde der Verband um die KNM Oslo und zwei zusätzliche Fregatten verstärkt. Um 16.55 Uhr sah man das Objekt südlich Leiviks. Vorsichtshalber wurde eine Anti-U-Boot-Rakete abgeschossen.

In der Nacht bekam eines der Marineschiffe im Selbjörn Fjord Sonarkontakt mit einem vermeintlichen Spionage-U-Boot. Mehrere solcher »Kontakte« hatte auch die Oslo. Am 30. April wurden von ihr aus eine Mine und eine Rakete auf das unbekannte Objekt abgefeuert. Da es nicht reagierte, folgten weitere Raketen. Daraufhin verlor sich der Sonarkontakt. Am Nachmittag schien sich das Objekt im Halsenöy Fjord aufzuhalten. Die Norweger schossen weitere fünf Raketen ab.

Lange blieb alles ruhig. Erst gegen Mitternacht wurde das USO wieder von den Sonargeräten erfasst, diesmal etwas südlich von Leivik und sogleich wurde es erneut beschossen. Das ging tagelang so weiter. »Beobachter sprechen von einem unkontrollierten Verwirrspiel«, kommentierten die *Ruhrnachrichten* am 11. Mai 1983.

In den folgenden Jahren kam es in den skandinavischen Gewässern wiederholt zu Begegnungen mit solchen rätselhaften U-Booten. So titelte etwa die *Oberhessische Presse* am 3. Juli 1987: »Schweden wieder auf U-Boot-Jagd«. Von Regierungsseite wurde mit Versenkung gedroht. Michail Gorbatschow, damals Generalsekretär des Zentralkomitees der KPdSU, betonte bei einem Besuch in Schweden Anfang 1988, die Sowjetunion sei nicht verantwortlich für die unbekannten Unterwasserobjekte. Nachdem schon mehr als 50 Minen und Anti-U-Boot-Bomben eingesetzt wurden, zeigte sich die UdSSR sogar bereit, bei der Jagd nach den Phantom-U-Booten mit Schweden zu kooperieren, wie *Die Welt* am 7. Juni 1988 meldete.

Ein politisch-militärischer Hintergrund ist bei den Vorgängen in den Achtzigerjahren natürlich trotzdem nicht vollkommen auszuschließen.

Häufig wird vermutet, dass es sich bei den beobachteten USOs um niederstürzende Asteroiden oder Weltraummüll handeln könnte, und für viele Vorkommnisse dieser Art ist das bestimmt die zutreffende Erklärung.

Manches lässt sich aber nicht so leicht aufklären. Hier ein

Beispiel aus dem Archiv des Phänomene-Forschers Charles Fort (der jahrelang Zeitungsberichte u. dgl. über unerklärliche Vorfälle sammelte):

Am 12. November 1887 (also weit vor dem Müll produzierenden Raumfahrtzeitalter) lag ein Schiff namens Le Sibérien vor Kap Race (Neufundland). Gegen Mitternacht nahmen Teile der Besatzung plötzlich eine riesige Feuerkugel in der Luft wahr. Das hell leuchtende Objekt stürzte jedoch nicht, wie man vielleicht erwarten würde, ins Meer, sondern war in umgekehrter Richtung unterwegs: Es stieg aus dem Wasser auf. In nur rund 16 Metern Höhe flog es, übrigens gegen den Wind, auf die Sibérien zu und drehte dann nach Südosten ab.

War dies die erste Sichtung eines USOs?

Vermutlich nicht. Schon Christoph Kolumbus hatte auf seiner großen Fahrt ein feuriges Objekt vom Himmel stürzen sehen. Dabei handelte es sich wahrscheinlich um einen Asteroiden, aber sicher ist auch das nicht. Das Online-Archiv waterufo.net erfasst jedenfalls mehr als 1100 USO-Begegnungen – seit 1067.

Im Folgenden möchte ich noch von einigen solcher Fälle erzählen – auch wenn sie sich mehr oder weniger ähneln.

Im Februar 1963 hielten Teile der britischen Nordatlantikflotte rund 50 Meilen vor der Küste Spitzbergens ein Manöver ab, als das Radar in zehn Kilometer Höhe plötzlich ein unbekanntes Objekt erfasste, ca. 35 Meter groß. Da es nicht gelang, Funkkontakt aufzunehmen, entschloss sich der Kommandierende, Abfangjäger aufsteigen zu lassen. Aus einer Entfernung von rund zehn Meilen beobachteten die Piloten, wie das Objekt im Sinkflug aufs Meer zuschoss.

Damit war es vom Radarschirm verschwunden. Eine Weile lang ließ es sich jedoch noch mit einem Sonargerät verfolgen. Bis es schließlich vollends in der Tiefe versank.

20. Juli 1967, die Naviero befand sich in brasilianischen Gewässern, etwa 120 Meilen vor Kap Santa Marta Grande, als Männer an Bord die Aufmerksamkeit des Kapitäns auf ein mehr als 30 Meter langes, metallisch weiß-bläulich schimmerndes Objekt in der Form eines Zylinders am Himmel lenken. Mehr als 15 Minuten lang begleitete es das Schiff. Dann aber änderte es plötzlich den Kurs und tauchte im Meer unter. Doch auch unter Wasser war noch eine Zeit lang ein seltsames Leuchten zu beobachten.

Wenige Monate später, am 4. Oktober 1967, kam es zu einer weiteren Sichtung, diesmal in Neuschottland, im Hafen von Shag Harbour. Bewohner des Fischerörtchens sahen, wie aus dem Meer ein seltsames Objekt mit blinkenden, roten und orangefarbenen Lichtern erschien und dann wieder in den Wogen versank. Einige Zeit später tauchte das merkwürdige Teil erneut auf und trieb nur eine halbe Meile vor der Küste auf den Wellen. Neugierig stiegen einige der Fischer in ihre Boote. Doch sie fanden nichts. Das unbekannte Unterseeobjekt war und blieb verschwunden.

Ein »klassisches« USO hatte auch ein holländischer Kapitän 1954 aus den Fluten des Meeres auftauchen sehen. 80 Meilen vor New York beobachtete er, wie eine graue, flache Scheibe aus dem Atlantik stieg. Durchs Fernglas betrachtet sah es so aus, als sei die Unterseite des Fahrzeugs hell erleuchtet. Auch könnte es über Fenster oder Luken verfügt haben, wie der Kapitän angab.

Bei einem Flug über die Bahamas nahmen zwei amerikanische Bomberpiloten im März 1955 unter der Meeresoberfläche ein merkwürdiges Leuchten wahr. Kurz darauf schien dieses Licht aus dem Wasser aufzusteigen und präsentierte sich den Soldaten als gelblich-orangefarben schimmernde Kugel. Diese verharrte minutenlang in der Luft, bevor sie in einiger Entfernung über dem Meer verschwand.

Zu einem merkwürdigen Vorfall kam es 1963 – ebenfalls in der Karibik, vor Puerto Rico – während eines Manövers der US-Streitkräfte, an dem unter anderem der Flugzeugträger Wasp, zwei Zerstörer und eine Reihe von U-Booten beteiligt waren. Eines von ihnen verließ seinen vorgegebenen Kurs, um ein nicht identifizierbares Objekt zu verfolgen, das sich mit der unglaublichen Geschwindigkeit von ungefähr 280 Stundenkilometern unter dem Wasser bewegte. Ein solches Tempo erreicht kein U-Boot! Vier Tage lang versuchten die Soldaten der US-Marine das unbekannte Objekt dingfest zu machen – in bis zu 8000 Metern Tiefe. Doch es verschwand immer wieder – um dann plötzlich erneut auf dem Sonar zu erscheinen.

Auch Taucher begegnen in den Meeren mitunter seltsamen, technisch anmutenden Unterwasserfahrzeugen, die sie sich nicht erklären können. So etwa im Juli 1965 vor der Küste Floridas nahe Fort Pierce der Unterwasserfotograf Dr. Dimitri Rebikoff, der ein birnenförmiges Objekt sah, auf das weder er sich einen Reim machen konnte noch seine Kollegen. In der *Los Angeles Times* wurde damals zu Protokoll gegeben:

»Der Form nach haben wir zuerst an eine Art Hai gedacht. Doch Richtung und Geschwindigkeit waren zu stetig. Das Ding schien von einem Autopiloten gesteuert zu sein. Wir haben kein Signal empfangen und können das Objekt daher nicht näher bestimmen.«

Auch im östlichen Spanien kam es einmal zu einem USO-Kontakt. Am 26. Juli 1970 waren Sporttaucher etwa 60 Meter vor der Küste Alcocebres in nicht einmal zehn Metern Tiefe unterwegs, als sie plötzlich einen zylindrischen Körper von sechs Metern Länge vor sich liegen sahen. Vergeblich versuchten sie das Objekt zu bewegen. Auch ließ sich seine Hülle mit dem Tauchmesser nicht verletzen. Als die Männer das USO am folgenden Tag noch einmal aufsuchen wollten, war es nicht mehr an Ort und Stelle. Allerdings sahen sie etwas aus dem Wasser steigen, was ihm sehr ähnlich sah.

38

BEP-KOROROTI,
EIN ASTRONAUT IM URWALD?

Die Prä-Astronautik, die Idee, dass unser Planet vor Jahrtausenden Besuch von Außerirdischen hatte, beruht zu einem großen Teil auf mythischen Überlieferungen. In vielen alten Kulturen wird ja von »himmlischen Göttern« gesprochen, von Göttern, die aus dem Himmel kamen, und die Prä-Astronautik nun geht der Frage nach, ob es sich dabei um Außerirdische handelte.

Erich von Däniken sucht seit Jahrzehnten in der ganzen Welt nach Indizien und Beweisen für diese Annahme. Anfang der Siebzigerjahre wurde er bei den Kayapó-Indianern in Brasilien fündig, wie er in seinem Buch *Aussaat und Kosmos* berichtet. Dieses Volk lebt im brasilianischen Urwald, südlich der Region Pará am Rio Fresco.

Die Stammeslegende weiß von einem sonderbaren himmlischen Wesen namens Bep-Kororoti, das eines Tages in ihrem Dorf erschienen sein soll. Bei von Däniken heißt es:

»Eines Tages erschien Bep-Kororoti im Dorf. Er war mit einem Bo bekleidet, der ihn von Kopf bis zu den Füßen bedeckte. In der Hand trug er ein Kop, eine Donnerwaffe. Einige versuchten den Eindringling zu bekämpfen, aber ihre Waffen waren zu schwach. Jedes Mal, wenn sie die Kleidung von Bep-Kororoti berührten, zerfielen sie zu Staub.

Der Krieger, der aus dem All gekommen war, musste über die Verwundbarkeit derer, die ihn bekämpften, lachen. Um ihnen seine Kraft zu beweisen, hob er sein Kop, deutete auf einen Baum oder Stein und zerstörte beide. Er lebte Jahrzehnte mit ihnen, bevor er sie für immer verließ.«

Dieser Bep-Kororoti war der Lehrer der Kayapó, er unterrichtete sie in Ackerbau, zivilisierter Lebensweise und verbesserte auch ihre Jagdkünste.

Bei rituellen Tänzen und Festen trugen die Kayapé zu Ehren Bep-Kororotis auch im 20. Jahrhundert noch ein sperriges, plumpes Ritualgewand aus Palmenblättern, das den von v. Däniken erwähnten »Bo« darstellen sollte. Davon gibt es ein Foto, aufgenommen von João Americo Peret, einem Teilnehmer der ersten Expedition, die 1952 zu dem Indianerstamm vordrang. Demnach ähnelte dieser Bo, der den ganzen Körper des Tänzers bedeckte, auf geradezu frappierende Weise einem modernen Raumanzug, inklusive Helm. Deutlich sieht man das auch auf Filmaufnahmen einer Von-Däniken-Expedition (siehe Bildteil).

Doch wer war dieser Bep-Kororoti eigentlich? Vielleicht wirklich ein Außerirdischer, den es in diese Gegend verschlagen hat? Die Legende der Kayapós berichtet, dass ihr Volk vor langer, langer Zeit in einer »großen Savanne« mit

Blick auf ein Gebirgsmassiv gelebt habe. Von dort sei Bep-Kororoti zu ihnen gelangt. Mehr wüssten sie nicht, er sei eben aus dem Himmel gekommen. Nachdem sich die Dorfbewohner an den hellhäutigen Besucher gewöhnt hatten, lebte er bei ihnen, ging auch mit ihnen auf die Jagd, nahm aber »nicht die Nahrung des Dorfes« zu sich. Später, so berichtet die Legende, heiratete Bep-Kororoti ein junges Mädchen aus dem Dorf und gründete mit ihm eine Familie.

Irgendwann sei der Fremde wieder im Himmel verschwunden.

Soweit in Kurzform die Legende, die Erich von Däniken in zwei seiner Bücher zur Diskussion stellt. Kritiker der Prä-Astronautik halten entgegen, er habe sich seinerzeit aufs Glatteis führen lassen. Der »Bo«, der zweifellos an einen Raumanzug erinnert, sei tatsächlich von einem solchen inspiriert und keinesfalls als Hinweis auf die Kleidung von Außerirdischen aus grauer Vorzeit zu interpretieren.

In den Jahren 1952 bis 1960 erforschten die Anthropologen H. Banner, A. Lukesch und A. Métreaux die Kultur der Kayapó. Demnach existierte in ihren Mythen tatsächlich eine Gottheit mit dem Namen Bep-Kororoti.

Und einen ähnlichen Anzug wie den »Bo« der Kayapé fotografierte der Ethnologe Karl von den Steinen bereits 1884 bei den brasilianischen Bakairi-Indianern. Einen solchen habe der himmlische Gott Keri getragen, als er auf der Erde unter ihnen weilte.

Solche »Hosenanzüge« erwähnt Anfang des 20. Jahrhunderts auch der Ethnologe Theodor Koch-Gründberg in seinem Buch *Zwei Jahre unter den Indianern*. Er hatte sie bei den Kauá-Indianern im Quellgebiet des Rio Negro gesehen und berichtet, seinem Fachkollegen Paul Ehrenreich seien sie ebenfalls aufgefallen – bei den Karayá-Indianern. Am Rio Negro scheint es also, wenigstens bei einigen Stämmen, geradezu Mode gewesen zu sein, den »himmlischen Lehrmeistern« ein solches Kleidungsstück zuzuschreiben.

Noch in anderer Hinsicht sind große Übereinstimmungen zu verzeichnen, und die sind letztlich wahrscheinlich sogar bedeutender: Die Mythen dieser Stämme enthalten Hinweise auf eine lange zurückliegende Zeit, in der die Menschen in unmittelbarem Kontakt mit ihren Himmelswesen standen.

Der deutsche Ethnologe Anton Lukesch lebte von 1954 bis 1970 fast durchgehend bei den Kayapó-Indianern. Er lernte ihre Sprache, erforschte ihre Weltanschauungen und wurde schließlich einer der ihren.

Lukesch zufolge glaubten die Kayapó an eine bewohnte Welt im Himmel. Von dort sei Bep-Kororoti gekommen und dorthin sei er später auch wieder zurückgekehrt. Er habe sie mit Nahrung aus der himmlischen Welt versorgt, sie in schweren Zeiten unterstützt und sei ihr »Lehrmeister« gewesen. Dies entspricht durchaus von Dänikens Erkenntnissen.

Eine ähnliche Legende kennen wir auch aus der inzwischen untergegangenen Kultur der brasilianischen Tupanimbá-Indianer. Sie erzählt von Monan, dem Schöpfer des Universums und des Menschen. Das himmlische Gotteswesen weilte unter den Irdischen und wurde hoch verehrt. Dann aber begannen die Menschen zu sündigen und Monan zu missachten. Zur Strafe beschloss er, in den Himmel zurückzukehren und das Erdenvolk in einer Feuersbrunst zu vernichten.

Gnade fand nur ein Mensch mit Namen Irin-Magé. Er durfte Monan in den Himmel begleiten und überlebte die Katastrophe. Mehr noch: Irin-Magé gelang es sogar, das himmlische Gotteswesen zu überzeugen, die Feuersbrunst durch einen kräftigen Regen zu beenden. Irin-Magé nahm sich eine der Frauen von Monan und gründete mit ihr ein neues Menschengeschlecht.

Die Mythen der Kaiato vom Rio Xingu wissen um einen weit entfernten Stern, auf dem einst ein Indianerrat versammelt war, um einen Umzug zu planen. Sein Oberster war durch ein »Loch« im Himmel zur Erde gelangt, konnte sie aber nicht betreten. Also beschlossen einige Angehörige des Indianerrates, unserem Planeten einen gemeinsamen Besuch abzustatten. Aus »Baumwollflocken« drehten sie einen langen Strick und seilten sich daran durch das Loch ab. Fortan lebten sie auf der Erde, standen aber durch ihr Seil in ständiger Verbindung zum Himmel und ihren Brüdern, die dort geblieben waren. Bis das Band durch einen bösen Zauber durchschnitten wurde. Eine Rückkehr in die himmlischen Gefilde war seither nicht mehr möglich.

Ganz ähnlich klingt der Mythos vom »Salz der Erde«, der weit von Südamerika entfernt in verschiedenen Gegenden Afrikas erzählt wird. In seinem Buch *Fremde Länder – Fremde Völker* (1960) berichtet Hans R. Niederhäuser davon.

In der Frühzeit der Menschheit, heißt es demnach in einigen Kulturen Afrikas, hätten die Kinder Gottes bei ihrem Vater im Himmel gelebt und seien dort glücklich, unbeschwert und reich gewesen. Doch eines Tages wollte Gott sie prüfen. Er schickte sie – an einem Faden – zur Erde hinab, verbot ihnen aber, vom »Salz der Erde« zu essen. Doch die Söhne des Himmels, erfahren wir bei Niederhäuser, vergaßen oder missachteten das Verbot Gottes. Nur einer blieb gehorsam. Und als die Menschen dann wieder in den Himmel zurückwollten, »da riss der Faden bei denen, die Salz gegessen hatten«. Und sie mussten ihr weiteres Leben auf der Erde fristen.

Vergleichbare Mythen über die von den Menschen selbst verschuldete Zerstörung ihres ursprünglich so engen Bandes mit dem Göttlichen kennen wir auch aus Japan, China, der Mongolei, Tibet, Indonesien oder dem Nahen Osten. Und auch in der Bibel war es ja, wie wir im ersten Kapitel dieses Buches gesehen haben, der Zorn Gottes über die Sündhaftigkeit der Menschen, der zur Sintflut führte. In diese offenbar global verbreiteten Mythen lässt sich zweifellos auch der Glaube der Kayapó an ihren Bep-Kororoti einordnen.

39

DIE FLUGZEUGE DES KÖNIG SALOMON

Ich habe in diesem Buch schon ganz zu Anfang einmal über den sagenumwobenen König Salomon aus dem Alten Testament gesprochen. Ein weiser Prophet und Herrscher sei er gewesen, so die Bibel, er habe den großen Tempel von Jerusalem errichten lassen, in dem die Bundeslade aufbewahrt wurde, und habe auch einmal die Königin von Saba in seinen Gemächern empfangen. (Dass nichts davon historisch verifizierbar ist, steht auf einem ganz anderen Blatt und wird hier nicht weiter erörtert.)

Diese Königin soll also – wahrscheinlich aus einem Land kommend, das wir heute als Äthiopien kennen – mit viel Pomp nach Jerusalem gereist sein, um König Salomon ihre Aufwartung zu machen. Von ihm reichlich beschenkt reist sie im Anschluss an ihren Besuch in ihr Reich zurück. Soweit die Bibel.

Das äthiopische Nationalepos Kebra Negest (»Ruhm der Könige«) weiß mehr über die Zusammenkunft der beiden Herrscherpersönlichkeiten und geht am Ende des 30. Kapitels auch ausführlich auf die Präsente ein, die Salomon seiner Besucherin darreichte. Und die hatten es wirklich in sich:

»Da ging er [Salomon, LAF] in seine Wohnung und gab ihr [Makeba, der Königin von Saba, LAF] alle wünschenswerten Herrlichkeiten und Reichtümer (…), Kamele und Wagen an 6000, die mit kostbaren, wünschenswerten Geräten beladen waren, Gefährte, in denen man auf dem Land fuhr, ein Fahrzeug, das auf dem Meere fuhr, und einen Wagen, der durch die Lüfte fuhr, den er gemäß der ihm von Gott verliehenen Weisheit angefertigt hatte.«

Wie bitte? Salomon soll ein Flugzeug erfunden, gebaut und der Königin von Saba zum Geschenk gemacht haben?

Auch Erich von Däniken wunderte sich schon, völlig zu Recht, wie ich finde:

»Salomo war eine erstaunliche Type unter den Königen. Was er so alles in seinem Fuhrpark hatte!«

Aber mal im Ernst: Was könnte es mit diesem »Wagen, der durch die Lüfte fuhr«, auf sich haben? Gab es eine solche Maschine wirklich? Handelte es sich vielleicht um ein »Heißluftschiff, das mit Cherubim und Schwingflügeln auf dem gewünschten Kurs gehalten wurde«, wie Dr. Wolfgang Volkrodt in seinem Buch *Es war ganz anders* 1991 vermutete, in dem er beweisen wollte, dass fliegende Heißluftschiffe vor Jahrtausenden gern benutzt wurden.

Die Königin war, wenn wir dem Kebra Negest Glauben schenken, als sie wieder nach Hause fuhr, nicht nur glücklich, so reich beschenkt worden zu sein, sie war auch schwanger von König Salomon.

Als Menelik, der Sohn, dem sie das Leben schenkte, zu einem jungen Mann herangereift war, hatte er es auf die Bundeslade im Tempel des Salomon abgesehen. Er fuhr nach Jerusalem, stahl sie und brachte sie auf recht ungewöhnlichem Weg in seine Heimat, nämlich schwebend »wie ein Adler, wenn er auf dem Winde leicht dahinfliegt«. Im 52. Kapitel des Kebra Negest heißt es weiter:

»Es war niemand, der ihren Wagenpark gezogen hätte, sondern er selbst (der Engel Michael) zog den Wagen, indem sich von der Erde eine Elle hoch erhoben sowohl Menschen als Pferde, Maultiere und Kamele; und alle Leute, die auf den Tieren ritten, wurden eine Mannesspanne hoch von ihren Rücken gehoben, aber auch alle aufgeladenen Arten ihrer Gerätschaften wurden ebenso wie die Leute (…) eine Mannesspanne hoch erhoben (…) alles eilte auf dem Wagen dahin wie ein Schiff auf dem Meere, wenn es der Wind hebt (…) und wie ein Adler, wenn er auf dem Wind leicht dahinfliegt: So eilten sie auf dem Wagen dahin, ohne nach vorne oder nach hinten, nach rechts oder links zu schwanken.«

Salomon, erbost über den frevelhaften Diebstahl, schickte Menelik seine besten Reiter nach. Doch da hatten der Äthiopier und sein Gefolge sogar Ägypten bereits hinter sich gelassen – in der Luft. Die berittenen Kundschafter des Königs erfuhren:

»Vor langer Zeit sind Leute von Äthiopien hier vorbeigekommen, indem sie auf einem Wagen fuhren wie die Engel, und sie waren schneller als denn die Adler am Himmel. (…) Und als sie ihre Wagen beladen hatten, da ging es nicht auf der Erde hin, sondern sie schwebten im Wagen auf dem Winde, sie waren schneller als die Adler am Himmel, und alle ihre Gerätschaften kamen mit ihnen auf dem Winde in den Wagen.«

Kebra Negest, Kapitel 58

Für die Ägypter stand fest: Es konnte nur Salomon in seiner Weisheit gewesen sein, der diese Wagen erdacht hatte. Und sie sparten nicht an Kritik. Denn die seltsamen Transportmittel hatten großen Schaden angerichtet.

»Die Bewohner der Städte und Burgen sind Zeugen dafür, dass, als jene das Land Ägypten betraten, unsere Götter und die Götter des Königs umfielen und zerbrachen, und ebenso wurden Obelisken der Götzen zerstört.«

Kebra Negest, Kapitel 59

Salomons Männer gaben Meneliks Verfolgung auf. Gegen ein Flugzeug hatten sie keine Chance. Ob der König bedauerte, der Königin von Saba seinerzeit den fliegenden Wagen geschenkt zu haben, mit dem sein Sohn jetzt unterwegs war? Wir wissen es nicht.

Als Menelik mit viel Tamtam seine Heimat erreichte, wurde er von seinem Volk begeistert empfangen, wie aus dem 84. und 85. Kapitel des Kebra Negest hervorgeht. Flugzeuge hatte man dort wohl noch nicht so viele gesehen.

Unglaubliches wird im 94. Kapitel des Epos auch über die Geschwindigkeit berichtet, die der Wagen an den Tag legte, so zum Beispiel, als der Herrscher in eine Schlacht zog:

»Der König David (Menelik, LAF) aber samt seinem Heer (...) flogen auf dem Wagen ohne Krankheiten und Leiden, ohne Hunger und Durst, ohne Schweiß und Ermüdung, *indem sie an einem Tage eine Wegstrecke von drei Monaten zurücklegten* (Hervorheb. LAF).«

Und nicht einmal selbst bedienen mussten Menelik und seine Leute den Flugwagen, denn ein »Engel war ihr Steuermann« ...

40

DAS PHILADELPHIA-EXPERIMENT

Der Weltkrieg tobt. Im Oktober 1943 führt die US-Marine auf der USS Eldridge (DE173) ein Experiment durch. Und es gelingt: Minuten lang ist der Zerstörer den Blicken möglicher Feinde entzogen. Die Eldridge nebst Mannschaft wird unsichtbar.

Könnte doch sein, oder? Schließlich waren seinerzeit alle Krieg führenden Nationen fieberhaft mit der Entwicklung neuer Technologien befasst. Warum also hätten die USA nicht an Entmagnetisierungsverfahren arbeiten sollen, um ihre Schiffe besser gegen deutsche Torpedos zu schützen? Und warum hätten sie nicht auch noch einen Schritt weitergehen können?

Doch fangen wir am Anfang an – und der liegt weit nach Kriegsende.

Am 12. Januar 1956 bekam der UFO-Forscher und -Autor Morris Ketchum Jessup den ersten von sechs merkwürdigen Briefen, deren Absender ein gewisser Carl Meredith Allen (alias Carlos Miguel Allende) war. Er sei, teilte er Jessup mit, 1943 als Matrose des Dampfers Andrew Furuseth, einem Schiff der Matson Lines Liberty, in der Marinewerft von Philadelphia, Pennsylvania, gewesen. In Sichtweite habe der Zerstörer USS Eldridge vor Anker gelegen. Und Allen wurde Zeuge eines unheimlichen Experiments.

Er will gesehen haben, wie die US-Marine einen Versuch durchführte, in dessen Verlauf der Zerstörer mithilfe eines starken Magnetfeldes unsichtbar gemacht wurde. Geistiger Vater dieses unglaublichen Unternehmens sei ein gewisser Dr. Franklin Reno gewesen, aber auch Albert Einstein und Nikola Tesla hätten an den Vorbereitungen mitgewirkt.

Ziel des geheimen Experiments unter dem Titel »Rainbow« sei es gewesen, so Allen, die Schiffe der amerikanischen Kriegsmarine für feindliches Radar unsichtbar zu machen. Dabei habe sich die Materie der Eldridge jedoch kurzzeitig aufgelöst – eine Viertelstunde lang sei nur der Abdruck ihres Kiels im Wasser zu sehen gewesen. Für die Besatzung waren die Folgen des Zwischenfalls grauenhaft. Die Körper einiger der Matrosen seien mit dem Schiff »verschmolzen«. Andere Männer hätten den Verstand verloren oder seien verbrannt. Und noch Jahre später wären ehemalige Angehörige der Besatzung plötzlich unsichtbar geworden.

Wahrlich eine spannende Geschichte à la Hollywood. Und verfilmt wurde sie 1984 wirklich. Oliver Gerschitz schreibt in seinem hochspekulativen Buch *Verschlusssache Philadelphia-Experiment* sogar, dass die USA damals versucht hätten, den Vertrieb des Kinofilms zu verbieten. Für den Autor ein Beweis, dass hier irgendetwas verschleiert werden sollte.

Allen berichtete noch von einem zweiten Experiment. Dabei sei er allerdings nicht Augenzeuge gewesen, sondern habe aus einem Zeitungsartikel 1956 davon erfahren. Bei diesem Versuch soll ein Kriegsschiff nicht nur unsichtbar gemacht, sondern sogar kurzzeitig von Philadelphia nach Norfork teleportiert worden sein.

Morris Jessup, der Empfänger von Allens Briefen, scheint eine umstrittene, leicht zwielichtige Person gewesen zu sein. Er schrieb eine Reihe von UFO-Büchern, erkundete die Ruinen der Maya und Inka, von denen er glaubte, Aliens hätten ihre Kulturen beeinflusst. Am 20. April 1959 beging Jessup Selbstmord. Und es wurde gemunkelt, dabei sei es nicht mit rechten Dingen zugegangen. Aber das ist an dieser Stelle nicht weiter wichtig.

Denn so richtig Fahrt nahm der entstehende Mythos vom »Philadelphia-Experiment« ohnehin erst auf, als Charles Berlitz und William L. Moore 1979 ihr gleichnamiges Buch veröffentlichten. Die Autoren waren der Überzeugung, dass sich dieser Vorfall 1943 tatsächlich ereignet hatte. Sie wollten auch den von Allen erwähnten Zeitungsartikel gefunden haben, in dem das zweite Experiment erwähnt wurde. Der stellte sich jedoch als Fälschung heraus.

Auch Dr. Franklin Reno, der angebliche Leiter des Philadelphia-Projekts, wurde nie gefunden. Berlitz und Moore behaupten allerdings, seine Identität zu kennen. Einige Wochen vor seinem Tod sei es ihnen noch gelungen, ein Interview mit ihm zu führen – Renos richtigen Namen dürften sie aber nicht preisgeben.

Auch Allens Angabe, er sei im Oktober 1943 auf der Andrew Furuseth im Hafen von Philadelphia gewesen und habe dort die Eldridge gesehen, kann nicht stimmen. Denn zu dieser Zeit lag die Eldridge im Hafen von Brooklyn und die Furuseth im Dock von Newport News.

Und: Einmal ganz abgesehen davon, dass die amerikanische Kriegsmarine ein so aufsehenerregendes Experiment wahrscheinlich nicht vor großem Publikum durchgeführt hätte: Allens Kameraden von der Furuseth haben nichts davon mitbekommen. Darüber hinaus ist auch die Behauptung, die Mannschaftspapiere dieses Schiffes seien nicht auffindbar, falsch. Sie liegen im Bundesarchiv der USA.

Aber einer ordentlichen Verschwörungstheorie können Fakten natürlich nichts anhaben. Und noch weniger einem so hübschen Mythos.

Denn sogar der Volksmund weiß doch, dass jede Legende einen wahren Kern hat. Oder etwa nicht?

In Philadelphia sei seinerzeit mit starken Magnetfeldern experimentiert worden, heißt es, die das zeitweilige Verschwinden der Eldridge verursacht hätten. Sind solche Felder aber tatsächlich in der Lage, ein insgesamt etwa 1260 Tonnen schweres Schiff »unsichtbar« zu machen? Nein, sind sie nicht. Magnetfeld-Experimente an Schiffen wurden allerdings wirklich durchgeführt.

Im Zweiten Weltkrieg waren manche Minen und Torpedos mit einem Magnetzünder ausgestattet, der (im Unterschied zu den früheren Aufschlagzündern) auf Veränderungen des Erdmagnetfeldes durch das Eigenmagnetfeld des feindlichen Schiffes reagiert. Entsprechend treffsicherer – und in der Wirkung verheerender – waren diese Waffen.

Es gab tatsächlich Versuche, Kriegsschiffe durch Entmagnetisierung für solche Angriffe »unsichtbar« zu machen.

Ist das vielleicht der wahre Kern des Mythos »Philadelphia-Experiment«?

Und was sagen eigentlich die ehemaligen Soldaten von der USS Eldridge zu all dem?

Ende März 1999 trafen sich einige der alten Kameraden im Boardwalk Hotel in Atlantic City. Nach dem Vorfall vom Oktober 1943 befragt, der ihr Schiff weltberühmt gemacht hat, sagte zum Beispiel ein Ray Perrino: »Klar, wenn Leute mich danach fragen, sage ich natürlich, dass ich damals verschwunden bin. Aber nach einer Weile merken sie schon, dass ich sie bloß hochnehme.« Und das ehemalige Besatzungsmitglied Ed Tempany aus Carteret verabschiedete sich mit den Worten »Beam me up, Scotty.«

Für Verschwörungstheoretiker hat es natürlich einen triftigen Grund, dass die Veteranen der Eldridge nichts von einem Experiment der ungewöhnlichen Art wissen wollen: Sie sind zum Schweigen verdonnert …

Oder liegt es vielleicht daran, dass die Besatzung der Eldridge selbst beim besten Willen gar nichts darüber sagen könnte? So zumindest der weltweit bekannte UFO-Forscher Timothy Good in seinem gerade erschienenen Buch *Need to Know*: 2005 soll ihm Bob Beckwith, ein pensionierter Nachrichtendienstler der US-Marine, berichtet haben, dass es in Wahrheit gar nicht die Eldridge war, die an die-

sem Experiment beteiligt war. Vielmehr sei es der Minen-
räumer USS Marthas Vineyard (IX-97) unter Führung von
William W. Boyton gewesen! Und die Recherchen müssten
neu beginnen …

NACHSATZ DES AUTORS

Nachdem sich meine Redakteurin das Manuskript zu diesem Buch erstmals durchgelesen hatte, rief sie mich spontan an und sagte: »Ich bin ja aus dem Staunen gar nicht herausgekommen.« Ein schöneres Lob kann ich mir kaum vorstellen, obwohl es natürlich weniger mir persönlich galt als der Historia Mystica, den Rätseln und Geheimnissen unserer Welt.

… aus dem Staunen gar nicht herausgekommen … Ich würde mir wünschen, dass auch Sie, die Sie mir bis hierher gefolgt sind – wofür ich übrigens herzlichen Dank sage –, Ihren Leseeindruck mit diesen oder ähnlichen Worten zusammenfassen können. Dann hätte dieses Buch seinen wichtigsten Zweck schon erfüllt. Denn Staunen ist Offenheit, ist Neugier, ist Für-möglich-Halten. Und unabdingbare Voraussetzung für vorurteilsfreies Denken – auch an den Grenzen zum »Unwahrscheinlichen«.

TEIL V

ANHANG

QUELLEN UND
WEITERFÜHRENDE LITERATUR

TEIL I

SAGEN, MYTHEN UND RÄTSELHAFTE
ÜBERLIEFERUNGEN

1   Die Sintflut – »das Ende allen Fleisches«

EXPLODING ASTEROID THEORY STRENGTHENED BY NEW EVIDENCE.
Space Daily, Cincinnati, 7. Juli 2008, unter: http://www.spacedaily.
com/reports/Exploding_Asteroid_Theory_Strengthened_By_
New_Evidence_999.html

HOWARD, THERESA: *The Tangible Evidence for the Eastlist Dilmun.* In:
Journal of Cuneiform Studies, Bd. 33 (1981)

KAISER, PETER: *Vor uns die Sintflut.* München 1985

KOCH, HEINRICH P.: *Sintflut.* Wien München Zürich 2000

MUCK, OTTO: *Atlantis. Die Welt vor der Sintflut.* Olten 1956

PITMAN, WALTER & RYAN, WILLIAM: *Sintflut.* Bergisch Gladbach 1999

RANKE, HERMANN: *Das Gilgamesch-Epos.* Wiesbaden 2006

TOLLMANN, ALEXANDER UND EDITH: *Und die Sintflut gab es doch.*
München 1993

WOOLLEY, CHARLES LEONARD: *Beginnings of Civilisation.* London 1963

WOOLLEY, CHARLES LEONARD: *Mit Hacke und Spaten.* Leipzig 1951

2   Das fliegende Volk der Einarmigen

HABECK, REINHARD: *Das fliegende Volk der »Einarmigen«,* In: *Fremde aus dem All,* hrsg. von Erich von Däniken. München 1995

KRASSA, PETER, UND HABECK, REINHARD: *Die Palmblatt-Bibliothek.* München 1993

KRASSA, PETER: *... und kamen auf feurigen Drachen.* Wien 1984

KRASSA, PETER: *Sie kamen aus den Wolken.* Rottenburg 2003

PATURI, FELIX R.: *Die großen Rätsel unserer Welt.* München 1989

WOLFF, KARL FELIX: *Dolomitensagen.* Innsbruck, Wien, München 1974

3   Der Fluch des Pharao

CARTER, MICHAEL: *Tut-ench-Amun.* München 1977

BRACKMAN, ARNOLD C.: *Sie fanden den goldenen Gott.* Bergisch Gladbach 1988

DOENIKE, ULRICH: *Die Rache der Mumie: Mythos und Wahrheit.* In: *P. M. History,* Oktober 2007

HARDER, BERND: *Das Lexikon der Großstadtmythen.* Frankfurt a. M. 2005

KIRCHNER, GOTTFRIED: *TERRA X – Rätsel alter Weltkulturen: Der Fluch des Pharao.* Frankfurt 1986

STANGELMEIER, G. F. L., UND BIFFIGER, BEAT: *Der Tut-anch-Amun Skandal.* Marktoberdorf 2005

THIEM, EBERHARD, UND PEIK, ARNO: *Terra X: Der Fluch des Pharao.* ZDF 1986

VANDENBERG, PHILIPP: *Der Fluch der Pharaonen.* Bern, München 1973

4   Schufen uns Außerirdische?

BARTUSCH, JENS S. ROHARK: *Poopol Wuuj*. Magdeburg 2007

FISCHINGER, LARS A.: *Götter der Sterne*. Weilersbach 1998

GORION, MICHA JOSEF BIN: *Die Sagen der Juden*. Frankfurt a. M. 1962

GRABNER-HAIDER, ANTON, UND MARX, HELMA: *Das Buch der Mythen aller Zeiten und Völker*. Wiesbaden 2005

HORN, ARTHUR DAVID: *Götter gaben uns die Gene*. Güllesheim 1997

KRASSA, PETER, UND FARKAS, VIKTOR: *Lasset uns Menschen machen*. München 1985

KRASSA, PETER: *Gott kam von den Sternen*. Freiburg i. Br. 1974

RIESSLER, PAUL: *Altjüdisches Schrifttum außerhalb der Bibel*. Freiburg Heidelberg 1928

SPROUL, BARBARA C.: *Schöpfungsmythen der östlichen Welt*. München 1993

SPROUL, BARBARA C.: *Schöpfungsmythen der westlichen Welt*. München 1994

5   Die Chronik von Akakor

3 MORDE IM REGENWALD: WAR'S DER INDIANER AUS NÜRNBERG?, IN: *BILD* vom 27. April 1989

BRÖG, WOLFGANG: *Das Geheimnis des Tatunca Nara*. WDR 1990

BRUGGER, KARL: *Die Chronik von Akakor*. Düsseldorf 1976

DÄNIKEN, ERICH VON: *Beweise*. Düsseldorf Wien 1977

NEHBERG, RÜDIGER: *Abenteuer Urwald*. München 2005

SIEBENHAAR, WOLFGANG: *Die Tatunca-Nara-Story*. In: Mysteria 3000 Nr. 3/2002, unter: http://www.mysteria3000.de/wp/?p=55

SIEBENHAAR, WOLFGANG: *Die Wahrheit über die Chronik von Akakor*. Rottenburg 2006

6 Bermuda-Dreieck – Tor zu den Sternen?

ARTZ, KERSTIN: *Paranormal vs. Wissenschaft: Alles normal im Bermudadreieck?*, *Focus online* vom 29. Mai 2008

BERLITZ, CHARLES: *Das Bermuda-Dreieck*. Wien, Hamburg 1975

BERLITZ, CHARLES: *Das Drachen-Dreieck*. München 1990

BERLITZ, CHARLES: *Spurlos*. Wien Hamburg 1977

EBON, MARTIN: *Das Rätsel des Bermuda-Dreiecks*. München 1977

HARDER, BERND: *Das Lexikon der Großstadtmythen*. Frankfurt a. M. 2005

HÖFLING, HELMUT: *Ufos, Urwelt, Ungeheuer*. Köln o.J.

HORN, ROLAND M.: *Gelöste und ungelöste Mysterien dieser Welt*. München 2000

KUSCHE, LAWRENCE D.: *The Bermuda Triangle Mystery – Solved*. London 1978

LANDSBURG, ALAN: *Secrets of the Bermuda Triangle*. Clayton 1978

WINER, RICHARD: *Vom Teufelsdreieck zum Teufelsrachen*. München 1978

WINER, RICHARD: *Das Teufelsdreieck*. Frankfurt a. M. 1977

7 UFOs und Außerirdische im Mittelalter?

BRACHTHÄUSER, CHRISTIAN: *Im Schatten der UFOs*. Schleusingen 2000

BRAND, I.: *Unerklärliche Himmelserscheinungen aus älterer und neuerer Zeit*. MUFON-CES-Sonderband, München 1977

BUTTLAR, JOHANNES VON: *Die kommen von fremden Sternen*. München 1986

DENDL, JÖRG: *Fliegende Schilde und Schlachten am Himmel*. Berlin 1997

FIEBAG, JOHANNES: *Die Anderen*. München 1993

FISCHINGER, LARS A.: *Die Götter waren hier!* Lübeck 2002

FOWLER, RAYMOND E.: *Der Fall Andreasson*. Weilersbach 1995

FOWLER, RAYMOND E.: *Die Allagash Entführungen*. Weilersbach 1995

HESEMANN, MICHAEL: *Geheimsache U.F.O.* Neuwied 1994

HOPKINS, BUDD: *Eindringlinge.* München 1994

JÜDT, INGBERT: *Das UFO des Albert d'Orville, die ungeprüfte Weitergabe einer Fälschung,* in: *DEGUFOFORUM* Nr. 45 (März 2005)

MACK, JOHN E.: *Entführt von Außerirdischen.* München 1995

MAGIN, ULRICH: *Von Ufos entführt.* München 1991

THOMPSON, KEITH: *Engel und andere Außerirdische.* München 1993

THOMPSON, RICHARD L.: *Begegnungen mit Außerirdischen.* München 1997

VALLÉE, JAQUES: *Passport to Magonia.* Chicago 1969

8   König Salomon und die Königin von Saba

ABHANDLUNGEN DER PHILOSOPHISCH-PHILOLOGISCHEN KLASSE DER KÖNIGLICHEN BAYRISCHEN AKADEMIE DER WISSENSCHAFTEN, BAND 23: *Kebra Negest.* München 1909

CLAPP, NICHOLAS: *Die Königin von Saba.* Berlin 2002

DÄNIKEN, ERICH VON: *Prophet der Vergangenheit.* Düsseldorf 1979

FINKELSTEIN, ISRAEL, UND SILBERMAN, NEIL A.: *David und Salomo.* München 2006

HANCOCK, GRAHAM: *Die Wächter des heiligen Siegels.* Bergisch Gladbach 1992

HITCHING, FRANCIS: *Die letzten Rätsel unserer Welt.* Frankfurt a. M. 1988

KONZELMANN, GERHARD: *Bilqis, Königin von Saba.* Berlin 1997

LANGBEIN, WALTER-JÖRG: *Geheimnisse der Bibel.* Berlin 1997

PATURI, FELIX R.: *Die großen Rätsel unserer Welt.* Stuttgart, München 1989

9 Mary Celeste – Die Mutter aller Geisterschiffe

BERLITZ, CHARLES: *Das Bermuda-Dreieck.* Wien, Hamburg 1975

HÖFLING, HELMUT: *Ufos, Urwelt, Ungeheuer.* Köln o.J.

HORN, ROLAND M.: *Gelöste und ungelöste Mysterien dieser Welt.* München 2000

MARY CELESTE – FACT NOT FICTION, UNTER: http://www.maryceleste.net

SEEMOTIVE: Das Geheimnis der Mary Celeste, unter: http://www.seemotive.de/html/dmaryc.htm

UNERKLÄRLICHE PHÄNOMENE: *Das Bermuda-Dreieck und andere rätselhafte Orte und Ereignisse.* Rastatt 1994

WIESE, EIGEL: *Das Geisterschiff.* Bergisch Gladbach 2003

10 Der Maya-Kalender, das Jahr 2012 und die Ankunft der Götter

DÄNIKEN, ERICH VON: *Der Tag, an dem die Götter kamen.* München o.J.

DEFESCHE, SACHA: *The 2012 Phenomenon: A historical and typological approach to a modern apocalyptic mythology. Skepsis,* 17. Juni 2008, unter: http://www.skepsis.no/articles_in_english/the_2012_phenomenon.html

ERNI, STÉPHANIE: *Rückkehr der Götter,* in: *Mysteries* Nr. 5/2008

GILBERT, ADRIAN & COTTERELL, MAURICE: *Die Prophezeiungen der Maya.* Düsseldorf, München 1998

HOLEY, JOHANNES: *Bis zum Jahr 2012.* Fichtenau 2000

JONES, MARIE D.: *Die Welt nach 2012.* München 2008

KRYGIER, MARIO & ROHARK, JENS: *Faszination 2012.* Magdeburg 2008

PINCHBECK, DANIEL: *2012 die Rückkehr der gefiederten Schlange.* München 2007

ROHARK, JENS, UND KRYGIER, MARIO: *Don Eric und die Maya.* Magdeburg 2006

SCHELE, LINDA, UND FREIDEL, DAVID: *A forest of Kings.* New York 1990

SITCHIN, ZECHARIA: *Der zwölfte Planet.* Unterägeri 1979

TEIL II
SELTSAME FUNDE UND OBJEKTE

11   Eine 4500 Jahre alte Darstellung des Sonnensystems

BUTTLAR, JOHANNES VON: *Adams Planet.* München 1991

DEISTUNG, KLAUS: *Der X. Planet in unserem Sonnensystem.* In: *Magazin 2000 plus* Nr. 181 (Spezial Nr. 14)

FISCHINGER, LARS A.: *Planet X – die Suche nach einem Mythos,* In: Unknown Reality Nr. 21/22 (1999)

HEISER, MICHAEL S.: *The Myth of a 12th Planet: A Brief Analysis of Cylinder Seal VA 243,* University of Wisconsin-Madison o.J.

MARZAHN, JOACHIM: *Zur »sumerischen Sternkarte« des Vorderasiatischen Museums.* In: *Sterne und Weltraum,* Nr. 7/1995

SIEBENHAAR, WOLFGANG: *Fehler und Fehlinterpretationen in den Büchern Zecharia Sitchins, aufgezeichnet anhand ausgewählter Beispiele.* In: *Scientific Ancient Skies,* Band 2 (1995)

SITCHIN, ZECHARIA: *Der zwölfte Planet.* Unterägeri 1979

12   »Objekt M«: das UFO aus der Eiszeit

FISCHINGER, LARS A.: *Die Götter waren hier!* Lübeck 2002

POPOWITSCH, MARINA: *UFO-Glasnost.* München 1991

13   Der Eismann von Minnesota

KUMMER, CHRISTOPH: *Urzeit-Mensch im Eisblock.* In: Mysteries Nr. 1/2008

BÜRGIN, LUC: *Geheimakte Archäologie.* München 1998

DER MINNESOTA ICEMAN, UNTER: http://iep.alien.de/iceman.htm

GESELLSCHAFT FÜR ANOMALISTIK E.V. / ARBEITSKREIS KRYPTOZOOLOGIE, UNTER: http://www.anomalistik.de/abg_krypto.shtml

GRIGG, RUSSEL: *The Minnesota Iceman hoax.* In: Creation 20 (Dezember 1997)

HEUVELMANS, BERNARD: *L'Homme de Néanderthal est toujours vivant.* Paris 1974

14 Die Zwergenmumie von Wyoming

BIBLELAND STUDIOS: *Pedro the Mountain Mummy,* unter: http://www.biblelandstudios.com/nuke/modules.php?name=Content&pa=showpage&pid=2

EDWARDS, FRANK: *Stranger than Science.* New York 1959

PEDRO, THE MYSTERY MUMMY, UNTER: http://www.anomalies-unlimited.com/Pedro.html

SCHNEIDER, MICHAEL: *Spuren des Unbekannten.* Norderstedt 2002

THE PEDRO MOUNTAIN MUMMY, unter http://www.subversiveelement.com/History_San_Pedro_Mummy.html

15 Die »Schädel von den Sternen«

BONIFACIO, ANTONIO: *Woher kommen diese fremden Schädel?,* In: *Mysterien* Nr. 3 (2004)

DÄNIKEN, ERICH VON: *Reise nach Kiribati.* Düsseldorf 1981

DONNELLY, NANCY: *Astronauten aus dem All: Eine Spurensuche.* National Geographic Television Production 2006 (Deutsch N 24, 2008)

DÜNNENBERGER, WILLI: *Außerirdische Leichen in Chile gefunden? Neue Recherchen zu einer alten Pressemeldung,* in: *Ancient Skies,* Nr. 2/1993

FIEBAG, PETER: *Geheimnisse der Naturvölker.* München 1999

HAUSDORF, HARTWIG: *Wenn Götter Gott spielen.* München 1997

HAUSDORF, HARTWIG: *X-Reisen.* München 1998

IN GRÄBERN AUS URALTER ZEIT: *Tote von den Sternen,* in: *BILD* vom 29. April 1975

KRAMER, ANDRÉ: *Der Kult der Schädeldeformationen*, in: *Mysteria 3000* Nr. 13 (1/2006)

MCCOY, MAX: *Star Child*, in: *Fortean Times* Nr. 127 (November 1999)

PYE, LLOYD: *Starchild Project*, unter: http://www.starchildproject.com

16   Das Wundertuch von Guadalupe

ELIZINDO, VIRGIL: *Unsere liebe Frau von Guadalupe.* Luzern 1999

ERMEL, GISELA: *Rätselhafte Tilma von Guadalupe.* Marktoberdorf 2002

FISCHINGER, LARS A.: *Das Wunder von Guadalupe.* Güllesheim 2007

FISCHINGER, LARS A.: Webseite *Nicht von Menschenhand*, unter: http://www.tilma-von-guadalupe.de

GROCHTMANN, HARALD: *Unerklärliche Ereignisse, überprüfte Wunder und juristische Tatsachenfeststellung.* Langen 1989

JOHNSTON, FRANCIS: *So hat Er keinem Volk getan.* Stein am Rhein 1991

LANGBEIN, WALTER-JÖRG: *Ungelöste Rätsel unserer Welt.* München 1997

SILLER, CLODOMIRO: *Hier wird der Reihe nach erzählt.* Annweiler 1984

TÖMSMANN, JOSÉ ASTE: *El secreto de sus ojos.* Mexiko-City 2004

17   Die Bagdad-Batterie

DENDL, JÖRG: *Elektrischer Strom in der Antike?*, In: *G.R.A.L.* Nr. 37 (2/1997)

DÖRNENBURG, FRANK: *Das Licht der Pharaonen: Energiequellen*, unter: http://doernenburg.alien.de/alternativ/dendera/dend02.php

ERCIVAN, ERDOGAN: *Das Sternentor der Pyramiden.* München 1997

HAUGHTON, BRIAN: *Verlorenes Wissen, verbotene Wahrheit.* München 2008

KNISTERNDE FUNKEN, IN: *Der Spiegel* Nr. 40/1978

KÖNIG, WILHELM: *Ein galvanisches Element aus der Partherzeit?* In: *Forschungen und Fortschritte* Nr. 1/1938

KÖNIG, WILHELM: *Neun Jahre Irak.* Brünn, München, Wien 1940

KRASSA, PETER, UND HABECK, REINHARD: *Das Licht der Pharaonen.* München 1992

PASZTHORY, EMMERICH: *Stromerzeugung oder Magie,* In: *Antike Welt* Nr. 1/1985

SANDERMANN, WILHELM: *Das erste Eisen fiel vom Himmel.* München 1978

18 Licht für den Pharao?

BERLITZ, CHARLES: *Das Bermuda-Dreieck.* Wien, Hamburg 1975

BRUNÉS, TONS: *Energien der Urzeit.* Zug 1977

DÖRNENBURG, FRANK: *Das Licht der Pharaonen: Elektrisches Licht in Ägypten?,* unter: http://doernenburg.alien.de/alternativ/dendera/dendoo.php

FISCHINGER, LARS A.: *Die Götter waren hier!* Lübeck 2002

HABECK, REINHARD: *Und sie leuchtet doch.* In: *Sagenhafte Zeiten* Nr. 2/2001

KRASSA, PETER, UND HABECK, REINHARD: *Das Licht der Pharaonen.* München 1992

KRASSA, PETER, UND HABECK, REINHARD: *Licht für den Pharao.* Luxemburg 1982

PÖSSEL, MARKUS: *Phantastische Wissenschaft.* Reinbek bei Hamburg 2000

WAITKUS, WOLFGANG: *Die Geburt des Harsomtus aus der Blüte. Zur Bedeutung und Funktion einiger Kultgegenstände des Tempels von Dendera.* In: *Studien zur Altägyptischen Kultur* Nr. 30 (Hamburg 2002)

WAITKUS, WOLFGANG: *Die Texte in den unteren Krypten des Harthortempels von Dendera,* In: *MÄS* Nr. 47 (1997)

WEST, JOHN ANTHONY: *Die Schlange am Firmament.* Frankfurt a. M. 2000

19 Der Mechanismus von Antikythera

CARSTENS, PETER: *Der erste Computer der Welt*, In: *GEO* 1. Dezember 2006

DÄNIKEN, ERICH VON: *Im Namen von Zeus.* München 1999

DÄNIKEN, ERICH VON: *Meine Welt in Bildern.* Düsseldorf 1973

FISCHINGER, LARS A.: *Die Götter waren hier!* Lübeck 2002

HAUGHTON, BRIAN: *Verlorenes Wissen, verbotene Wahrheit.* München 2007

JANOSITZ, PAUL: *Der Computer der alten Griechen*, in: *Der Tagesspiegel*, 7. August 2006

PRICE, DEREK J. DE SOLLA: *An ancient Greek Computer*, in: *Scientific American* Juni 1959

SIMULATIONEN DES MECHANISMUS UND WEITERE INFORMATIONEN, unter: http://www.etl.uom.gr/mr/index.php?mypage=antikythera

THE ANTIKYTHERA MECHANISM RESEARCH PROJECT, unter: http://www.antikythera-mechanism.gr

20 Aluminium aus der Urzeit?

BÜRGIN, LUC: *Hochtechnologie im Altertum.* Rottenburg 2003

BÜRGIN, LUC: *Mondblitze.* München 1994

FISCHINGER, LARS A.: *Die Götter waren hier!* Lübeck 2002

GHEORGHITA, FLORIN: *Das Objekt von Aiud*, in: *Ancient Skies* Nr. 3/1992

HESEMANN, MICHAEL: *Ich fand das Objekt von Aiud!*, in: *Magazin 2000* Nr. 1/1996 (Nr. 108)

KRASSA, PETER: *... und kamen auf feurigen Drachen.* Wien 1984

21 Die Glas-Madonna von Absam

HABECK, REINHARD: *Wundersame Plätze in Österreich.* Wien 2007

WEBSEITE VON ABSAM MIT INFOS ZUM GNADENBILD, UNTER: http://www.absam.at

22   Oviedo – das wahre Schweißtuch Jesu?

BULST, WERNER, UND PFEIFFER, HEINRICH: *Das Turiner Grabtuch und das Christusbild*. Frankfurt a. M. 1987

BULST, WERNER, UND PFEIFFER, HEINRICH: *Das echte Christusbild*. Frankfurt a. M. 1991

FISCHINGER, LARS A.: *Das Wunder von Guadalupe*. Güllesheim 2007

HERBST, KARL: *Kriminalfall Golgatha*. Düsseldorf 1992

HESEMANN, MICHAEL: *Die stummen Zeugen von Golgatha*. München 2000

PICKNETT, LYNN, UND PRINCE, CLIVE: *Die Jesus-Fälschung*. Bergisch Gladbach 1995

REBAN, JOHN: *Christus wurde lebendig begraben*. Zürich o.J.

SILIATO, MARIA GRAZIA: *Und das Grabtuch ist doch echt*. Augsburg 1998

WILCOX, ROBERT K.: *Das Turiner Grabtuch*. Düsseldorf 1978

WILSON, IAN: *Das Turiner Grabtuch*. München 1999

TEIL III

GEHEIMNISVOLLE ORTE UND MONUMENTE
DER VORZEIT UND GEGENWART

23   Oak Island – die Schatzinsel?

COCHRAN, ANDREW, UND LINNELL, ROBERT: *Terra X: Der Fluch von Oak Island*. Cochran Entertainnent Incorporated & ZDF 1997 (neue Film-Version auch unter Google Video im Internet)

FIEBAG, JOHANNES UND PETER: *Das Grals-Geheimnis*. München 2006

FINNAN, MARK: *Oak Island Secrets*. Formac 2002

FISCHINGER, LARS A.: *Die Götter waren hier!* Lübeck 2002

FISCHINGER, LARS A.: *Lokaltermin auf Oak Island*, in: *Sagenhafte Zeiten* Nr. 4/2007

HARRISBY, GRAHAM, UND MACPHIE, LES: *Oak Island and its lost Treasure*. Formac 2000

LINNELL, ROBERT: *Der Fluch von Oak Island*, In: Kirchner, Gottfried (Hrsg.): *Terra X: Von Mallorca zum Ayers Rock*. München 1997

MILSTEAD, BILL: *Oak Island the Money Pit*, unter: http://www. oakislandtreasure.com

OAK ISLAND TOURISM SOCIETY, unter: http://www.oakislandsociety.ca/

PIEKALKIEWICZ, JANUSZ: *Da liegt Gold*, München 1971

SIEBENHAAR, WOLFGANG: *Geheimnis um Oak Island*, in: Däniken, Erich von (Hrsg.): *Kosmische Spuren*. München 1988

ZDF: *Terra X: Der Fluch von Oak Island*, unter: http://www.zdf.de/ ZDFde/inhalt/21/0,1872,2016085,00.html?dr=1

24   Atlantis – Wiege der Zivilisation?

ASCHENBRENNER, KLAUS: *Das neue Bild von Atlantis*. Greiz 2001

ASCHENBRENNER, KLAUS: *Die Antiliden*. München 1993

BREMER, DIETER: *Der verborgene Schlüssel zu Atlantis*. Grimma 2006

COLLINS, ANDREW: *Neue Beweise für Atlantis*. Augsburg 2002

DONNELLY, IGNATIUS: *Atlantis, die vorsintflutliche Welt*. Esslingen 1911

FLEM-ATH, RAND UND ROSE: *Atlantis*. München 1997

GADOW, GERHARD: *Der Atlantis-Streit*. Frankfurt/M. 1977

HORN, ROLAND M.: *Das Erbe von Atlantis*. Lübeck 2001

HORN, ROLAND M.: *Erinnerungen an Atlantis*. Lübeck 1998

KAISER, PETER: *Vor uns die Sintflut*. München 1985

MUCK, OTTO: *Atlantis. Die Welt vor der Sintflut*. Olten 1956

SARMAST, ROBERT: *Webseite zu seiner aktuellen Zypern-These*, unter: http://www.discoveryofatlantis.com/

SCHOCH, ROBERT M.: *Die Weltreisen der Pyramidenbauer*. Frankfurt/M. 2002

SPANUTH, JÜRGEN: *Das enträtselte Atlantis*. Stuttgart 1953.

STEARN, JESS: *Der schlafende Prophet*. Genf, München 1968

TOMAS, ANDREW: *Das Geheimnis der Atlantiden*. Stuttgart 1971

WEYL, RICHARD (HRSG.): *Atlantis enträtselt?* Kiel 1953

ZANGGER, EBERHARD: *Atlantis*. München 1992

25   Area 51 – Dreamland der Wüste

DARLINGTON, DAVID: *Die Dreamland-Akte*. München 1999

GOOD, TIMOTHY: *Sie sind da*. Frankfurt a. M. 1992

HESEMANN, MICHAEL: *Geheimsache U.F.O*. Neuwied 1994

HESEMANN, MICHAEL: *UFOs: Geheimnisse der schwarzen Welt*. 2000 Film Produktion 1995

KNAPP, ROBERT: *Fernsehinterviews von KLAS-TV mit Robert Lazar*, unter: http://www.klas-tv.com

LAMMER, HELMUT UND MARION: *Schwarze Forschungen*. München 1999

LAMMER, HELMUT, UND SIDLA, OLIVER: *UFO Geheimhaltung*. München 1995

LAZAR, BOB, UND HUFF, GENE: *BOB LAZAR*. TransVision / Kopp Video Edition 1998

RÉTYI, ANDREAS VON: *AREA* 51, unter: http://www.avonretyi.com/area51.html

RÉTYI, ANDREAS VON: *Das Alien Imperium*. München 1995

RÉTYI, ANDREAS VON: *Geheimbasis Area* 51. Rottenburg 1998

RÉTYI, ANDREAS VON: *Streng geheim*. Rottenburg 2005

26   Der Giseh-Krimi

DÄNIKEN, ERICH VON: *Der jüngste Tag hat längst begonnen*. München 1995

ERCIVAN, ERDOGAN: *Imhoteps Grab*. Rottenburg 2007

FISCHINGER, LARS A.: *Die »Giza-Mauer« zwischen Verschwörungsthesen und Tatsachen*, in: *Incognitas* Nr. 33 (1/2006)

HAASE, MICHAEL: *Das Rätsel des Cheops*. München 1998

HOUDIN, JEAN-PIERRE: *Cheops.* Mainz 2007

LEHNER, MARK: *Das erste Weltwunder.* Düsseldorf 2002

MENDELSSOHN, KURT: *Das Rätsel der Pyramiden.* Augsburg 1995

PAGANINI, RICO, UND RISI, ARMIN: *Die Giza-Mauer und der Kampf um das Vermächtnis der alten Hochkulturen.* Zürich 2004

PORTER, BERTHA, UND MOOS, ROSALIND L. B.: *Topographical bibliography of ancient Egyptian hieroglyphic texts, reliefs and painting.* Oxford 1927 bis 1929

RÉTYI, ANDREAS VON: *Geheimakte Gizeh-Plateau.* Rottenburg 2005

SCHOCH, ROBERT M.: *Die Weltreisen der Pyramidenbauer.* Frankfurt/M. 2002

SCHOCH, ROBERT M.: *Geological Evidence pertaining to the Age of the great Sphinx,* 1999/2000, unter: http://www.robertschoch.com/Sphinx_Geology.html

SILIOTTI, ALBERTO: *Pyramiden.* Erlangen o.J.

STADELMANN, RAINER: *Die ägyptischen Pyramiden.* Mainz 1997

27   Nazca, das Bilderbuch der Götter

AVENI, ANTHONY F.: *Das Rätsel von Nazca.* München 2000

CREUTZ, OLIVER: *Auf den Spuren der rätselhaften Geoglyphen.* In: *Welt online,* 29. März 2007

DÄNIKEN, ERICH VON: *Der neueste Witz über Nazca,* in: Erich von Däniken (Hrsg.): *Jäger verlorenen Wissens.* Rottenburg 2003

DÄNIKEN, ERICH VON: *Zeichen für die Ewigkeit.* München 1997

DÄNIKEN, ERICH VON: *Falsch informiert!* Rottenburg 2007

HAWKINS, GERALD H.: *Die Bodenzeichnungen Altperus,* in: *Spektrum der Wissenschaft,* Dezember 1978

HIRT, GABRIELA: *Wenn Außerirdische malen: Die Bodenzeichnungen von Nazca,* in: *Frankfurter Allgemeine* (FAZ.net), 18. April 2002

KERN, HERMANN, UND REICHE, MARIA: *Peruanische Erdzeichen.* Sonderpublikation, Kunstraum München e.V., München 1974

MAGIN, ULRICH: *Nazca – Ein Flughafen der Götter?* In: *Mysteria 3000* Nr. 1/2002

MORRISON, TONY: *Das Geheimnis der Linien von Nazca.* Basel Stuttgart 1987

POGANATZ, HILMAR: *Das Geheimnis von Nazca ist gelüftet,* in: *Frankfurter Allgemeine* (FAZ.net), 14. Juli 2007

REICHE, MARIA: *Webseite über ihre einstigen Forschungen,* unter: http://www.maria-reiche.de

REINDEL, MARKUS / DEUTSCHES ARCHÄOLOGISCHES INSTITUT: *Archäologisches Projekt Nasca-Palpa, Peru,* unter: http://www.dainst.org/index_593_de.html

ROHRBACH, CARMEN: *Botschaften im Sand.* München 2000

SCHULZE, DIETRICH, UND ZETZSCHE, VIOLA: *Bilderbuch der Wüste.* Halle 2005

WOODMAN, JIM: *Nazca.* München 1977

ZETZSCHE, VIOLA: *Das Rätsel der Pampa,* in: *National Geographic Deutschland,* Nr. 8/2005

28   Spuren des untergegangenen Mu im Pazifik?

BRASSE, MARC, UND KOPFMÜLLER, MATTHIAS: *Die Pyramide von Yonaguni. Greenscreen & Spiegel TV* 2006

CHURCHWALD, JAMES: *The lost Continent of Mu.* Albuquerque 1926

HANCOCK, GRAHAM: *Spiegel des Himmels.* München 1998

HANCOCK, GRAHAM: *Underworld.* New York 2002

HANCOCK, GRAHEM WEBSITE, UNTER: http://www.grahamhancock.com

SCHOCH, ROBERT M: *Secrets of the Deep,* in: *Fortean Times* Nr. 114

SCHULZ, MATTHIAS: *Treppen ins Nichts.* In: *Der Spiegel,* Nr. 34/1999 (23. August 1999)

WICHMANN, WOLF: *Das Yonaguni-Monument.* Spiegel online 2003, unter: http://www.spiegel.de/sptv/special/0,1518,242689,00.html

WICHMANN, WOLF: *Interview mit Spiegel online* 2003, unter: http:// www.spiegel.de/sptv/special/0,1518,242694,00.html

WICHMANN, WOLF: *Yonaguni/Hiseki Point – die Reste des sagenhaften Lemurien oder einfach »nur« ein Naturwunder?* 3. Januar 2007, unter: http://www.geoberg.de/text/geology/07010301.php

29   Roswell und die Aliens

BERLITZ, CHARLES, UND MOORE, WILLIAM L.: *Der Roswell-Zwischenfall.* Wien, Hamburg 1980

BUTTLAR, JOHANNES VON: *Die Außerirdischen von Roswell.* Bergisch Gladbach 1996

CORSO, PHILIP J., UND BIRNES, WILLIAM J.: *Der Tag nach Roswell.* München 1998

FRIEDMAN, STANTON, UND BERLINER, DON: *Der UFO-Absturz bei Corona,* Rottenburg 1997

GOOD, TIMOTHY: *Need to know.* Rottenburg 2008

HAUT, WALTER: *Eidesstattliche Versicherung und TV-Interview,* unter: http://www.exopolitik.org/index.php?option=com_content& task=view&id=55&Itemid=32

HESEMANN, MICHAEL: *Jenseits von Roswell.* Güllesheim 1996

KORFF, KARL K.: *The Roswell UFO Crash: What they don't want you to know.* Buffalo, New York 1997

MARCEL JR., JESSE: *Interview,* unter: http://www.exopolitik.org/index. php?option=com_content&task=view&id=216&Itemid=1

MARCEL JR., JESSE: *The Roswell Legacy.* 2007

RANDLE, KEVIN D., UND SCHMITT, DONALD R.: *UFO Crash at Roswell.* New York 1991

THIEME, ULI: 50 *Jahre Roswell.* Schwäbisch Hall 1997 (Eigenverlag. Bezug: Uli Thieme, Rollhofweg 1, 74523 Schwäbisch Hall)

USAF: *The Roswell Report – Case Closed,* Headquarters of the United States Air Force 1997

USAF: *The Roswell Report – Fact vs. Fiction In The New Mexico Desert.* Headquarters of the United States Air Force 1995

30   Das Tunguska-Ereignis

AGAMON, DAVID (HRSG.): *Sungods in exile.* Sudbury 1978

ARNHOLD, TILO: *Tunguska-Katastrophe: Beweise für sauren Regen stützen Meteoritentheorie,* Pressemitteilung des Helmholtz-Zentrum für Umweltforschung, Halle, 1. Juli 2008

BECKER, MARKUS: *Tunguska-Rätsel vor Lösung – Spur führt zum Krater,* In: *Spiegel online* vom 27. Juni 2007

HEIN, TILL: 30. *Juni* 1908: *Tunguska in Flammen.* In: *GEO* Nr. 7/2008

KRASSA, PETER: *Tunguska.* Frankfurt /M. Berlin 1995

NEUE HINWEISE: *Brüchiger Asteroid verwüstete Tunguska.* In: *Spiegel online* vom 31. Oktober 2001

OBERG, JAMES: *UFOs & outher space mysteries.* Richmond 1982

PAUL, GÜNTER: *Doch ein Krater in der Taiga?* In: *Frankfurter Allgemeine Zeitung* vom 28. Juni 2007 (Nr. 147)

RÖHRLICH, DAGMAR: *Grollen über Tunguska – Was geschah vor* 100 *Jahren in der Taiga?,* Deutschlandfunk vom 22. Juni 2008, unter: http://www.dradio.de/dlf/sendungen/wib/801181/

RUBSOV, VLADIMIR V.: *The Tunguska Mystery.* New York 2008

SIEGEL, FELIX: *Das Tunguska-Phänomen.* Suhl 1997

TUNGUSKA-EREIGNIS: *Kam das Unheil von unten?.* In: *Spiegel online* vom 26. August 2002

TUNGUSKA-KATASTROPHE: *Forscher melden Fund von Ufo-Resten.* In: *Spiegel online* vom 13. August 2004

TUNGUSKA WEBSEITE DER UNIVERSITÄT BOLOGNA, ITALIEN, unter: http://www-th.bo.infn.it/tunguska/

31 Atlantis unter Palmen: die Bimini-Frage

BERLITZ, CHARLES: *Das Atlantis-Rätsel.* Wien, Hamburg 1976

BERLITZ, CHARLES: *Das Bermuda-Dreieck.* Wien, Hamburg 1975

BERLITZ, CHARLES: *Geheimnisse versunkener Welten.* Frankfurt 1973

CARNAC, PIERRE: *Geschichte beginnt in Bimini.* Olten, Freiburg i. Br. 1978

CAYCE, EDGAR EVANS: *Edgar Cayce on Atlantis.* New York 1988

HANCOCK, GRAHAM: *Underworld.* New York 2002

MENZIES, GAVIN: *1421.* München 2003

PRACHAN, JEAN: *UFOs im Bermuda-Dreieck.* Wien, München, Zürich, Innsbruck 1979

PREISINGER, MICHAEL: *Das Bermuda-Rätsel gelöst.* München 1997

ZINK, DAVID: *Von Atlantis zu den Sternen.* München 1978

TEIL IV
RÄTSEL ÜBERALL ...

32 1555: Raketen über Siebenbürgen

BARTH, HANS: *Conrad Haas. Leben und Werk in Wort und Bild.* Bukarest 1983

CHARROUX, ROBERT: *Unbekannt, Geheimnisvoll, Phantastisch.* Düsseldorf 1970

RUH, KURT U. A. (HRSG.): *Die deutsche Literatur des Mittelalters. Band 3.* Berlin, New York 1981

STUHLINGER, ERNST, UND ORDWAY, FREDERICK I.: *Wernher von Braun.* München 1992

33   Wenn es Tiere regnet

BORD, JANET UND COLIN: *Unheimliche Phänomene.* Rastatt 1989

CLARKE, ARTHUR C., WELFARE, SIMON & FAIRLEY, JOHN: *Geheimnisvolle Welten.* Augsburg 1990

DENNIS, JERRY: *Wenn es Frösche und Fische regnet.* Wiesbaden 2005

FORT, CHARLES: *Da!* Frankfurt a. M. 1997

FORT, CHARLES: *Das Buch der Verdammten.* Frankfurt a. M. 1995

FORT, CHARLES: *Neuland.* Frankfurt a. M. 1996

FORT, CHARLES: *Wilde Talente.* Frankfurt a. M. 1997

MAGIN, ULRICH: *Der Ritt auf dem Kometen.* Frankfurt a. M. 1997

MAGIN, ULRICH: *Über Charles Fort,* in: *Mysteria 3000* Nr. 4/2002

MICHELL, JOHN, UND RICKARD, ROBERT J. M.: *Die Welt steckt voller Wunder.* Düsseldorf 1979

34   Der Bibelcode

»BIBELCODE« IST WIE BLEIGIESSEN ODER KAFFEESATZ-LESEN, Pressemitteilung, *Informationsdienst der Evangelischen Allianz* (idea) vom 17. Dezember 1997

DROSNIN, MICHAEL: *Der Bibel Code II.* München 2002

DROSNIN, MICHAEL: *Der Bibel Code.* München 1997

DRÖSSER, CHRISTOPH: *Wer suchet, der findet.* In: *Die Zeit* vom 21. November 1997

GITT, WERNER: *Versteckte Botschaften in der Bibel?* In: *Factum* Nr. 10/1998

HESEMANN, MICHAEL: *Bibel-Code warnt vor bevorstehenden Atomkrieg.* In: *Magazin 2000 plus* Nr. 6/1997 (Nr. 119)

SATINOVER, JEFFERY: *Die verborgene Botschaft der Bibel.* München 1999

THIEDE, CARSTEN P.: *Bibelcode und Bibelwort.* Gießen 1998

THOMAS, DAVID E.: *Hidden Messages and the Bible Code.* In: *Skeptical Inquirer,* Vol. 21. Nr. 6, November/Dezember 1997

VANHEIDEN, KARL-HEINZ: *Mystische Zahlenakrobatik und die Wahrheit der Bibel*, unter: http://bibelbund.de/htm/98-2-083.htm

WITZTUMK, DORON, RIPS, ELIYAHU UND ROSENBERG, YOAV: *Equidistant Letter Sequences in the Book of Genesis*. In: *Statistical Science* Vol. 9, Nr. 3 (1994)

35   Die Suche nach der Arche Noah

B. S.: *Noha's Ark – Sightings and Expeditions*, in: *Investigator Magazin* Nr. 55 (Juli 1997)

BALSIGER, DAVE UND SELLIER, CHARLES E.: *Die Arche Noah.* Düsseldorf 1979

BEHREND, JENS-PETER: *Die Arche Noah und das Rätsel der Sintflut.* ZDF 2005

BERLITZ, CHARLES: *Die Suche nach der Arche Noah.* Wien 1987

FASOLD, DAVID: *The Discovery of Noah's Ark.* London 1990

GRABER, BRUNO, UND AIGEIDINGER, FRANÇOIS: *Die Suche nach Noahs Arche, Livenet.ch online* vom 19. November 2004

HARTMANN, FRED, UND JUNKER, REINHARD: *Passten alle Tiere in die Arche Noah? Studiengemeinschaft Wort und Wissen*, Baiersbronn 1990

MAUL, STEFAN M.: *Das Gilgamesch-Epos.* München 2008

O.A.: *Gab es die Arche Noah wirklich?* In: *Die andere Realität*, 1. Mai 2004

RANKE, HERMANN: *Das Gilgamesch Epos.* Wiesbaden 2006

REISEN ZUM ARARAT: *Ararat-Tours – Das Andere entdecken*, unter: http://www.ararat-tours.com

ROLOFF, HEIKO: *Liegt hier die Arche Noah?*, in: *Hamburger Abendblatt* vom 29. April 2004

WYARR, RON: *Discovered: Noah's Ark!* Nashville 1989

36   Der legendäre Schrein Gottes

AFANASJEW, GEORG: *Moses ist an allem schuld.* München 1972

ANDREWS, RICHARD: *Tempel der Verheißung.* Bergisch Gladbach 1999

BARTHEL, MANFRED: *Was wirklich in der Bibel steht.* Düsseldorf 1980

CHARROUX, ROBERT: *Phantastische Vergangenheit.* München 1969

DÄNIKEN, ERICH VON: *Prophet der Vergangenheit.* Düsseldorf 1979

DEBERLING, OLIVER: *Das größte Geheimnis der Templer.* Rottenburg 2005

FIEBAG, JOHANNES UND PETER: *Das Grals-Geheimnis.* München 2006

FISCHINGER, LARS A.: *Götter der Sterne.* Weilersbach 1998

FREEDMAN, DAVID NOEL & ROBINSON, THOMAS L. U. A.: *Wunder und Rätsel der Heiligen Schrift.* Stuttgart, Zürich, Wien 1990

GRIERSON, RODERICK, UND MUNRO-HAY, STUART: *Der Pakt mit Gott.* Bergisch Gladbach 2001

HANCOCK, GRAHAM: *Die Wächter des heiligen Siegels.* Bergisch Gladbach 1992

HENGSTENBERG, E. W.: *Die Bücher Mose's und Ägypten.* Berlin 1841

HUMPHREYS, COLIN J.: *Und der Dornbusch brannte doch.* München 2007

KELLER, WERNER: *Und die Bibel hat doch recht.* Düsseldorf 1955

LANGBEIN, WALTER-JÖRG: *Geheimnisse der Bibel.* Berlin 1997

LEHMANN, JOHANNES: *Moses, der Mann aus Ägypten.* Augsburg 1989

37   Das Rätsel der USOs

BERLITZ, CHARLES: *Das Bermuda-Dreieck.* Wien, Hamburg 1975

BORD, JANET UND COLIN: *Unheimliche Phänomene des 20. Jahrhunderts.* Rastatt 1990

FORT, CHARLES: *Das Buch der Verdammten.* Frankfurt a. M. 1995

PFEILER, CHRISTIAN: *USOs – do they exist?* Unter: http://www.ufo evidence.org/documents/doc1782.htm

PRACHAN, JEAN: *UFOs im Bermuda-Dreieck*. Wien, München, Zürich, Innsbruck 1979

RITTER, THOMAS: *Geheimnisse um Antarktika*. Possendorf 2001, unter: http://www.thomas-ritter-reisen.de/pdf/antarktika.pdf

RITTER, THOMAS: *Jäger aus der Tiefe – Das Geheimnis der unbekannten U-Boote*. In: *EFODON-SYNESIS* Nr. 2/2001

RULLÁN, ANTONIO F.: *Blue Book UFO Reports at Sea by Ships*. Martinez, 10. Dezember 2002

UMFANGREICHES ONLINE-ARCHIV VON USO-SICHTUNGEN DER LETZTEN 1000 JAHRE UNTER MITARBEIT VON ULRICH MAGIN, unter: http://www.waterufo.net

38   Bep-Kororoti, ein Astronaut im Urwald?

DÄNIKEN, ERICH VON: *Aussaat und Kosmos*. Düsseldorf 1972

DÄNIKEN, ERICH VON: *Der Götter Schock*. München 1992

ERMEL, GISELA: *Bep-Kororoti – Besucher von den Sternen*, in: Däniken, Erich von (Hrsg.): *Jäger verlorenen Wissens*. Rottenburg 2003

FISCHINGER, LARS A.: *Die Götter waren hier!* Lübeck 2002

HOLGER JEBSEN: *Eine Bewältigung der Kolonialerfahrung*. Bonn 1990

LUKESCH, ANTON: *Bebgorórti – eine mythologische Gestalt der Gorotire-Indianer*, Wiener Völkerkundliche Mitteilungen, Nr. 2/7, Wien 1958

LUKESCH, ANTON: *Leben und Mythos der Kayapó*. Wien 1968

LUKESCH, ANTON: *Schamanen am Rio Xingu*. Wien, Köln 1990

NIEDERHÄUSER, HANS R.: *Fremde Länder – Fremde Völker*. Stuttgart 1960

STEINBAUER, FRIEDRICH: *Melanesische Cargokulte*. München 1971

WORSLEY, PETER: *Die Posaune wird erschallen*. Frankfurt a. M. 1973

39   Die Flugzeuge des König Salomon

ABHANDLUNGEN DER PHILOSOPHISCH-PHILOLOGISCHEN KLASSE DER KÖNIGLICHEN BAYRISCHEN AKADEMIE DER WISSENSCHAFTEN, BAND 23: *Kebra Negest.* München 1909

DÄNIKEN, ERICH VON: *Prophet der Vergangenheit.* Düsseldorf 1979

FISCHINGER, LARS A.: *Götter der Sterne.* Weilersbach 1998

LANGBEIN, WALTER-JÖRG: *Das Sphinx-Syndrom.* München 1995

VOLKRODT, WOLFGANG: *Es war ganz anders.* München 1991

40   Das »Philadelphia-Experiment«

BERLITZ, CHARLES, UND MOORE, WILLIAM L: *Das Philadelphia-Experiment.* Wien, Hamburg 1979

GERSCHITZ, OLIVER: *Verschlusssache Philadelphia-Experiment.* Rottenburg 2004

GOOD, TIMOTHY: *Need to know.* Rottenburg 2008

HARDER, BERND: *Das Lexikon der Großstadtmythen.* Frankfurt a. M. 2005

HORN, ROLAND M.: *Gelöste und ungelöste Mysterien dieser Welt.* München 2000

VALLÉE, JACQUES: *Enthüllungen.* München 1997

ABBILDUNGSVERZEICHNIS

Kap. 1, 8, 16, 26 a, 26 b, 29, 32, 36, 40: Archiv Lars A. Fischinger

Kap. 3: Königin Elisabeth von Belgien

Kap. 5: F. Schmid/Archiv Wolfgang Siebenhaar

Kap. 6: © Federal Government of the United States

Kap. 7: Archiv Michael Hesemann

Kap. 9: Björn Moritz (www.seemotive.de)

Kap. 11: Staatliche Museen zu Berlin

Kap. 12: Enn Vels

Kap. 13: Bernhard Heuvelmans

Kap. 14: John Adolfi, Bibelland Studios

Kap. 15 a: André Kramer

Kap. 15 b, 15c: Lloyd Pye

Kap. 17, 21: Reinhard Habeck

Kap. 18: Frank Dörnenburg

Kap. 19, 27: Tatjana Ingold

Kap. 20: Michael Hesemann

Kap. 22: Yuliya Tkachova und Michael Hesemann

Kap. 23: Thomas Reinert/Reinert Werbedesign

Kap. 24: Mundus Subterraneus (1669)

Kap. 25: Courtesy of GeoEye/© GeoEye, distributed by European Space
Imaging GmbH

Kap. 30: Leonid Kulik/Archiv Peter Krassa

Kap. 35: Archiv Walter-Jörg Langbein

Kap. 38: Archiv Erich von Däniken

Trotz großer Bemühungen konnten einige Rechteinhaber nicht ermittelt
werden. Die Rechteinhaber mögen sich bitte ggf. beim Verlag melden.

DANKSAGUNG

Historia Mystica – ein Einblick in die Welt der Rätsel und Phänomene! Aber eben nur ein Einblick in eine unfassbar komplexe Welt des Unglaublichen. Und eben weil sie so komplex und vielschichtig ist, halfen mir bei der Arbeit an diesem Buch zahlreiche Personen, Kollegen und Freunde. Diesen möchte ich herzlich danken.

An erster Stelle danke ich herzlich meinem Freund und Kollegen Herrn **Dr. h. c. Erich von Däniken** für das hervorragende Vorwort.

Und ebenso danke ich besonders auch Herrn **Mario »Ossi« Ringmann** für endlose SMS-Diskussionen.

Des Weiteren schulde ich dank für Bildmaterial, Diskussionen, Recherchen und Informationen folgenden Personen/Institutionen – auch wenn man natürlich nicht immer einer Meinung ist:

Alexander Knörr (*DEGUFO e.V.*), André Kramer, Andreas von Rétyi, Anna Rostek, Axel Ertelt, Bernfried Fischinger, Björn Moritz (*Seemotive.de*), *Botanisches Institut* der *Justus-Liebling-Universität* in Gießen, Cornelia von Däniken, Daniel Schaap, David Ludwig, *Deutsche Forschungsanstalt für Luft- und Raumfahrt e.V. (DLR)*, Dieter Bremer, Douglas Spalthoff, Dr. Dr. h. c. Hans-Joachim Zillmer, Dr. Edgar

Mitchell (*NASA*), Dr. h. c. Erich von Däniken, Dr. h. c. Gerd W. Höchsmann, Dr. h. c. Hubert Zeitlmair, Dr. Jesse Marcel Jr., Dr. Johannes Fiebag, Dr. Josef Clemens, Dr. Klaus Richter, Dr. Markus van den Hövel, Dr. Roberto Pinotti, Elfriede Fischinger, Enn Vels, Erdogan Ercivan, Frank Dörnenburg, Gerd Kirvel, Giorgio A. Tsoukalos (*Archaeology, Astronautics and SETI Research Association*), Gisela Ermel, Graham Hancock, Hans Herbert Beier, Hartwig Hausdorf, Igor Volke, *Institut für Botanik und Mikrobiologie der Technischen Universität* in München, Iris Scharfenberger-Roth, John Adolfi (*Lost World Museum* in Phoenix, New York), Josef F. Blumrich (*NASA*), Kolja Brand, Lloyd Pye, Luc Bürgin, Marcel Richard, Mario Ringmann, Marius Kettmann (*MUFON-CES*), Michael Hesemann, Michèle Géronne-Monhof, *NASA*, Natale Guido Cincinnati, *National Archiv* in Washington/USA, Nick Schattner, Nicole Berger, Oliver Greiner, *Österreichische Akademie der Wissenschaften/Kommission für Interdisziplinäre Ökologische Studien*, Peter Fiebag, Peter Krassa, Prof. Dr. Arthur David Horn, Prof. Dr. Dietrich von Denffer, Prof. Dr. Friedrich Ehrendorfer, Prof. Dr. Hansgerd Hellenkemper, Reinhard Habeck, Reinhild Fischinger, René Mendler, Roland M. Horn, Roland Roth, Rüdiger Nehberg, Rupert Fischinger, Sandra Ringmann, Silke Fischinger, Tatjana Ingold, *The Bibleland Studios*, Thomas Kraus (*European Space Imaging* in München), Thomas Ritter, Thorsten Warrick, Übersetzungsbüro Christa Aldea in Köln, Uli Thieme (*CENAP*), Ulli Markert, Ulrich Dopatka (*Forschungsgesellschaft für Archäologie, Astronautik und SETI*), Ulrich Magin, *USAF,* Walter Burchhard, Walter-Jörg Langbein, Werner Betz, Wolf

Wichmann, Xavier I. von Krumau und letztlich dem Fachmagazin Q'PHAZE.

Ein besonderes Dankeschön geht auch an Frau **Petra Frey**.

Abschließend gilt mein besonderer Dank Frau **Sonja Ampssler**, die immer gerne bereit war und ist, kontroverse Thesen und Ansichten mit mir zu diskutieren. Ebenso danke ich ihr für die Begleitung auf den Spuren der Rätsel der Welt in Vergangenheit, Gegenwart und Zukunft.

KAPITEL 1: Mittelalterliche Darstellung der Sintflut. Gab es diese verheerende Katastrophe, von der in vielen Teilen der Welt gesprochen wird, tatsächlich?

KAPITEL 3:
Howard Carter (links) und Lord Carnarvon, fotografiert am 18. Februar 1923 von Königin Elisabeth von Belgien. Carter und Carnarvon öffneten das Grab des Pharao Tutanchamun. Zahlreiche Teilnehmer der Ausgrabung sollen daraufhin auf unnatürliche Weise gestorben sein. Ein Fluch des Pharao?

KAPITEL 5: Tatunca Nara alias Günther Hauck in den 1970ern. Er verbreitete die Story, dass in Brasilien seit Jahrtausenden ein Indianerreich namens Akakor existiere, das von Außerirdischen gegründet worden sei.

KAPITEL 6: Der legendäre Flug 19 der USAF (Grafik), bestehend aus fünf Torpedobombern vom Typ »Avenger«, der am 5. Dezember 1945 im berüchtigten Bermuda-Dreieck spurlos verschwand.

KAPITEL 8: Salomon, König von Jerusalem, empfängt die märchenhafte Königin von Saba. Eine legendäre Geschichte der Bibel, für die bis heute die Beweise fehlen.

s auff der kleinen vhr/ift ein fehr erfchröcklich geficht an der Son wie fie
auffgang gewefen erfchinnen/vnd zu Nürnberg in der Stat vnd vor d
thor vnd auff dem Land von vielen mañs vnd weybs perfonen gefehen w
n. Erftlich ift die Sonn mit zweyen blutfarben halb runden ftrichē/ gleichsförmig
Monn im abnemen/mitten durch die Sonne erfchinnen vnd gefehen worden/ vnd
Sonne/oben/vnten/ Vnd auff beden feytten blutfarbe/vnd eines theyls blößliche
fen farbe auch fchwartz farb runde Kugel geftanden/ Deffelben gleichen auff fay
nten vnd ringfcheyben vmb die Sonne herumb/fein folche blutrote/vnd der andernfu
anzal viel/etwo drey inn die lenge/ vnter weylen vier inn einem Quattrangel/auch er li
zig geftanden/ Vnd zwifchen folchen Kugeln fein auch etliche blutfarbe Creutz gefel
d zwifchen folchen Creutzen vnd Kugeln fein blutfarbe ftreyme hinden dick/ Vnd v
nauß/ etwas gefchmeydiger alls hocken thor/ Allenthalben mit ein vermifcht gewef
npt vnter andern zweyen groffen rorn/eines zur rechten/vnd das ander zur lincken hä
heut/in welchen kleinen vnd groffen Rorn/zu dreyen/auch vier vnd mehr kugel gewe
iefes alles hat mit einander anfahen zu ftreyten/ fein die kugel fo erftlich in der Son
fen/herauf auff die/fo zu beyden feytten geftanden/gefarn/ fo fein die fo herauffen ge
fampt den kugeln auß den klein vnd groffen Rorn/inn die Sone hinein gefarn/zu

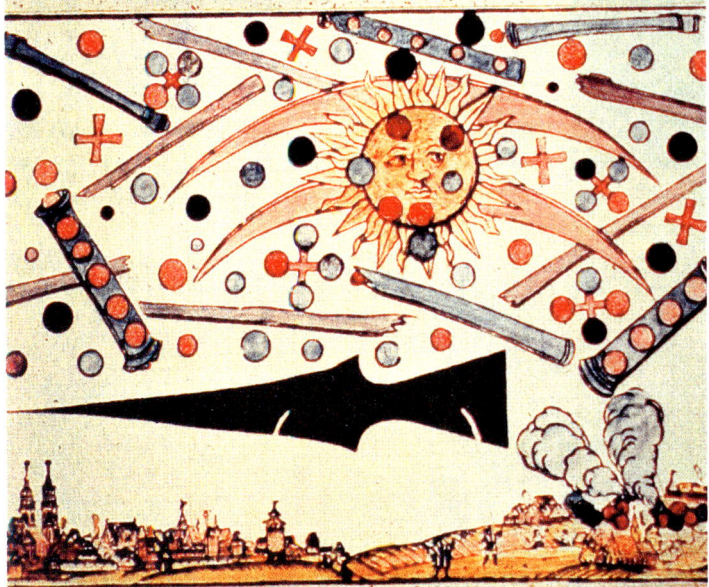

aben die Roreßen fo fehr alls die kugel vnter einander gefarn/ vnd heffrig alles mit
der geftreiten vnd gefochten/Bey einer guten ftundt/ Vnd wie der Streyt das ein w
die Sonne hinein/vnd widerumb herauff am heffrigften hin vnd her gefarn/fich d
mit einander allgemach/ Ift es alles wie obnfereyhnet von der Sonnen/vom

KAPITEL 7: Dieses Flugblatt aus Nürnberg von 1561 berichtet davon, dass über der Stadt seltsame »Flugobjekte« gesehen wurden.

KAPITEL 11: Ein 4500 Jahre altes akkadisches Rollsiegel aus Mesopotamien, Irak. Einigen Theorien zufolge soll es oben links unser Sonnensystem in einem heliozentrischen Weltbild zeigen.

KAPITEL 12: Zeitungsberichte aus Estland und Finnland über das rätselhafte »Objekt M« in Tallinn. Liegt dort ein UFO aus der Eiszeit?

KAPITEL 13: So soll der »Eismann von Minnesota« ausgesehen haben. Wo ist er heute und was war seine wahre Herkunft?

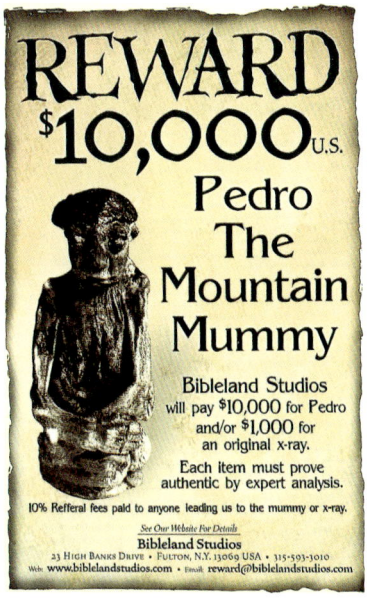

KAPITEL 14: Der Steckbrief, mit dem nach der verschollenen Zwergmumie »Pedro« gesucht wurde.

KAPITEL 9: Sonderbriefmarke mit Queen Elisabeth zum Gedenken an das »Geisterschiff« Mary Celeste, das 1872 ohne Mann und Maus an Bord im Atlantik gefunden wurde.

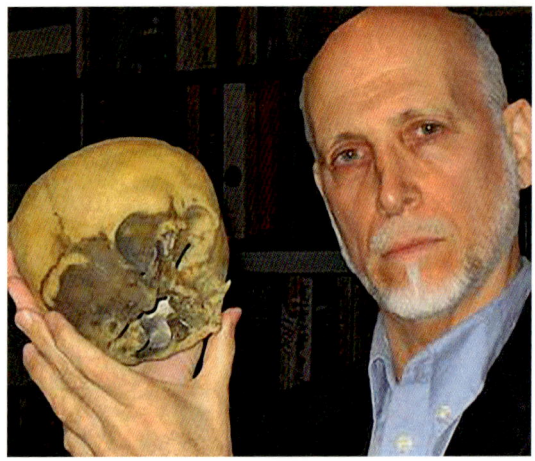

KAPITEL 15 A: Lloyd Pye mit seinem 900 Jahre alten, bizarren Starchild-Schädel, den er für eine Kreuzung aus einem Menschen und einem Außerirdischen hält.

KAPITEL 15 B: Schon vor Jahrtausenden verformten unsere Ahnen, wie hier aus Peru, die Schädel ihrer Kinder in abnorme Formen. Warum dieses »Schönheitsideal« entstand, ist ungewiss.

KAPITEL 15 C: Rekonstruktion des legendären Starchild-Schädels von Lloyd Pye (USA), der angeblich »nicht ganz menschlich« sein soll. Die Untersuchungen sind noch nicht abgeschlossen.

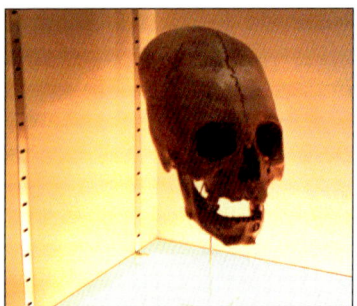

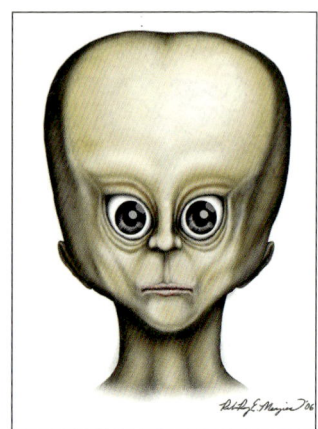

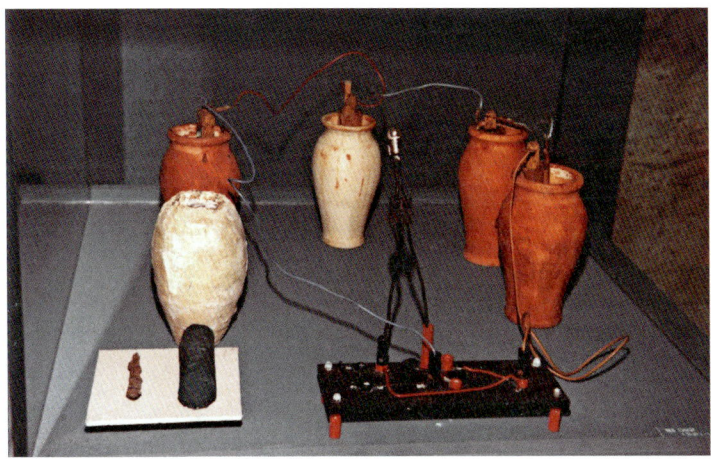

KAPITEL 16: Das Bild der Maria von Guadalupe, Mexiko-City. Es existiert seit über 475 Jahren und gibt bis heute der Wissenschaft Rätsel auf.

Kapitel 17: Die sog. »Batterie von Bagdad« (vorne links) lässt die Wissenschaft bis heute staunen. War sie wirklich ein elektrisches Element? Nachbauten (im Hintergrund) konnten geringe Stromspannungen erzeugen …

KAPITEL 18: Das umstrittene Relief von Dendera, Ägypten. Zeigt es eine elektrische Lampe oder nur eine Art Himmelsbildnis der alten Ägypter?

KAPITEL 21: Dieses Madonnenbild erschien 1797 in einer Fensterscheibe in Absam, Österreich. Bis heute scheint die Entstehung und Herkunft des Wunderbildes ungeklärt zu sein.

KAPITEL 19: Teilansicht des »ersten Computers der Welt«, der in einem Schiffswrack vor der Insel Antikythera gefunden wurde.

KAPITEL 20:
Das rätselhafte
Aluminium-Fund-
stück aus Bulgarien.
Der künstlich ge-
schaffene Keil soll
zehntausende Jahre
alt sein. Oder ist
er etwa gefälscht
worden?

KAPITEL 22: Bischof Carlos Osoro mit dem viel verehrten »Bluttuch Jesu«
von Oviedo, Spanien. Es zeigt eindeutige Parallelen mit dem legendären
Turiner Grabtuch.

KAPITEL 23: Die winzige Insel Oak Island an der Ostküste Kanadas fasziniert seit Jahrhunderten zahlreiche Schatzsucher. Befindet sich hier das
Versteck eines legendären Schatzes?

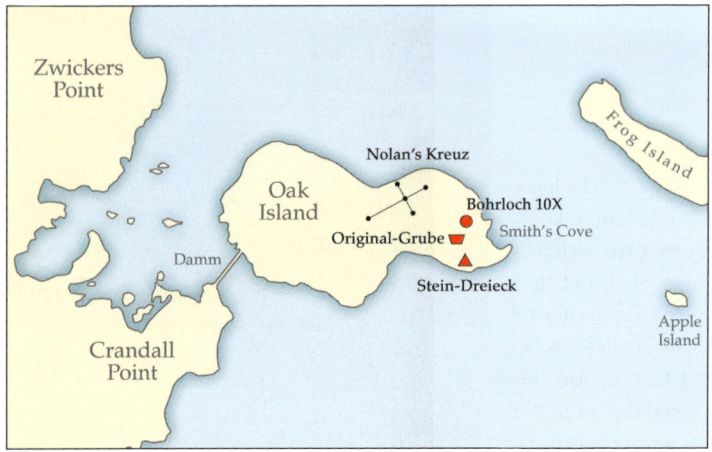

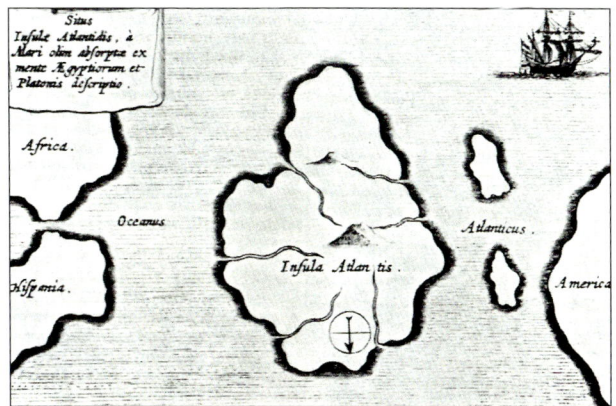

KAPITEL 24: Karte von Atlantis (Athanasius Kircher, 1669). Die meisten Atlantis-Sucher vermuten den versunkenen Kontinent auf dem Grunde des Atlantischen Ozeans.

KAPITEL 25: Die legendäre Groom Lake Air Force Base, vielen besser bekannt als »Area 51«, vom Satelliten GeoEye aus betrachtet. Werden hier außerirdische Technologien versteckt?

KAPITEL 26 A: Blick über den Sphinx und das Giseh-Plateau. Zahlreiche Forscher vermuten hier noch ungezählte Geheimnisse.

KAPITEL 26 B: Der Autor vor der Pyramide des Pharao Cheops. Angeblich beinhaltet das Monument bis heute versteckte Kammern und Räume.

KAPITEL 27: Teilansicht der Ebene von Nazca, Peru. Bis heute gibt es keine allgemeingültige Erklärung, was diese Linien und Flächen einst darstellen sollten.

KAPITEL 29: In diesem Zeitungsbericht wurde 1947 vermeldet, dass die US-Air Force eine »fliegende Untertasse« in Roswell entdeckt habe.

Kapitel 30: Im Mai 1929 von Leonid Kulik bei einer Expedition nach Tunguska fotografierte Zerstörung des sibirischen Waldes nach dem rätselhaften Ereignis vom Juni 1908.

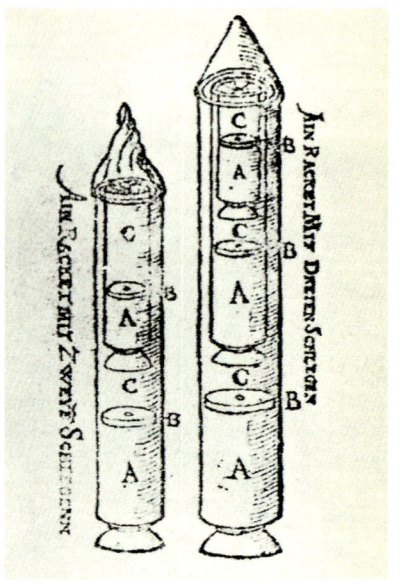

KAPITEL 32:
Zeichnungen aus dem Dokument des Conrad Haas, die zwei- und dreistufige Raketen zeigen. Diese starteten 1555 in den Himmel über Hermannstadt (Sibiu), Rumänien.

KAPITEL 35: Darstellung der Arche Noah aus dem Mittelalter. Gab es das Rettungsboot der Menschheit tatsächlich und liegen seine Reste am Berg Ararat in der Türkei?

KAPITEL 36: Die legendäre Bundeslade der Hebräer als Modell. Gab es diesen heiligen Schrein wirklich und wo ist er heute?

KAPITEL 38:
Der Gott Beb-Kororoti der brasilianischen Kayapó-Indianer. Diese Tracht aus Stroh zeigt eine auffällige Ähnlichkeit zu modernen Raumanzügen. Ein Hinweis auf außerirdische Besucher?

KAPITEL 40:
Die U.S.S. Eldridge auf See. Dieses Schiff soll 1943 im Hafen von Philadelphia nicht nur »unsichtbar« gemacht, sondern auch »gebeamt« worden sein.